四柱學 氣象論

第三券

韓吉洙 四柱學 講義書

四柱學 氣象論

第三券

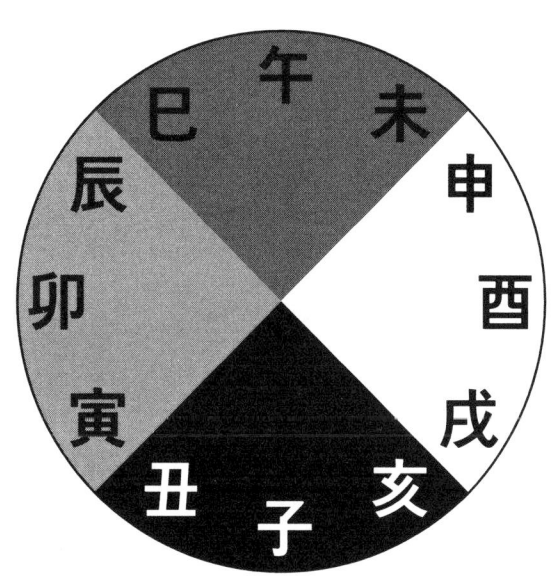

프로방스

사주학 기상론 3권

재판 1쇄 인쇄   2013년 1월 20일
재판 1쇄 발행   2013년 1월 30일

지 은 이   한길수
펴 낸 이   방은순
펴 낸 곳   도서출판 프로방스
마 케 팅   최관호

주 소   경기도 고양시 일산동구 백석2동 1330번지
    브라운스톤일산 102동 913호
전 화   031-925-5366~7
팩 스   031-925-5368
E-mail   Provence70@naver.com
등록번호   제313-제10-1975호
등 록   2009년 6월 9일

I S B N   978-89-89239-41-3 (13720)
    978-89-89239-36-9 (세트)

값 30,000원
파본은 구입처나 본사에서 교환해드립니다.

韓吉洙 四柱學 講義書
四柱學 氣象論(生命論)을 내면서

이 세상 사람들은 모두 비슷하게 사는 것 같지만 자세히 들여다보면, 각자 다르게 살아간다는 것을 알 수 있다.

그것은 자기가 타고난 八字 때문 일 것인데, 그 八字를 알기 위해 오랜 세월을 연구를 해왔다.

본 著者는 공직에서 은퇴하면, 부동산 사업을 하기 위해 풍수지리를 공부하다가 수맥을 공부하게 되었고, 관상과 수상을 공부한 후, 命理學을 공부하게 되었다.

이 氣象論(生命論)이야말로 宇宙의 基本原理임을 확언할 수 있다.

이 지구상에 가장 가치 있는 것이 있다면, 그것이 바로 생명이기 때문이다.
만약, 지구상에 생명이 없다면, 지구가 무슨 존재 가치가 있겠는가 ?

그래서, 命理學에서는 宇宙의 主人이며, 生命인 木을 어떻게 다루어야 할 것인가를 심각하게 고민하지 않으면, 운명을 제대로 감명할 수 없다.
이러한 이유로, 운명을 감명하는 방법 중, 가장 비중 있게 다루어야 할 부분 중에 하나가 氣象論(生命論)이다.

본 저자는, 내가 배운 지식을 後學에게 가르치기 위해서 이 책을 썼다.
이 길이 본 저자가 가야할 길이기 때문이다.

부디, 氣象論(生命論)을 벗 삼아 用神을 찾아내고, 오묘한 大 自然의 이치를 간파함으로써 운명을 감명하는데 도움이 되었으면 한다.
앞으로도 氣象論(生命論)을 더욱 업그레이드시킬 것이다.

2006. 10. 23 .

韓吉洙 四柱學 硏究院
曉檀 韓 吉 洙

--- 차 례 ---

여는 말 --------------------------------- 1
차례 ----------------------------------- 3

甲木 氣象論(總論) ----------------------- 6
甲木 氣象論(寅卯辰月) ------------------- 15
甲木 氣象論(巳午未月) ------------------- 21
甲木 氣象論(申酉戌月) ------------------- 26
甲木 氣象論(亥子丑月) ------------------- 33

乙木 氣象論(總論) ----------------------- 39
乙木 氣象論(寅卯辰月) ------------------- 72
乙木 氣象論(巳午未月) ------------------- 78
乙木 氣象論(申酉戌月) ------------------- 86
乙木 氣象論(亥子丑月) ------------------- 93

丙火 氣象論(總論) ----------------------- 99
丙火 氣象論(寅卯辰月) ------------------- 114
丙火 氣象論(巳午未月) ------------------- 120
丙火 氣象論(申酉戌月) ------------------- 125
丙火 氣象論(亥子丑月) ------------------- 132

丁火 氣象論(總論) ------------------------------ 138
丁火 氣象論(寅卯辰月) ------------------------ 155
丁火 氣象論(巳午未月) ------------------------ 162
丁火 氣象論(申酉戌月) ------------------------ 168
丁火 氣象論(亥子丑月) ------------------------ 173

戊土 氣象論(總論) ------------------------------ 179
戊土 氣象論(寅卯辰月) ------------------------ 196
戊土 氣象論(巳午未月) ------------------------ 201
戊土 氣象論(申酉戌月) ------------------------ 207
戊土 氣象論(亥子丑月) ------------------------ 214

己土 氣象論(總論) ------------------------------ 221
己土 氣象論(寅卯辰月) ------------------------ 242
己土 氣象論(巳午未月) ------------------------ 248
己土 氣象論(申酉戌月) ------------------------ 254
己土 氣象論(亥子丑月) ------------------------ 260

庚金 氣象論(總論) ------------------------------ 267
庚金 氣象論(寅卯辰月) ------------------------ 285
庚金 氣象論(巳午未月) ------------------------ 292
庚金 氣象論(申酉戌月) ------------------------ 298
庚金 氣象論(亥子丑月) ------------------------ 305

辛金 氣象論(總論) ------------------------------ 308
辛金 氣象論(寅卯辰月) ------------------------------ 321
辛金 氣象論(巳午未月) ------------------------------ 327
辛金 氣象論(申酉戌月) ------------------------------ 333
辛金 氣象論(亥子丑月) ------------------------------ 338

壬水 氣象論(總論) ------------------------------ 345
壬水 氣象論(寅卯辰月) ------------------------------ 365
壬水 氣象論(巳午未月) ------------------------------ 372
壬水 氣象論(申酉戌月) ------------------------------ 377
壬水 氣象論(亥子丑月) ------------------------------ 382

癸水 氣象論(總論) ------------------------------ 386
癸水 氣象論(寅卯辰月) ------------------------------ 398
癸水 氣象論(巳午未月) ------------------------------ 405
癸水 氣象論(申酉戌月) ------------------------------ 413
癸水 氣象論(亥子丑月) ------------------------------ 418

1. 甲木氣象論(총론)

1) 命理學은 生命論이다.
   易은 變化(生死)인데, 그것을 아는 것이 진리다.

2) 生命은 香氣가 있다. 香氣는 꽃이다.
   그래서, 벌, 나비가 온다.
   벌, 나비는 방향을 보고 오는 것이 아니라 향기를 보고 온다.

3) 陰德을 쌓으면 자손이 잘된다. 돈이 들어온다.

4) 木이 많은 사람은 열매가 많다. 향기가 많다.
   그러나, 불이 있어야 한다. 만약, 불이 없으면 水草다.
   水草는 3가지가 안 된다 : 남편, 자식, 돈.

4) 살아있는 존재를 밝히는 것이 眞理다.

6) 宇宙는 眞理 덩어리다 : 진리의 본체다.
   理 = 진리의 본체다.
   氣 = 진리의 형체에 비유한다.

7) 세상에서 가장 좋은 물은 眞水無香이다.

8) 甲 = 양기덩어리를 甲이라 한다.
   乙 = 양기 덩어리가 실체의 생명으로 나타나는 것이다.

9) 甲 = 굵은 나무, 동량목, 대들보.
   乙 = 늙어서 허망하다. 바람 많이 핀다.

10) 사주에 甲이 있으면, 최초로 태어난 사람이다.
    그래서, 長男이다.

1. 甲木氣象論(총론)

11) 甲 甲이면, 나무가 숲을 이루는 것이다.
    숲이 우거져 나무가 태양 빛을 보지 못해 질이 나쁘다.
    모든 五行은 日干을 기준하여 天干에 1개 이상 있으면,
    나쁘다.

12) 甲이 乙을 보면, 가지가 많아 雜木이다.
    火木(태울나무)이다.

13) 乙이 乙을 보면, 나쁜 친구가 있거나 배다른 형제가 있다.

14) 甲이 丙을 보면, 태양을 본 나무다.
    丙火는 잘났다. 환하다라는 뜻이다.

15) 甲이 丙을 보면, 쭉쭉 뻗어 꽃이 핀 나무다.
    四柱에 甲 丙이 있으면, 장남이다. 큰 나무다.

16) 丙火가 吉神이면, 정확한 말을 한다.

17) 甲丙戊이면 높은 산의 나무가 태양을 봐서 巨木이다.

18) 甲丙己이면, 야산의 나무라 局이 작다.
    巨木이 아니다.

19) 甲癸丙이면, 癸水의 뿌리가 있으면 비이고, 뿌리가 없으
    면 안개다 : 丙火가 구실을 못한다.

20) 甲丙癸이면, 丙火의 빛이 약해도 절반은 빛을 받을 수 있다.

21) 甲木은 丙火가 항상 따라 다녀야 좋다.
    그리고, 地支에 濕氣가 있어야 좋다.

1. 甲木氣象論(총론)

22) 甲木은 子月에는 戊土를 선용하고, 그 외에는 丙火를 用神으로 쓴다.

23) 丙火는 生命을 기르는 것, 丁火는 成物을 시키는 것이다.

24) 甲丁이면, 地熱로 나무를 키우고 있어 나무가 상처를 입어 값이 안 나간다.

25) 生木 = 火生木이고, 死木 = 木生火이다.

26) 甲 丁이면, 나무가 상처를 받아 성질이 더럽다.
    丙 : 동량목,   丁 : 잡목
    甲이 丁을 보면, 상처를 입어 雜木인데도 巨木이 됐다고 착각하므로 성질이 더럽다.

27) 甲木의 목적은 동량목이 되는 것이다.

28) 木은 기록을 잘해둔다. 역사를 중요시한다.

29) 甲木이 죽은 나무로 丁火의 재료가 되면, 활인업한다.
    적덕을 쌓는다.
    늦가을이나 겨울에 태어나야 木生火 잘되어 좋다.

30) 甲이 너무 많으면 丁火가 꺼진다.

31) 甲 戊 戊 이면, 첩첩산중에 외롭게 서 있는 나무다.
    첩첩산중에 졸고 있는 사람이다.
    세상을 등진 사람이다.
    여름에는 풀벌레 소리 듣고 사는 사람이다.
    산이 높고 높으면, 외부소식이 늦다.
    산이 높아 일조량이 적어 질 나쁜 나무다.
    사주에 財가 너무 많으면, 현실 감각이 둔하다.

1. 甲木氣象論(총론)

32) 甲 己이면 木이 땅에 닿아 썩어 버린다.
    時에서 甲己合되면, 남의 땅에 썩어 더 허무하다.
    만약, 甲己合되어 썩어버리면, 재산 못 지킨다.
    그 해당하는 宮에 따라 해석한다.
    곡식이 썩어버린다.

33) 만약에 己 일주가 甲이 와 甲己合되면, 남의 곡식이 우리집에 온다.

34) 甲 庚이면, 金이 나무를 손질하므로 머리가 좋다.

35) 甲木이 寅卯辰月에 자랄 때 庚金이 치면, 상처투성이다.
    불량배와 사귀는 사람으로 깡패, 말썽꾸러기다.

36) 죽은 나무는 甲 丁 庚이면 좋다.
    庚丁甲이면, 내가 成物이 되므로 미꾸라지 용된다.
    : 내가 成物되므로.

37) 甲 庚 辛이면, 멸문 집안 출신이다.
    年, 月에서 生命을 자르므로.
    祖上의 빚이 내까지 내려 왔다. 그래서 고생한다.
    또, 官이 자식이라 자식이 불량배다.

38) 甲 辛이면, 甲보다 辛이 旺하면 나무가 상하는데 6월 (未月)부터는 나무가 다 커버려서 다듬어 줘도 괜찮다.

39) 甲 辛 丙이면, 나무가 크려해도 辛金이 丙火를 合해버려 고통이 심하다.

40) 甲 壬이면, 水多木浮되어 흉하다.
    印綬가 나쁘면 印綬는 교육과 사고인데 뇌가 잘못됐다.
    水가 火를 막으므로 정처없이 방황하며 산다.
    水는 印綬로 가정인데 가정이 나빠 노숙자가 많다.

1. 甲木氣象論(총론)

41) 甲 癸이면, 비맞고 있는 나무다.
    열매가 없다. 꽃이 안핀다.
    落火物이다. 거지다. 남의 신세지고 산다.
    자식이 부모 등골 빼고 산다.
    甲이 癸水를 보면, 비가 오므로 게으르다.
    그래서, 水가 많으면, 부모 또는 남의 신세지고 산다.
    낮에는 자고 밤이 되면 쓸데없이 돌아다닌다.
    : 癸水는 어둠의 神이라서.

42) 癸水는 水剋火하므로 골치덩어리다.
    : 태양을 보지 못해서.

43) 癸 甲 癸이면, 떠돌이다. 일찍 가출한다.
    印綬가 忌神이라 집에 있기 싫어한다.
    집에 있어도 안편고, 나가도 편치않다.
    印綬가 忌神이라 밤에 나가 몸을 판다 : 癸 甲 癸 壬
    癸水가 많으면, 시력이 일찍 나빠진다. 게으르다.

44) 나무가 여름 巳午未月에 태어나면, 情神세계로 빠지고
    (이상한 종교), 金水가 많으면, 물질세계나 향락으로 빠진다.

45) 甲木이 丙火를 보면, 地支에서 辰, 丑土가 있어야 丙火
    가 調喉역할 하여 貴格이 나온다.

46) 甲 戌 丙이면, 태양이 산에 가려 대국이 안나온다.

47) 午月 丙火는 조후가 되면 굉장히 바쁘다.

    己 丙 甲 丙
    亥 子 午 戌   장관 지냈다. 항상 바쁘다.

48) 甲 庚이면, 甲이 旺하면, 庚金이 다듬어 주는 것이고,
    甲이 약하면 칠살이다.
    庚이 칠살이면 깡패가 된다.

1. 甲木氣象論(총론)

49) 甲이 겨울철에 癸이면 겨울에 눈보라가 내려 운이 없다.
자기 곁을 모두 떠난다.
일찍 고아된다.
印綬가 흉신이면, 부모의 사랑없이 큰다.
눈치만 빠르다.
그래서, 甲일주가 壬癸가 凶神이면, 부모 원망하며 산다.
부모의 의식, 즉 태교가 중요하다.

50) 사람은 부모(어머니)에 의해서 태어나기 때문에 흉악범들은 부모가 태교를 잘못해서 그렇다.

51) 甲 庚 癸이면, 나무에 눈이 붙어 있어 꽁꽁얼어있는 나무다.
단명하거나 고질병있다.
나무가 살아 있어도 살아 있는 게 아니다.
세상에서 버린 사람이다.
用神인 火를 못 오게 차단하므로 불행한 운명이다.

52) 여름에 壬癸가 많으면, 浮木이다.
질병자다. 우환덩어리다.

53) 4월 甲木이 庚金을 보면, 甲木이 상처가 크다.
庚金이 長生月에 태어나서 강하다.
몸에 흉터 있거나 질병이다.

54) 만약에 甲 庚이면, 水가 있어 통관시켜주면 응급처치된다.
甲 壬 庚이면.

55) 여름에 甲 丙 辛, 甲 辛 丙이면, 丙火 太陽이 辛金 구름속에 들어가 비가 내리므로 꽃이 안 피어 사람은 똑똑해도 가난하다.

1. 甲木氣象論(총론)

56) 丙 辛金은 쎅스의 合이다.
    조상이 바람피웠다 : 陽氣가 너무 강해서.

57) 甲丙인데 辛運이 오면, 빛바랜 태양이라 열매가 없다.

58) 사주에 丙火가 用神인 사람은 丙은 아름다운 것이라서
    가장 아름다운 사랑을 하게 되고,
    年, 月에 丁火를 보면 결혼할 때 곡절있는 결혼한다.
    그래서, 丙火를 보면, 어떤 난관이 있어도 결혼하게
    된다.

59) 만약에 甲 癸 丙인데 丙火가 유력하면, 결혼을 하는데
    癸水가 왕하면 이혼할 때 잔혹하게 이혼한다.
    눈물흘리면서 이혼한다.

※ 用神은 그 四柱를 이끌어 가는 정신이요, 의식이다.
   용신이 유력하면, 능력있고, 값이 나간다.

60) 甲木에 正用神인 丙火가 있으면, 진실한 사랑을 하며,
    제 갈길 가고, 역용신이 유력하면, 반대로 간다.
    또, 正用神이 유력하면, 마음의 여유가 있다.
    사랑과 자비가 있다.
    겨울에 丁火가 많으면, 사람을 살리는 쪽으로 간다.

61) 만약에 四柱가 丙火가 용신인데 癸水가 뜨면, 진실이 파
    괴되어 사랑이 식는다.
    正用神이 죽을 때까지 떠 있으면, 진실한 사랑하며 산
    다.

62) 甲 癸 丙이면, 丙火가 旺하면 좋은데 癸水가 旺하면,
    거짓으로 사는 이중인격자다.

63) 만약, 戌中 丁火가 用神인데 辰土가 와서 辰戌冲이면,
    욕망과 사랑이 식는다.

1. 甲木氣象論(총론)

64) 甲木이 뿌리가 튼튼하면 흔들리지 않고, 꿋꿋하게 산다.
그러나, 乙木은 흔들림이 많다.
그래서, 乙木은 학자, 예술가가 많다.

65) 甲 壬 壬이면, 부모가 흉신이라 바다건너 외국간다.
고향 일찍 떠난다.

66) 甲 丙이면, 나의 앞길을 밝혀줄 조력자가 생긴다.
인덕이 있다.
丙火는 사람의 눈과 같아서 걱정거리가 없어진다.
앞이 훤히 보인다.

67) 甲 戊 己이면, 태양이 잠들어 희망이 없다.
한가한 사람이다. 명예도 없다.
먼 미래를 위해 공부하는 것이 좋다.

68) 甲이 丁火를 봤을 때 겨울에 태어나면, 丁火의 뿌리가 있으면, 甲을 태우는데 丁火의 뿌리가 없으면, 못 태운다. 이런 사람은 직감력이 굉장히 발달한다.

69) 甲이 태어날 때는 우뢰라서 소리가 크다.
봄에 甲木은 양기덩어리라서 올라올 때 땅이 갈라지는 소리가 난다.
甲은 땅이 갈라지는 뜻을 나타낸다.
그래서, 甲일주는 소리가 크고, 요란하다.
年, 月에 丙火가 뜨면 순탄하게 갈길 간다.

70) 甲木은 원래 생명에 비유하는데 지지에서 辰戌沖하면 나무가 말라 뿌리를 박지 못해서 일부종사 못한다.
나무를 다른 곳에 심어야 하므로 남녀모두 결혼을 여러 번 한다.

```
甲 ○          ○ 甲
戌 辰          辰 戌
```

1. 甲木氣象論(총론)

71) 만약, 사주에 木이 없는데 辰戌冲이 있으면 :
　　　　庚
　　辰 戌 申 이면, 庚辛金이 土의 기운을 빼므로 가정이 이상이 없이 산다.

72) 甲 = 시초, 처음, 우두머리, 머리, 사장, 대통령, 연장자, 책임자, 동량목, 대들보, 기둥이다.
病으로는 머리에 오는 혈압, 뇌출혈, 간이 나쁘다.
간과 담을 관장하고, 신경조직을 관장한다.

73) 木 일주가 癸水를 보면, 부모의 지나친 욕심으로 자기 앞 길 망친다.

74) 木이 局이 크면, 정치인, 군인이다.

甲木 氣象論 (寅卯辰月)

1) 甲木은 곧게 큰다. 乙木은 넝쿨이다.
   甲木은 원래 棟梁木(동량목)으로 태어났다.
   그래서, 甲木이 봄에 태어나면 싹과 같다.

2) 甲木은 亥에서 長生(장생), 子에서 沐浴(목욕), 丑에서 冠帶(관대), 寅에서 建祿(건록)이다.

3) 寅木은 아주 부드러운 木이라서 嫩木(눈목: 어린나무)이라 한다.
   그래서, 木이 弱할 때 金이 나타나면 안 된다.

4) 金 일주가 봄에 태어나면, 빈골이다.
   木은 잘라도 잘라도 다시 자라나므로 해놓은 일이 없다.
   성격이 반항적인 성질이라서 개판이다.

5) 태양은 寅에서 長生하기 때문에 힘이 있으나 甲木은 亥에서 長生하기 때문에 같은 長生이라도 아무 힘이 없다.

6) 만약, 봄에 庚辛이 旺하면, 나쁘다.
   그래서, 봄에 태어난 金은 내가 죽어서 變해야 세상을 아름답게 한다.

7) 辛 甲 庚이면, 무법자, 깡패, 해결사, 전과자다.
   이 때는 丙, 丁火가 나타나 火剋金해야 좋다.
   그러나, 丙丁火가 나타났다 해도 壬癸水가 나타나면, 無法者의 본성이 나타난다.

8) 사주에 甲木일주에 못쓸 글자인 庚辛金이 많으면, 나쁘다.

甲木 氣象論 (寅卯辰月)

　　庚 辛
　　申 寅이면 ; 財가 아버지이므로 내가 태어나면서 아버지를 치므로 아버지가 죽어버린다.
또, 아버지를 모르는 사람이라서 낳아서 버린 자식이 된다.

　만약, 庚 辛 ○
　　　　申 寅 ○이면 : 아버지가 富者인데 자꾸 甲庚冲, 寅申冲하므로 망해 버린다.

9) 봄에 金일주로 태어나 丁火를 보면, 庚金의 뿌리가 있어도 깡패다.
　성질이 괴팍하다. 흉폭하다.
　丙火가 뜨면 괜찮다.

　만약, 庚 庚 辛
　　　　○ 寅 卯이면 : 봄에 서리가 내려 생명을 자르므로 버린자식이다.
　멸문집안의 후손이다.
　장남으로 태어나 年月에 庚辛金이 뜨면, 멸문집안 출신이다.

　만약, ○ 庚 辛
　　　　申 寅 巳이면, 조상이 나쁜짓 해서 집안이 망했다.
　年, 月에 있는 글자가 나쁘면, 음덕이 없다.
　멸문집안 출신이다.
　생명 경시 풍조가 있다.
　조상의 업이 잘못됐다.

10) 甲木이 봄에 뿌리인 寅卯辰이 있으면 나무가 너무 旺해서 金으로 간벌을 해줘야 한다.
　그러나, 甲木 바로 옆에 庚金이 오면 나쁘다.
　甲木 옆에는 丁火가 있어야 괜찮다.
　만약, 丁甲庚이면, 아무 소용이 없다.

甲木 氣象論 (寅卯辰月)

11) 甲木은 어느 계절에 태어나도 乙木이 오면, 雜木으로 변한다.

12) 寅月 甲木은 寅中 丙戊가 있는데 寅中 丙火는 굉장히 강하다.

13) 　　甲
    午寅戌, 巳午未이면 : 내가 태어나면서 甲木이 타서 신체이상이 온다.
    단명할 수도 있다.

14) 木은 地支에 濕氣가 있어야 하는데 바싹 말라 있으면, 뿌리가 상해서 불바다가 되어 내가 앉은자리가 없는 格이라 가정, 부부궁이 나쁘다.
    또, 너무 말라 있으면, 꽃이 안피므로 수확이 없어서 주머니에 돈이 없다. 火가 많으면, 사기꾼이 많다.
    火가 많으면 精神이 발달한데 凶神이면, 이상한 종교로 간다.

15) 봄에 甲木이 壬癸가 많으면, 봄비가 내려 壬癸水의 뿌리가 있으면, 비가 그칠 줄 몰라 폐농이디.
    꽃이 안 피어 열매가 없어 허송세월 보낸다.

16) 甲木이 辰土를 보면, 調喉가 되어 있으면, 貴局이고,
    丙 甲 丙
    ○ ○ 辰이면, 생명을 기르는 사람이라서 학자, 연구가가 많다.

17) 甲 丁 庚이면, 생명을 다루는 사람이다.
    경찰, 군인 등의 직업.

18) 甲木을 지열인 丁火로 키우면 貴局이 아니다.

甲木 氣象論 (寅卯辰月)

19) 봄에 火가 너무 많으면, 질병자가 많고, 봄에 壬癸가 많으면, 열매가 없다.
꽃잎이 다 떨어져서 쭉정이 농사다.

20) 甲木에 壬癸가 뜨면, 쭉정이 농사다.

21) 甲木이 丙火를 보면, 질 좋은 나무다.
그러나, 이 때 丙火를 방해하는 글자가 있으면, 열매가 많지 않아 돈이 적다.

22) 甲 丙이면, 기르는 불이고, 甲 丁이면 태우는 불이다.

23) 봄이 甲己合된 사주

```
    己 甲 壬 丙
    巳 寅 辰 戌
68 58 48 48 38 28 18  8
 庚 己 戊 丁 丙 乙 甲 癸
 子 亥 戌 酉 寅 未 午 巳
```
이런 구조에서 辰戌冲은 나쁘긴 해도 일지에 辰戌冲이 아니라서 덜 나쁘다.
甲木이 寅에 뿌리가 있어서 덜 흔들린다.
火用神이다. : 나무를 키우기 위해.
戌大運에 태양이 무덤에 들어가서 부도나서 망했다.
甲己合되어 말년에 돈이 없어진다.

★ 사주에 用神을 刑하면 결국은 송사해서 망한다.
사주에 用神이 冲, 刑이 되면 마지막 인생을 부끄러움을 남기고 죽는다.

24) 사주에 甲木의 正用神(丙火)이 凶神보다 유력하면, 반듯하게 사는데, 흉신이 유력하면, 가는 길이 불명예로 끝난다.

甲木 氣象論 (寅卯辰月)

25) 甲木은 丙火를 正用神으로 쓰는데 甲 丙 辛이면,
    正用神인 丙火가 合하여 기반(羈絆 : 말 안장 기.
    옭아맬 반)이 되면 작용을 못하는데, 合된 글자가
    凶神이면 거짓말을 밥 먹듯이 한다.
    사기꾼 되기 쉽다.
    合된 글자가 官이냐, 財냐, 문서냐에 따라 통변한다.
    用神 羈絆은 사기꾼이 된다.

26) 사주에 藥神을 가진 者나 조후용신인 者가 유력하면,
    사회봉사자가 많다.
    고아원 짓고, 양로원 짓고, 활인업한다.
    藥神 유력, 用神유력한 사람.

27) 용신을 剋하는 글자가 旺하면, 사회를 어지럽힌다.

28) 봄에 자기 계절에 태어났는데 丙丁火를 봤으나 木火가
    흉신이면, 세상을 나쁘게 한다.
    결국 세상을 어지럽힌다.

    예 : 甲 辛 甲 辛
         午 巳 午 卯 이면, 水가 正用神. 金 假用神.
                        火病. 木仇.

29) 사주에 正用神이 유력하면, 자기 가고 싶은대로 간다.

30) 봄에 나무는 甲 ○ ○
                 ○ 寅 卯 이면, 아무리 甲이 旺해도 섯가래
    감도 안된다.
    未月이 돼서야 섯가래 감이고, 9월~12월이라야 대들보
    감이다.
    봄에 甲木은 氣運은 旺하나 실제로는 연약하다.
    木은 陽氣가 충만하여 자라는 기간이 길어야 왕하다.

31) 甲木으로 태어나 조열하여 春陽燥熱(춘양조열)하면,
    가정을 못 이루고, 修道해야 한다.

甲木 氣象論 (寅卯辰月)

32) 甲木에 乙木이 있는 사주는 순진성이 파괴되어 이중성이 있다.
金이 다듬어 줘야한다.
곁가지가 많이 나면 순진성이 파괴되어 대들보 감이 아니다.

33) 사주에 생명(木)은 :
① 調喉가 으뜸이다.
사주에 조후가 잘되어 있으면, 균형이 잘되어 있어 세상을 바라보는 안목이 정확하다.
생명이 자랄 수 있는 기온이 맞아서 보는 눈이 정확하다 : 利他的 眼目.
편고되면 : 利己的 眼目.
② 조후가 잘되어 있는 사람은 믿음(신용)이 정확하다.
그러나, 편고되면, 될수록 신용이 없다.

34) 봄 나무가 水가 많아서 申子辰水局이 되면, 水는 寒氣로 보기 때문에 解冬이 안되어 겨울과 같다.
해동이 늦으면, 늦을수록 돈이 없다.
물이 많으면 많을수록 열매 맺는 시기가 늦다.

35) 봄에 木은 土가 너무 많으면, 守錢奴(수전노)인데 土가 많아 發芽(발아)가 늦어 피곤한 사람이다.
노동일을 해도 실속이 없다.

36) 만약, 봄에 木일주로 태어났는데 火가 없으면, 陽氣만 잔뜩 찼는데, 꽃이 안 피어 열매가 없어 닥치는 대로 산다. 무질서하게 산다.

37) 봄에는 嫩木(어릴 눈, 나무 목)에 巳酉丑이 있으면, 실증을 잘 내고, 변화가 많다.
그래서, 삶에 파란이 많다.
또, 봄에 木이 자랄 때는 火가 藥神이 되어야 좋다.

甲木 氣象論 (巳午未月)

1) 生命인 木은 調喉가 으뜸이다.
   火, 土, 水의 任務는 生命이 살 수 있는 조건을 보고 판단한다.
   木(生命)이 잘 자랄 수 있나를 보고 판단.
   金은 木을 손질해 주는 역할 : 規範, 절도, 왕약을 따진다.

2) 사주에서 가장 중요한 것은 木이다.
   그래서, 여름(巳午未月)은 調喉가 으뜸이다.

3) 만약, 사주에 생명이 없어도 調喉가 잘되면, 현실을 보는 잣대가 정확하기 때문에 잘산다.
   調喉가 잘된 사람은 自他에게 이익을 준다(共生)
   그러나, 調喉가 안되어 偏枯된 사람은 이기적이다.

4) 여름 甲木은 調喉가 으뜸이기 때문에 調喉를 살핀 후 旺弱을 따진다.
   그 다음에 주변 환경을 본다.

5) 生命은 ① 調喉, ② 旺弱, ③ 주위환경을 본다.
   調喉가 되지 않는 나무는 아무리 커도 가치가 없다.

6) 만약에 여름에 木이 旺한데 丁火를 보면, 뿌리가 말라 몸에 흉터, 상처가 있기 때문에 대들보가 아니다.
   오직 甲木은 丙火로 키워야 한다.

7) 만약, 사주에 火가 많아 燥熱하면 가정이 안된다.

8) 불만 = 자기가 잘못되면 생긴다.
           자기가 잘되면 불만이 없다.

甲木 氣象論 (巳午未月)

9) 木은 水가 어머니 글자라서 水生木하는데 火가 많아 水가 마르면 印星이 말라 없어져 부모의 사랑을 받지 못하고 큰다.
   클 때 가정이 貧寒하게 큰다.
   印綬는 원래 學文, 家庭, 敎育인데 火가 많아 고갈되면 공부를 할 수 없고, 가정, 교육, 또는 좋은 스승을 만날 수 없다.

10) 여름에는 丁火가 나타나면, 僞善者다.
    丁, 甲이면 丁火가 傷官으로 말과 행동인데, 말과 행동이 정상이 아니고, 僞善的이다.
    만약, 丁火가 너무 많아 나무를 태우면, 수도해야한다.
    가정을 가지고 살려고 하면 안된다.

11) 여름에 甲木이 火가 많아 자라지 못할 구조면, 엉뚱한 데로 간다 : 이상한 宗敎 등.

12) 여름에 甲木이 干上에 丙丁火가 너무 많으면, 몸에 상처가 있고, 戊土가 나타나 水를 剋해버리면 실속없이 재물 욕심만 부리다 망신당한다.
    그래서, 地支에 水氣가 있어야 한다.
    調喉만은 地支를 사용한다.

13) 용신이 地支에 있으면 地支를, 干上에 있으면 干上을 중점으로 본다.

14) 조후가 안되면 賤한 삶을 산다.
    急하고 마음만 앞서간다.

15) 未月에 甲木이 水가 와서 身旺하면, 木이 건강하기 때문에 墓宮에 들어가지 않으나, 신약하고 조후가 안되면 죽거나 불구자 된다.
    그래서, 身弱사주가 무덤(墓宮)이 오면, 죽거나 몸이 아프다.

16) 만약에 甲木일주가 生命을 자르는 구조는 차라리
    뿌리가 없는 것이 좋다 : 어떤 일주든지.

    　　○ 甲 庚
    　　申 寅 午 : 차라리 뿌리가 없는 것이 더 좋다.
    뿌리를 치면 마음이 흔들린다.
    生命을 자르면 慈悲가 없어져 성질이 고약하다.
    金氣는 殺氣다.
    만약, 日主가 허약한데 金이 많으면, 몸이 건강치 못하고, 身旺하면 성질이 고약하다.

17) 여름에 木이 많은데 地支에 불이 많아 木을 태우는 사람은
    이로운 일을 흉내내는 사람이라 위선자다.
    여름에 화로를 갖다 주는 것과 같다.
    그래서, 木을 태우는 사람은 僞善으로 살기 때문에 남에게 피해를 준다.

18) 사주에 용신이 墓속에 숨어 있는 사람은 숨겨둔 애인이 있다.
    用神多 者는 애인이 여럿이다.
    用神多 者는 신약하면, 나쁜 길로 가는 수가 있다.
    신왕하면 직업을 여러개 갖는 수가 있다.

19) 용신은 부모의 생각의 因子에 의해서 탄생한다.
    그래서, 내가 세상에 살면서 욕망이 많으면 불평이 많아져서 애가 불만이 많다.

20) 지나치게 욕망이 많은 사람은 고통이 많다.

21) 원래, 五代 富者는 없다.

22) 세상을 바라보는 눈이 조후다.

23) 木은 水가 너무 많으면 : 壬水旺 = 水旺浮旺(뜰 부)
    　　　　　　　　　　　　　癸水旺 = 水旺木腐(썩을 부

24) 만약에 사주가 너무 燥熱하면, 外格으로 가야한다.
    만약, 여름에 더운데 干上에 壬癸가 너무 많으면,

    　　癸 甲 壬 壬
    　　戊 午 壬 ○ 이면, 하늘에 태양이 없어 쭉정이 농사
    라서 아무 소용없는 불이 된다.
    수확이 없다.
    남의 농사일 거들어 주는 사람이다.

25) 水가 木浮되거나 水다 木腐되면 죽어서 무덤이 없다.
    印綬가 많아서 病이 되면, 생각이 病들어 있고,
    게으르다. 늦잠잔다.
    그래서, 印綬는 늙은이의 성분을 갖는다.
    食傷은 長年의 성분을 갖는다.

26) 여름에 장마가 들면, 역용신인 火를 써야한다.
    逆용신자는 반대로 사는 사람이라서 물질운이 弱하다.
    또, 가족관계가 원만치 않아서 고독하다.

27) 水多浮木되면 유랑자가 많고, 청개구리 심사가 많다.

28) 印綬가 忌神인 者는 집에서 못죽는다.
    客死한다.
    印星은 잠자리인데 잠자리가 편치 못하다.

29) 印綬가 많은 자식은 재산을 다 팔아먹는다.
    印綬가 많은 사람은 형제와 악연이다.
    형제의 마누라까지도 사이가 나빠진다.

30) 만약, 여름에 甲木이 傷官인 火가 너무 많으면,
    집이 불바다라서 집에 못 들어가고, 밖으로 돈다.
    만약, 四柱에 傷官이 너무 많으면, 官을 치기 때문이다
    丁 甲 丁　庚 辛 이면, 조상을 치기 때문에 부모와 살
    수 없다 : 입양아. 버린 자식.

甲木 氣象論 (巳午未月)

31) 傷官이 旺하면 부모말 안 듣는다.
    고집이 쎄다. 머리가 영리하다.

    ○ 甲 ○ ○
    巳 午 巳 ○이면, 官인 金이 나타나면 손상을 입는다.
    내가 부모를 치므로 부모가 이혼한다.
    내가 印星을 받아먹을 수 없기 때문이다.

32) 甲일주가 여름에 태어나 庚辛金을 보면, 중년에 불구자 되거나 큰 수술한다.
    水가 통관시켜 줘야한다.
    나무에 상처가 나기 때문이다.

33) 여름에 木이 火로 庚辛金을 막는 것은 내 피를 빼서 막는 것과 같다.

34) 여름에 甲木이 뿌리를 가졌는데 巳나 酉가 있으면, 대운에서 巳酉合金이 되어 뿌리를 치므로 힘들게 산다.

35) 여름에 甲이 木火가 吉神이면 사회에 봉사한다.
    부지런하다. 그 조직의 책임자다.

    丁 甲 丙 壬
    卯 子 午 申
    丙과 壬水는 서로서로 좋아한다.
    부지런하다. 굉장히 바쁘다.
    장남, 책임자감이다.
    木火를 가지고 나오면 영특하다.
    沖이 될수록 좋다.
    傷官이 자식궁에 있어 자식궁이 弱하다.

甲木 氣象論 (申酉戌月)

1) 가을에 사주에 甲己合되면 나무가 썩어서 열매가 없다.
   土로 따라가면 괜찮다.
   甲의 힘이 쎄면, 절반은 허실되나 그래도 산다.
   土가 힘이 없으면, 나무는 죽지 않는다.

2) 무슨 일주든지 甲 대운이 오면, 甲은 우두머리, 시작을 뜻하므로 새로운 일을 할 수 있는 동기를 유발하며, 그 그룹의 책임자 또는 정상이 된다.
   또는 무거운 직책이다.
   그렇지 않으면 직장에서 나와 자영업한다.

3) 봄에 木이 庚辛金이 많으면, 여자는 남편과 자식을 잃거나 남자는 부인을 상처한다.
   庚辛金은 나무를 자르기 때문에 잘 봐야 한다.

4) 초봄, 겨울에 壬癸가 나타나면, 어머니 글자인 印星이 나타나 추우므로 부모 때문에 고생한다.
   부모 떠나 객지간다.
   소년, 소녀 가장된다.
   부모 때문에 희생한다.

5) 날이 추울 때도 壬癸가 나타나면, 날을 춥게하므로 돈이 안 따른다.

6) 寅中에는 戊丙甲이 숨어 있는데 干上에 甲은 없고, 戊土나 丙火가 나타나면, 戊土가 丙火가 힘을 얻어 강해진다.
   그래서, 寅中에 丙火를 용신으로 많이 쓴다.
   申중 戊土, 亥中 戊土는 용신으로 안 쓴다.

甲木 氣象論 (申酉戌月)

7) 甲木이 너무 강하면 태양빛을 차단시킨다.
   甲은 棟樑木인데 丙火 태양빛을 가리니 木旺火滯가
   되어 잡목이 된다. 값이 안나간다. 木이 病이다.
   木生火가 안 된다.
   생명이 자랄 때는 火生木인데 木이 많아 滯하면 안좋다.
   庚金이 와서 쳐 줘야한다.
   陽干은 陽干이 와서 쳐 줘야 한다.

8) 木은 태양이 없으면, 귀격이 안나온다.
   사주에 甲木이 있는 사람은 장남, 지도자, 통솔자다.

9) 甲木은 비견을 용신으로 쓰는데 劫財인 乙木은 甲木을
   감고 올라가므로 용신으로 안쓴다.
   신약해도 안 쓴다.
   그래서, 甲이 乙을 보면, 아주 나쁘다.
   또, 乙木이 甲을 봐도 태양을 가려 나쁘다.

10) 날이 건조해도 壬水는 쓰는데 癸水는 태양을 가리므로
    용신으로 안 쓴다.
    그러나, 너무 건조하면, 부득이 쓰는 경우가 있다.

11) 甲木에 壬水가 많으면 水旺浮木.
    甲木에 癸水가 많으면 水旺腐木.

12) 甲木에 水가 많으면, 庚辛金은 水를 生해주므로 쓰지 못한다.

13) 사주에 일반용신자는 평범한 운이고, 사주에 약용신이
    유력한 사람은 그릇이 크다.

14) 가을 木은 나무가 많이 컸는데 干上에 丙火를 보면,
    굵은 나무가 되고, 火를 보지 못하면, 다 큰 나무다.
    9월부터 12월까지는 나무에 물이 많으면 안좋다.
    劈甲引丁은 9월 이후에 나온다.

甲木 氣象論 (申酉戌月)

14) 사주에 木火가 病인 사람은 나무와 태양이 病이 되어
    거꾸로 사는 사람이다.
    木 = 생명, 향기, 아름다움.
    丙 = 문명, 지혜, 사랑인데 이 두 가지를 못쓰면 거꾸로
         간다.; 기생충과 같다. 노점상, 청소부, 막노동꾼.

15) 甲木은 가을에 火가 旺하면, 물질운이 좋고, 火가 없으
    면, 가난하고, 火가 많으면 돈이 있다.

16) 甲木에 丁火는 8월 이후에 쓴다.
    甲丁庚이면, 좋은데,   庚甲丁甲
    ○酉   ○○酉○ 로 金이 흉신이면,
    생명을 죽이므로 깡패다.

17) 甲
    寅 일주가 酉월에 태어나면, 四敗日이다.
    木이 안 다쳐야 한다.

18) 地支에 金이 많으면, 돌산이라서 나무가 자라지 않는다.

19) 만약에 地支에 金이 있어 나무뿌리를 자르면, 그냥 밥
    먹고 사는 사람이다.

20) 만약, 甲木이 가을에, 丁甲丁이면, 丁火가 호롱불, 전기
    불이라 수전노, 돈만 아는 사람, 안목이 좁은 사람이다.
    내 몸 보호하는데만 급급하다.
    이 때 傷官生財하면 돈만 안다.
    丙火를 보면 안목이 커서 스케일이 크다.
    실속이 적다. 이해심이 많다.
    그러나, 겨울에 丙火를 보면, 노동일 하며 살고, 겨울에
    는 丁火를 봐야 편히 산다.

甲木 氣象論 (申酉戌月)

21) 사주에 甲木에 火가 많은 사람은 官을 거역하는 사람이라 부정적인 사고를 한다.
    傷官은 不正의 神이다.

22) 甲木이 丁火를 보면, 태양이 아니라서 성장을 멈춘다.

23) 甲木이 丁火를 보면, 傷官으로 官을 거역하므로 부모와 의견이 상반되고, 여자는 남편을 거역하여 애 낳은 후 이혼한다.
    그래서, 傷官이 유력하면, 고향을 일찍 뜬다.
    印星을 버리기 때문에 외국으로 이민간다.

24) 만약, 가을에 丙丁이 많으면, 부모에게 욕 먹인다.
    조상한테 욕 먹게 한다.

25) 가을에 壬癸가 뜨면 곡식이 안 익어 쭉정이 농사다.
    돈이 없다.
    대운에서 火운으로 가면, 그때만 돈이 들어온다.
    설령 부모의 有産을 받아도 한꺼번에 날려버린다.
    이런 자식이 태어나면 자식한테 재산물려주면 안된다.

26) 印星이 旺하여 病이 되면, 부모한테 유산 물려받은 즉시 망해버린다.
    아무리 많이 물려받아도 못지킨다.

27) 여자 사주에 丙丁火가 너무 많으면, 자식낳고 별거한다.

28) 앞으로는 돈이 더 필요한 세상이라서 자식버리고 떠난 사람이 많다 ; 물질 만능시대.

29) 干上에 丙丁火가 많고, 地支에 金이 많은 여자는 남편을 종 부리듯 한다.
    丁 甲 丁 丁이면, 여자라면 자식 모두 버린다.

30) 지금은 수술해서 애를 낳기 때문에 사람들이 억쎄다.

甲木 氣象論 (申酉戌月)

31) 가을에 丙火가 으뜸 용신이고, 壬癸가 나타나면, 열매가 없어 수확이 없다.

32) 火가 없는 사주가 대운에서 오면 그때만 좋다.
    길면 20년 써먹는다.

33) 甲木은 酉月이면 丙火가 死하는 달이라 나무가 성장이 멈춘다.
    그래서, 나무가 酉月이라야 단단해 진다.
    물기가 없어야 단단하다.
    9월부터 12월 木이라야 棟樑木이다. 값이 나간다.
    봄에는 연한 나무다.

34) 戌月이 되면 태양이 무덤에 들어가므로 나무가 잎이 모두 떨어진다. 봄까지 기다린다.

35) 가을에 病이 뿌리가 튼튼하면 학자, 연구가다.
    나무를 키워야 하므로.

36) 가을에 寅卯辰이 있어 안 상하면, 나무를 내년 봄에 키워야 하므로 불을 봐야 한다.
    寅木은 겨울에도 동상이 안 걸리는데, 卯木은 子卯刑으로 동상이 걸린다.
    寅木이 있으면 火보다도 좋다.

37) 火를 보지 못한 나무는 질 나쁜 나무다.
    사람이 아무리 잘났어도 가난한 선비다.

38) 甲木은 원래 똑똑하고, 잘났는데 만약 火를 보지 못하면 못 똑똑하다.

39) 경제는 현실세계를 의미한다.
    돈이 없으면, 세상이 돌아가지 않는다.
    돈은 세상의 피와 같다.
    그래서, 경제가 국제교류를 시킨다.
    현실 감각이 밝은 사람이 돈을 많이 번다.

甲木 氣象論（申酉戌月）

40) 가을 甲木은 土가 흉신이면, 돈이 많지 않다.
土生金하여 金을 생하기 때문에 돈이 많으면 건강이
나빠진다. 甲木이 가을 절지에서 태어났기 때문이다.

41) 돈은 財인데 육신의 돈이다.
현실에 밝은 사람은 부동산 투자 등으로 돈을 많이 번다.
金은 가공품으로 돈이다. 공장, 기계.
木이 돈이다 : 木은 곡식. 향기, 열매다.
그래서, 가을 甲일주는 돈이 많지 않다.
金旺節이라서.

42) 가을에 木이 火가 없으면, 현실 감각이 없다.

43) 여자는 財가 旺하면 食傷의 힘을 빼므로 자식덕이 없다.

44) 가을에 火를 봐서 香氣木이 되면, 학자인데, 大 철학자
가 많다.
印星은 학문, 자식, 스승, 교육인데 官印相生이 되면
뛰어난 교육자, 철학자다. 이상적인 사상가다.
그러나, 돈은 많지 않다.

45) 사주에 육십갑자 중에서 직감력이 발달한 사람은 甲丁을
가진 사람이다.
丁火는 부분적인 불이라서 번개불로도 본다.
그래서, 丁火를 가지면 직감력이 발달했다.
사주에 2개 이상 있으면 A급이다.

46) 가을에 甲木이 나타나 丁火로 庚金을 다루는데 壬癸가 나
타나면 허송세월이다.

47) 가을에 丙火가 뿌리가 旺하면 부자고, 가을에 丁火가 뿌
리가 旺하면 귀하다.
현실적으로 일하는 사람이다.
當代에 쓰는 사람이다.

甲木 氣象論 (申酉戌月)

48) 甲木이 가을에 丁火가 있어 金으로부터 보호받고, 자기 몸을 태우면 活人業한다.

49) 가을에 丙丁도 없고, 金만 있으면 매맞고 사는 사람, 깡패, 불량배다. 그렇지 않으면 신체 이상자다.

```
        庚 甲 庚 丁    남자
        午 辰 戌 卯
    54 44 34 24 14 4
        甲 乙 丙 丁 戊 己
        辰 巳 午 未 申 酉
```

木用. 水吉, 金病, 火藥.
9월 巨木이다.
辰土를 깔고 앉아 沃土다.
2003년 물리학상 받았다.
천재다. 칠살도 왕하고, 藥神인 丁火도 旺하다.
2년만에 고등학교 졸업하고, 미국가서 MIT 대 나왔다.
七殺이 등장하면 천재다.

甲木 氣象論 (亥子丑月)

1) 겨울에 甲木은 子月은 戊土가 우선이고, 亥月은 丙火가 우선이다.
   이런 구조면 키우거나 추위로부터 보호해야 할 열매(곡식) 나무다.
   그래서, 겨울에 甲木이 戊土와 丙火를 같이 봤다면 좋다.

2) 겨울에 甲丁庚이면, 材木감이다.
   다듬어서 棟樑木으로 써야 한다. 벽갑인정이다.
   실세파다 : 국회로 보면, 당의장, 총장감이다.
   1급이상 공무원이다.

3) 겨울에 甲木이 戊土를 보면 먹을 복이 있어 편하게 산다.
   겨울에 甲木이 丙火까지 보면 똑똑하다.
   이때 壬癸水가 안떠야 한다.
   겨울에 丙火가 떴는데 剋을 받지 않으면 똑똑하여 살려는 의지력이 强하다.

4) 겨울에 甲木이 丁火가 뜨고, 地支에 뿌리가 있으면 편하게 산다.
   만약, 丁火가 떴다해도 뿌리가 없으면, 虛火라서 운이 없다.
   그러나, 丙火가 떠야 안목이 넓다.

5) 子午卯酉는 陰이 관장하므로 죽이고 살리는 것은 陽보다 陰의 힘이 强하다.

6) 겨울에 壬癸水가 旺하면 요절한다.
   水가 旺하면 왕할수록 賤하다.
   겨울에는 水가 필요없다.
   金水가 旺하면 왕할수록 천한 일 한다.

甲木 氣象論 (亥子丑月)

賤格이다. 地支에 火가 없으면 노숙자다.
그래서, 干上에 壬癸가 많이 뜨면, 사회활동을 천하게
해도, 지지에 火가 있으면, 집에 들어가면 편하다.
그래서 甲木이 天干에 壬癸가 뜨면 丙丁火는 못쓴다.

7) 가령, ○ 甲 ○ ○
         ○ 子 亥 ○이면 陰地木으로 꽃이 안피어 열매가
없다. 無花木이다.
부모가 자식을 낳긴 낳아도 福을 안주어 밑바닥 생활로
천하게 산다.
직업도 천하고 망한 집안의 자손이다.
할아버지(조상)가 덕을 쌓지 않아서 그렇다.
소년, 소녀가장. 자랄 때 굶고 자란다.
부모(인수)가 病이라 죽을 때까지 부모원망하며 산다.
이런 사람이 결혼하면 마누라가 들어올 공간이 없어 불안
하고 초조하게 산다.
財가 발을 못 붙이므로 현실에 어둡다.
돈이 없다. 현실감각이 없다.
만날 돈 안 되는 일만 한다.
투기만 하다가 망한다(증권 등)
현실에 어두워서 그렇다.
자기 집안에 있는 땅(재산)은 모두 팔아먹는다.
이런 자식 낳으면 부모가 정신 바짝 차려야 한다.
印綬가 病인 사람은 크면서 망한다.
크면서 천덕꾸러기다.

8) 甲木이 亥水를 보면, 따뜻한 물인데 子水는 冷한 물이다.

9) 甲 ○
   ○ 亥 月에 태어났는데 亥水가 흉신이면,
亥中에 甲木이 들어 있어 숨겨둔 형제가 있다.
만약, 亥水가 길신이면, 괜찮다.
이런 구조에서 만약 火가 없다면, 부모가 모두 까먹고
죽는다.

甲木 氣象論 (亥子丑月)

10) 겨울에 甲일주가 지지에 火가 넉넉하면, 온돌방이 따뜻한 격이라 의식이 넉넉한 사람이다.
    부모음덕에 의해서 만들어진다.
    火가 적으면 적덕할 시간이 없다.

11) 겨울에 甲木이 비견이 또 등장하면 雜格이다.
    겨울에는 비견을 절대 안쓴다.

12) 겨울에 만약 甲木이 뿌리가 있으면, 물이 불어 다듬기 어려움으로 재목감이 아니다.

13) 겨울에 甲일주에 乙木이 옆에 있으면 좋은데, 木이 많으면 木多火滯되어 값이 안 나간다.
    신경쇠약, 행동이 부자연스럽다.
    겨울에는 아무리 신약해도 比劫을 안쓴다.

14) 木多火熄이 되면, 인정이 사라진다.
    체해서 답답하다.
    陰德이 약해서 좋은 자손이 안 나온다.

15) 겨울에 甲일주가 壬癸가 나타나면, 水生木이라 하지 말아라. 부모 때문에 제 갈길 못간다.
    클 때 부모가 내 때문에 부모가 애 먹는다.

16) 겨울에 甲일주가 年月에 火가 나타나면, 클 때 사랑받고 자라는데, 자기가 사랑받고 컸기 때문에 인정을 베푼다.
    성격이 후하다.
    어떤 일주든 겨울에 火가 많으면 인심이 후하다.
    겨울에 冷한 사주를 가지면 인간미가 없다.

16) 만약, 겨울에 태어난 甲일주가 地支에 亥卯未, 寅卯辰으로 키우지 못할 木이 많으면, 허황된 욕심만 많다.
    만약, 겨울에 乙木이 많으면, 인생에 회의를 느껴 神 받은 사람이 많다.

甲木 氣象論 (亥子丑月)

17) 甲일주가 甲 ○
　　　　　　○ 子 月(正印月)에서 내어나 흉신이면, 아버지가 바람을 피웠다.
만약, 亥月(偏印)에 태어나면 부자가 많다.
甲木에 子는 沐浴敗地다.
그래서, 正印을 무조건적으로 좋다고 하지 말아라.

18) 겨울에 甲木이 비견이 많으면, 제습을 방해하므로 나쁜 친구 때문에 일생을 망친다.
남의 말 듣지 말아라.

19) 일반적으로 辰戌丑未月에 태어나면, 木이 정용신인데 木일주는 土月에 비견을 안 쓴다 : 土를 훼하므로.

20) 겨울에 甲木이 火가 유력하면 마누라가 유력한데 火가 없으면 마누라를 다루지 못한다.
마누라가 불평불만이 많다.

21) 火 = 金이 뿌리를 못박는다.
木 = 土에 뿌리를 박고 살므로 봉건적인 생각을 갖고 있다.
마누라 부려먹는 것을 당연시한다.

22) 겨울에 火는 융통성이다.
그래서, 겨울에 火가 없는 사람은 융통성이 없다.

23) 만약, 겨울에 木이 왕한데 土가 약하면, 신용이 없는 사람이다.
土는 믿음이고, 신용이다.
그래서, 土가 없으면 믿음과 신용이 없다.

24) 사주는 살아가면서 좋은 業을 쌓으면, 자식이 잘되고, 나쁜 일을 하면, 나쁜 業을 쌓는다.
임신했을 때 머리를 북쪽에 두지마라.
북쪽은 숙살의 기운이다.

甲木 氣象論 (亥子丑月)

25) 겨울에 壬癸가 뜨면, 심성이 나쁜 사람이다.
    용신의 반대 글자다.
    남을 이용할 생각을 많이 한다.

26) 사주의 天干에 乾土가 없고, 지지에만 乾土가 있다면
    天干 = 사회성, 활동성이고,
    地支 = 집안이다.
    여자가 겨울에 乾土가 뜨면 살림을 잘한다.
    그러나, 木이 土를 헨하면 안 그렇다.

27) 겨울에 干上에 官印相生이 되어 조후가 잘되어 있다면
    나라에 공로가 있는 사람이다.

28) 겨울 甲木이 火가 없어 浮木이 되면, 태양을 보기 위해
    팔도강산을 돌아다니고,
    地支에 水만 있다면 평생 부모 욕하고 산다.
    부모 원망한다.

29) 甲木이 비록 火가 없는데 운에서 왔다면 그때 영화가 있다.

30) 겨울에 사주가 남녀를 불문하고, 비겁이 많으면, 쓸데
    없는 고집만 갖고 살기 때문에 가난하다.
    財가 허약하므로.
    아버지가 죽거나 부모와 인연이 없다.

31) 만약에 木이 뿌리가 있는데 子卯刑이 됐다면,
    　○ 甲 ○ ○
    　卯 子 申 寅이면, 운이 들어와 살만하면 신체불구자,
    또는 이상한 병이 온다.
    나무뿌리가 상했기 때문이다.

32) 사주에 무화과면 막노동꾼이다.
    남의 신세지고 산다. 귀격이 아니다.
    몸이 냉하면 자기 곁을 모두 떠난다.

甲木 氣象論 (亥子丑月)

33) 甲일주가 겨울에 겁재(乙木)가 왕하면, 아버지가 두 번째 부인의 자식을 더 사랑한다.

34) 겨울에 火는 세상을 바라보는 안목인데 똑똑한 사람이다.
겨울에 조후가 잘되면 귀하게 산다.
火가 떠서 날씨가 좋다.

35) 겨울에 土가 나타나서 조후를 하고 있는데, 冲이 되면 주위환경이 매우 나쁘다.
여름에 水 조후를 깨도 마찬가지다.

2. 乙木 氣象論(총론)

1) 乙木은 세상에서 甲과 丙을 가장 좋아한다.
   乙木이 甲을 보면, 클 수 있는 넝쿨나무고,
   乙木이 丙을 보면, 꽃이 피어 열매가 있는 나무다.

2) 乙木은 살면서 바람이 많다(風).
   고난이 많거나 주위환경이 나쁘다.
   뿌리가 있으면 괜찮으나 뿌리가 없으면, 주위의 바람에
   많이 흔들린다.

3) 乙木이 甲을 보면, 무한정 클 수 있는 넝쿨나무이나
   甲을 못 보면, 잔디에 불과하다 : 芝草다.
   그래서, 甲을 보면, 榮華가 있다.

4) 乙木이 또 乙木을 보면, 잡초가 잡초를 또 보기 때문에
   풀밭이다. 잡초 밭이다.
   乙木은 노래와 춤, 코메디잘한다.
   乙木은 美를 창조하기 때문에 치장을 잘한다.
   : 실내장식 등 예술감각이 발달했다.

   ○ 乙 甲 壬   ○○ 아들 사주
   ○ 亥 辰 辰
   藤蘿繫甲하여 춤을 잘춘다.
   힙합땐스 국제심사원이다.
   몸이 유연하다. 감각이 발달했다.
   ○○상고 출신이다. 시장 상, 장관 상 많이 받았다.
   운동선수로는 적합하다.
   그러나, 丙火가 없어 大局이 아니다.
   향기가 있어 여자들을 잘 데리고 다닌다.
   기가 막히게 현실감각이 뛰어나다.

2. 乙木 氣象論(총론)

5) 사주에 乙木이 丙火를 보면, 生木이라서 火生木이다.
   乙木이 丙火를 보고 자라면, 늘씬하다.
   乙木이 丁火를 보고 자라면, 땅땅하다.

6) 丙火는 光明, 文化의 별이라서 명성이 난다.
   한때 榮華가 있다.
   그러나, 丙火가 凶神이 되면, 꽃이 빨리 시들어 썩은
   냄새가 난다. 착각하고 이기적으로 산다.

   丙 乙 ○ ○
   子 卯 ○ ○   인기가수 사주다.
   時에 丙火가 있어 죽을 때까지 향기가 있다.
   丙火를 보면 벌, 나비가 많이 끌어 부인이 스스로
   양보하고 떠나버리므로 가정궁이 나쁘다.

7) 乙木이 여름에 태어나 丙을 보면, 천해지는데 온갖 벌
   나비가 찾아오므로 천해진다.
   가을에 乙木이 丙을 보면, 향기가 없어 벌 나비가 안
   오니 고독하다.
   향기가 없어서 미인박명이다 : 현지 妻, 재벌 後妻다.
   乙木이 丙火를 보면 얼굴이 훤하다.

8) 乙木이 丁火를 보면, 메마른 꽃나무다.
   丁火가 뿌리까지 있으면, 너무 뜨거워 나무에 화상
   (상처)를 입는다. 수확이 없다. 조열하면 病이 많다.

9) 乙木이 戊土(높은 산, 밭, 맑은 흙, 大路)
           己土(낮은 산, 논, 작은 흙, 小路)
   乙木이 戊土를 보면, 높은 산의 꽃이므로 남자가
   안오므로 성교가 횟수가 적다.
   乙木이 己土를 보면, 남자가 밟고 다니므로 성교를
   많이 한다.
   乙木이 戊土를 보면, 여자는 남자관계가 외롭고, 순박하고,
   고독하다.
   넓은 땅을 못 거느리므로 능력이 부족한 사람이다.

2. 乙木 氣象論(총론)

戊土는 乙木을 보면, 싫어한다.
陽干은 陽干을 봐야하고, 陰干은 陰干을 봐야하는데,
단, 庚金은 陰干인 丁火를 봐야 한다.

10) 乙木이 己土를 보면, 陰地에서 자란 야생화다.
    乙木이 己土를 보고 불을 보지 못하면 천하다.
    : 술집, 몸 파는 여자.
    陰地에서 웃음을 파는 사람이다.
    乙木이 己土를 보고 불을 보지 못하면, 가식적인 삶을
    산다 : 홍등가. 기생, 창녀.

11) 乙木은 털이다.
    乙木이 庚金을 보면, 곱슬머리다.
    乙木 火가 없으면 음모가 없다.

12) 만약, 乙木이 己土를 보고 地支에 巳火를 보면, 속 피부
    가 곱다. 아름답다.
    이유는 속에서 음모가 잘 자라기 때문이다.

13) 乙木이 丙를 보고 己土를 보면, 땅에 떨어진 태양이라
    가치없는 태양이다. 천격이다.
    戊土는 괜찮다.
    그러나, 戊土도 많으면, 산에 가려 일조량이 짧아 돈이
    없다.

14) 乙 己 丙, 己 乙 丙이면, 태양의 열기가 己土에 흡수되
    어 천한 생활한다.
    인물은 예쁜데 행동은 천하게 한다.

15) 乙木이 庚金을 보면, 생명이 열매가 매달리기 前에는
    우박, 눈덩이, 고드름으로 보는데, 3월부터 6월까지는
    과일, 곡식으로 보기 때문에 부자다.
    또, 가을 乙庚金은 큰 부자다.
    그래서, 乙庚金이 있어 열매로 볼 때는 진실하게 산다.
    늦가을, 겨울철 날이 추울 때 乙庚金은 가짜 남편 또는

2. 乙木 氣象論(총론)

고통 주는 남편이다.
9월 이후의 乙庚金은 남편이 病이라 남자라면, 혼자 큰 소리치는 妄想에 사는 사람이다.
허풍쟁이, 공갈쟁이다.

16) 늦가을, 겨울에 乙庚金이 있는데 運에서 불운이 오면, 녹아내려 진액이 나오는데 이것이 암이다.
운 들고, 먹고 살만하면 몸에 病든다.
쓸데없이 계절에 맞지 않게 乙庚金이 되면 망상이다.

17) 여름 乙木에 辛金은 열매인데, 가을, 겨울에 乙木이 辛을 보면, 머리가 대단히 영리하다.
乙木이 신경이 예민하다 : 殺이 옆에 있어서..
그러나, 金이 많으면, 상처받은 나무다.
또, 나무가 旺하면 긴장하며 사는 사람이라 영리하다.
대운에서 乙木이 辛金 運이 오면 이별의 시간이 온다.
그렇지 않으면 어느 한쪽이 죽는다.
金克木하기 때문이다.
이럴 때는 불(丁火, 약신)이 와서 庚辛金을 쳐줘야 한다.
乙木이 辛金이 있는데 丁火運이 오면, 잠시 별거하는 것과 같다.

18) 乙木이 壬水를 가장 싫어한다.
땅에 물이 너무 많아 홍수를 만난 것과 같아 浮木이라 열매가 없다.
꽃이 안피고 열매가 없는 사람은 한직에서 일한다.
水草가 되면 꽃이 없어 열매가 없으니 돈벌이 안되는 직장에서 일한다.

19) 乙木이 壬水가 있는데 丙火가 많으면, 꽃이 피는데 애로가 있는 꽃이 피므로 물은 밤으로 음란하기 때문에 대포집, 여관 같은 직업 가진다.

2. 乙木 氣象論(총론)

20) 乙木은 壬癸水를 가장 싫어한다.
    乙木이 癸水를 보면, 비 맞은 나무다.
    乙木이 壬水를 보면, 浮木이다.
    乙木이 癸水를 보면 태양을 보지 못하여 열매가 없다.
    乙木이 壬癸水가 많으면, 꽃이 안피는 나무라 막노동하거나 남의 신세지고 산다.

21) 乙 癸 丙이면, 비가 내려 꽃이 떨어져 洛花되었다.

22) 乙 丙 癸이면, 비 온 후 태양이 떠서 괜찮다.

23) 겨울에 水를 보면, 印綬가 病이라 부모 곁을 떠나야 한다.

24) 乙木이 癸水를 보면, 꽃이 안피어 열매가 없어 비밀스런 일을 하고 산다.
    : 삐끼. 비정상적인 일을 한다.

25) 癸水가 흉신이면, 눈물이다. 슬픔의 눈물.
    고난의 눈물, 상처의 눈물이다.
    낮에는 일을 못하고 밤에만 일한다.

26) 사주에 火는 情, 심장인데 火가 발을 못붙인 사람은 냉정하다. 철면피다.

27) 癸水가 年, 月에 있으면, 클 때부터 어렵게 산다.
    부모가 없거나 성장시에 어렵다.

28) 만약, 乙木이 亥子丑月에 태어나 丙火가 뜨면, 시집을 가면 공상이 앞서가므로 자식 기저귀부터 산다.
    丙火는 고상한 생각이라 춥고 배고프고,
    丁火는 현실적인 생각이라 편하게 산다.

29) 겨울에 사주에 丁火가 발을 못붙인 사람은 냉정한 사람이다. 냉혈동물이다.

2. 乙木 氣象論(총론)

30) 만약에 乙일주에 癸戊合火되면, 이 때는 火가 아니고, 카바이트 불과 같아 희망사항에 불과하다.
그러나, 희망이라도 있는 것이 더 좋다.

31) 乙 일주가 時에 甲을 보면, 문밖에 기댈만한 후원자가 있다.
그래서, 집밖에 나가면 도움을 받을 수 있다.
애인두고 산다 : 집 밖에 애인.
月에 있으면 집안에 애인이다.

32) 乙木일주는 金이 나타나면 싫어한다.
金은 남편이다. 그래서, 乙일주가 남편을 싫어한다.

33) 乙木일주는 官이 없으면 괜찮은데 나타나면, 둘중 하나는 피해를 본다.
金이 약하면, 官인 남편이 害를 입고, 木이 약하면, 내가 害를 입는다.
그런데, 火가 있으면, 火克金하므로 자식이나 남편중 하나는 버려야 하는데 자식은 좋은데 남편을 싫어하므로 이혼하기 쉽다.
官을 거역하기 때문에 官은 혈통인데 혈통을 거역하므로 딸은 두는데 아들은 두기 어렵다.
官이 안 나타나면 괜찮다.

34) 乙 일주가 火가 전혀 없으면, 무화과나무다.
무화과가 되면 향기가 없어 후실, 첩, 현지처다.
만약, 남자가 무화과가 되면, 무의도식하거나 중년에 가정이 공중분해되어 버린다.

35) 用神은 사랑과 자비의 근본을 갖고 있다.
그래서, 용신이 유력하면, 사랑과 자비가 있고, 용신이 무력하면, 사랑과 자비가 없다.

36) 乙 일주는 일찍 시들므로 가정이 안좋다.
그래서, 노후 대책을 잘 세워야 한다.

2. 乙木 氣象論(총론)

37) 乙木은 화초라서 벌, 나비를 불러들이기 때문에 정보, 소식이 발달한다. 그래서, 아는 게 많다.
乙木이 있는 사람은 꽃이 필 때는 아름답다가도 꽃이 지면 쓸쓸하다. 그래서, 乙木이 이별이 가장 많다.
癸水는 무정하다.
甲木은 원래 꽃이 안피기 때문에 향기가 없어 영원히 그 모습이다.
乙木이 많은 사람은 이별수가 많다.

38) 乙 일주는 美를 창조하므로 미인이 많다.
乙 일주 봄, 여름생은 그림 감각이 발달했다: 옷장사.
그러나, 겨울에 태어나면 감각이 없다.

39) 乙 일주가 丁火가 있으면, 감성이 발달했다.
乙 일주가 丙火를 보면, 아름다운 감각.
乙 일주가 丁火를 보면, 감성적 감각이다.
그래서, 감성이 발달하면, 기도하므로 무당이 많다.

40) 여자 乙 일주가 일찍 庚金이 와서 乙庚金이 되면, 남자와 만나라는 뜻이므로 술과 담배를 일찍 배운다. 어른 행세를 일찍한다.
乙庚이면 남자가 자기를 부르는 것 같아 남자에 관심 갖는다.
그래서, 乙庚金인 사람은 님을 보기 위해 멀리라도 간다.
만약에 봄, 여름에 乙庚金이 되면, 재미있게 보낸다.
가을, 겨울에 乙庚金은 남자 때문에 신세 망친다.

41) 乙木이 戌대운 만나면 火가 무덤에 들어갔으므로 모든 인연이 떠나버린다.

42) 甲寅 木은 乙木을 싫어하고, 乙木은 甲寅 木을 감고 올라가므로 좋아한다.

2. 乙木 氣象論(총론)

43) 12운성 = 陽生陰死, 陰生陽死
    丙癸가 지구 온도를 조절한다.
    癸水는 卯에 生, 壬水는 卯에 死.

44) 癸水 일주가 陽圈에 태어나 卯木을 보면, 조숙하다.
    봄, 여름에 卯木을 보면, 조숙하고, 가을, 겨울에는 조숙하지 않다.

45) 卯木이 있으면, 濕을 포함하고 있다.
    땅에 습이 있다.

46) 乙木은 甲木의 양기덩어리가 실체화되어 나온 기운이다.

47) 甲木은 乙木을 가지에 비유하므로 잡목이다.
    乙丁庚, 乙丙庚이면, 食傷이 남편을 가로막고 있어 성생활을 하면 할수록 남편이 빨리 죽는다.

48) 乙木이 丁火를 보면, 자기 몸을 태워 庚金을 물리쳐야 하므로 감성이 남편을 치므로 자식은 좋은데 남편을 버려야 하므로 괴로운 눈물을 흘리며 산다.

49) 食神이 官을 치는 사주는 남편이 건달이 되어 버린다.
50) 乙木이 己土를 보면, 己土는 濕土라서 태양을 봐야 하는데 태양을 못보게 하므로 열매가 없어 끝없는 고통으로 살아야 하므로 종교인이다.

51) 乙木이 戊土를 보면, 심심산골의 화초다.
    외롭다. 남편봉양을 못한다.
    그래서, 남편이 외도를 많이 한다.
    사랑을 줄려고 해도 너무 멀리 있어 애정이 없다.
    남자가 여자 옆에 잘 안 온다.

2. 乙木 氣象論(총론)

52) 乙 己 戊이면, 농사짓는 산골이다.
    밭도 있고, 논도 있으니 밥먹고 사는 사람이다.
    성격도 무난하다.

53) 乙 일주의 본성은 봄을 그린다.
    만약, 水가 없어도 운에서 亥子丑운으로 가면, 영화가 없다.
    불이 없으면 꽃이 안 피므로 대운이 남방으로 가야한다.
    생명은 불이 있어야 영화를 본다.

54) 사주에 태양이 떴는데 乙 丙 ○
                        ○ 巳 ○이면, 하늘에도
    꽃이 피고, 땅에도 꽃이 피어 萬花芳菖(만화방창)이다 :
    천지가 꽃이다.

55) 乙巳 일주는 배신을 잘한다.
    巳中丙으로 꽃이 피었는데 酉丑이 오면, 合하여 꽃이 떨어져 버린다.
    그래서, 巳火를 믿다가 갑자기 배반한다.

    甲
    中 年에 巳申合, 刑으로 애인생긴다.

56) 丁乙丁인데 庚운이 오면, 사랑을 하고 싶은데 火克金하므로 官災생긴다.
    傷官이 뜰 때 官이 오면 필패다.

57) 乙 일주가 戊
          寅 대운이 오면 기가 막히게 좋은 대운이다.
    큰형이 돈을 갖고(데리고)왔으니 돈을 벌어 준다.

    丙乙乙戊   여기서 戊土 = 큰 것. 큰 포부 : 장관 꿈.
    ○○卯戌   己土 = 작은 것. 작은 꿈 : 면장꿈.
                      땅에 떨어진 꽃.

2. 乙木 氣象論(총론)

58) 乙木이 未月에 태어나면 꽃밭.
　　　亥月에 태어나면 갈초.
　　　卯月에 태어나면 잔디밭.

59) 　　○乙○
　　亥卯未이면, 未中 丁火가 열매인데 불이 숲에 가려서 열매가 없다.
　　돈이 없다.
　　月令에 따라 다르다 : 亥月이면 수초.
　　　　　　　　　　　　卯月이면 잡초.
　　　　　　　　　　　　未月이면 꽃밭.

　　乙○　　　　　　　○乙
　　未亥 = 풀밭.　　　未卯 = 풀밭에서 사랑한다.

60) 乙木이 丙을 보면, 만화방창이라서 인정이 많고, 향기가 있어 좋은 구조다.

61) 乙木이 봄에 태어나 丙을 보면 조숙하고,
　　乙木이 가을에 태어나 丙을 보면 늦게 핀 꽃이다.

62) 봄에 乙木이 丙火를 보면, 향기로운 꽃이 피어 똑똑하다.

63) 乙 일주가 너무 조열하면 물가로 간다.

64) 乙 일주가 壬癸水 인수가 많으면 고향을 일찍 떠난다.
　　부모를 안봐야 운이 튼다.

65) 乙 일주가 乙이 흉신인데 대운에서 乙을 또 보면,
　　슬픔과 이별이라 좋아하는 사람이 떠난다.

66) 乙 일주가 食傷을 보아 길신이면, 예술적인 감각이다.
　　손재주가 발달했다. 촉감이 발달했다.

2. 乙木 氣象論(총론)

67) 辰土는 乙木을 키우는 沃土인데 丙戊丁이 나타나 나무를 키우는데 辰이 있고, 巳가 있으면 튼튼한 나무다.

68) 土는 모두 무덤인데 새로운 생명을 탄생시킨다.

69) 辰中에 乙木이 있어 꽃이 핀다 : 開花之神이다.
未土는 熟果之神.
그래서, 辰未가 있는 사람은 돈이 있는 사람이다.
그러나, 丑戌土는 생명을 자르는 金을 갖고 있어 돈이 적다.

70) 여름에 辛金 일주는 성격이 예민하고, 질병이 많이 따른다.
너무 올되어 불속에서 살려고 하므로 예민하고, 일을 많이 해도 남이 알아주지 않는다.

```
    乙 丁 丙
 ○  酉 申   여기서 申은 석양빛이고,
            酉는 해가 떨어졌다
```
황혼노을이다. 丙은 낮이고, 丁은 밤으로 밤과 낮이 같이 있어 뛰어난 낭만적인 사람이다.
도자기. 그림 그리는 사람이다.

71) 乙木이 丙火를 보면 여자처럼 곱다
 : 꽃이 피어 있으므로.
감상이 풍부하여 음악가다.

72) 남자 甲木이 丙火를 보면 남자답다.

73) 乙○
亥寅 : 寅亥合木은 水가 木으로 따라 갔다.
그릇이 작다. 과실수다(접붙인 나무). 대들보가 아니다.
그러나, 乙木 입장에서는 큰 뿌리를 가져 많은 수확을 본다.

2. 乙木 氣象論(총론)

74) 乙木이 庚을 보면, 남편이 등장하여 연애하고 싶다.
그래서, 庚대운에 여자가 바람을 핀다.
그래서, 여자는 正官이 나타나면, 情에 이끌려가기
때문에 남자를 만나고 싶어서 연애한다.
그런데, 乙庚合이 되면, 合되는 순간부터 乙木이 꽃을
피울 수 없어 일이 안 된다 : 망쪼다. 상사병.

75) 乙
○ 酉月에 태어나면, 酉月은 丙火가 死地에 들므로
힘이 없다 : 丁火에 의지해야 한다.
환경이 바뀌기 때문에 感性이 발동하여 노래를 잘 부르거나
술을 잘 먹는다. 올 된다.

76) 乙 일주가 겨울에 戊癸合火되면, 희망사항인 火가
있기 때문에 부지런하고, 막혔던 소망이 이루어진다.

77) 乙丁庚 인데,
亥子月에 태어나면, 性生活하여 丁火가 발동하면 官인
庚金을 치기 때문에 남편과 애정 갈등이 생긴다.
또 자식인 火가 남편을 치므로 자식낳고 이혼한다.

78) 乙
卯를 본 나무는 잎이 무성한 나무다.
그래서 태양은 乙木이 많은 것을 싫어한다.

79) 木이 있는 사주는 辰戌沖이 있으면, 지진이 6년마다 나므로
물질운이 없다 : 나무를 옮겨 심어야 하므로.

80) 乙木이 있는데 地支에 寅木이 있어 뿌리가 안상하면,
友德(친구 덕 등)이 있다.

81) 乙甲丙이면, 甲木이 태양을 가려 洛花木이 되므로 망쪼
들었다 : 長木之敗.
그래서, 身弱이라도 劫財인 甲木이 오면 꿈이 깨졌다.
향기가 없어 벌, 나비가 가버리므로 이별한다.

2. 乙木 氣象論(총론)

82) 乙木 일주가 木이 왕하다면 :
乙 ○ 丙 ○
亥 卯 未 ○이면, 꽃밭인데 나무숲이 우거져 그늘이
져서 자기만이 갖는 비밀이 있다 : 숲속에서의 일이므로
비밀스럽다.
잎이 너무 많으면, 꽃이 안피어 향기가 없다.
여자라면 향기없는 사람이라 얼굴은 예쁜데 잠자리를 하면
재미가 없어 남자가 떠나버린다 : 향기 없는 꽃이다.
이런 여자는 잠자리가 고독하다.
여자라면 남자가 떠나고, 남자라면 자기가 바람핀다.

83) 丁 乙 丙이면 : 이런 구조에서는 丙火는 진실한 사랑을
하고, 丁火는 가식적인 사랑이다.
正用神이 유력하면 진실한 사랑을 하고, 假用神이 유력
하면 가시적인 사랑을 한다.
이렇게 正用神과 假用神이 함께 뜨면 두 가지(이중성격)
생각을 하면서 산다.
감정을 종잡을 수 없어 그때 그때 변한다.

84) 乙 일주가 신약한데 金運이 오면, 신체불구자된다.
: 우박이 내려 나무에 상처주므로.

85) 乙木이 丙火를 보면, 丙은 태양이라 열렬한 사랑(마음껏,
자연스럽기 때문에)을 한다.
태양보다 더 뜨거운 사랑을 한다.
만약, 연애를 못하게 말리면 자살하는 수가 있다.
오직 그대뿐이라는 생각 때문이다.

86) 사주에 乙木이 있는데 乙甲에 火가 있어야 藤蘿契甲이고,
乙甲인데 火가 없으면, 그늘에 가려 있어 後妻之象이다.
이런 후처상이 본부인이 되면, 반드시 애인두고 산다.

2. 乙木 氣象論(총론)

乙甲이 태양(丙)을 못보면 陰地草다.
음지초는 인물이 예쁘다.
음지초는 큰소리 못치며 산다.
現地妻다.

87) 乙 일주가 壬癸가 많이 떠 있으면 :
  癸乙壬癸 이면, 부모와 같이 살면 싸워서 못산다.
  또, 이런 여자가 친정에 가서 자식낳으면 자식 죽인다.
  일찍 부모와 떨어져 살아야 하므로 가출해 버린다.
  印綬가 忌神인 자는 고향 땅을 떠나야 한다.
  印綬가 태왕한 사람은 학교도 지방, 유학 보낸다.
  절대 자식을 친정에 맡기지 마라 : 자식 죽인다.

88) 印綬가 태왕하면 희망이 안보인다.
  印綬는 환경으로 환경이 나쁘다.
  水多木浮 : 壬水 = 뜨고, 癸水는 썩는다.
  내가 어디에 머무를지를 몰라 희망이 안보인다.

89) 남자 乙 일주가 亥子丑月에 태어나 乾土를 보면, 애처가다.

  乙○○
  亥子丑月 인데, 戌, 未土를 보면 마누라를 좋아한다.
  애처가다.
  그러나, 辰土가 丑土를 보면 애처가가 아니다.
  地支에 戌, 未土를 가져 따뜻하면 가정적인 사람이다.
  만약에 여자가 戌, 未를 가지면 살림을 잘한다.
  알뜰하다.

90) 겨울에 木 일주로 태어나 金을 보면, 자식농사가 잘 안 된다.
  남자는 자식농사 잘 안되고 여자는 남편농사 잘 안된다.

2. 乙木 氣象論(총론)

　　　庚 甲 癸 戊
　　　午 子 丑 寅　자식과 인연이 박하여 자식을 돌봐줘야
하거나 자식이 속썩인다.

91) 만약에 여자가 金이 나타났는데 丙丁火를 보면, 자식과
남편사이에서 갈등 겪는다.
결국, 자식을 선택하므로 늙어서 남편을 병신 만든다.

92) ○乙○
丑巳酉이면, 여자면 남편과 파란만장한 삶을 산다.
나무의 뿌리를 金이 자르므로 남편의 성질이 까다로워
이혼하거나 혼자산다.
특히, 乙丑 일주는 官庫를 가져 남편 무덤위에서 꽃을
피웠으므로 애정운이 너무 나쁘다 = 90% 이상 나쁘다.

93) 乙 일주가 地支에 巳酉丑을 가지면, 寅卯辰 巳午未로 가
야 좋다.
金運으로 가면 반드시 病者다.
일찍 이런 金運이 오면 이별하고,
늦게 이런 金運이 오면 사별한다.
從格이 되면 괜찮다. 열매가 되면 좋다.

94) 겨울에 乙木이 戌月에 태어나 난방을 하고 있는데, 乾土
인 戊土가 除濕해주면 알부자다.
깨지면 안 그렇다.

95) 겨울에 乙木이 干上에 戊土를 보면, 제습해 줘서 좋은
데, 또 戊土를 보면, 첩첩산중이라 외롭다.
여자라면 남편이 안오니 외롭다.

96) 겨울 乙己丙이면, 丙 태양의 열을 己土가 흡수해 버리므로
가식 웃음이다.
술집, 술장사한다.
꽃이 피긴 피었는데 힘이 없으므로 가식적인 웃음이다.
그래서, 가식적인 웃음을 웃으므로 천하다.

2. 乙木 氣象論(총론)

97) 乙 일주는 화초라서 유약하다.
極旺宣助이고, 極弱宣從이다.

98) 乙 일주가 가을, 겨울에 乙癸壬이면, 水가 病이므로 신장, 방광이 나쁘다.
또, 壬癸水가 凶神이면 性生活과 관련된 성기발기제 같은 것 잘못 먹으면 성불구된다.
또, 印綬가 많아 病이면 食傷을 치므로 모유가 아이한테 잘 안 맞는다. 젖이 부족하거나 설사한다.

99) 乙壬癸가 있어 丙丁火가 剋을 당하면, 印綬가 食傷을 치므로 배설기관이 나쁘다.

100) 사주에 壬癸水가 많은 사람은 집에 붙어있기 싫어한다.
방이 냉골이라서 답답해서 돌아다닌다.

101) 乙 일주가 金이 많으면, 고독한데 중년 대운에 火를 보지 못하고, 金을 또 만나면, 불우해 진다.

102) 乙 일주가 丁火를 보고 木多火食이면, 고혈압, 신경계통, 간 계통에 이상이 온다.

103) 乙木이 겨울에 枯草引燈(고초인등)이 되면, 죽을 고비를 반드시 넘긴다.
여자는 과부가 되고, 남자는 몸에 큰 수술, 또는 상처 자욱이 있다.

104) 乙木이 가을, 겨울에는 벌, 나비가 없어 소식을 전해주지 못하여 외롭다.
　　　己 乙 丙 庚
　　　卯 未 戌 戌　임자없는 꽃이다. 시집 못간다.
약사다.
傷官인 丙火가 官인 庚을 치므로 인물은 예쁜데, 남편복이 없다.
남편이 왔다가도 하룻밤 자면 떠나버린다.

2. 乙木 氣象論(총론)

　　　　미인박명이다.

105) 겨울에 乙木이 火가 많아 역용신을 쓰는 자는 여자일
　　　경우 결혼하자마자 반드시 이혼한다.
　　　木의 丙丁火는 食傷(자궁)인데 壬癸水를 쓰면 水剋火
　　　하므로 금방 이혼해 버린다.
　　　이런 사람의 자궁(性, 食傷)은 건드리면 큰일난다.
　　　결혼하자마자 또는 성생활 하자마자 이혼한다.
　　　그렇지 않으면 나쁜 病이 온다.

106) 겨울에는 태양이 힘이 없다.
　　　丙火를 보면 고생스럽게 살고, 丁火를 보면 편히 산다.

107) 사주는 자연의 이치다.
　　　그래서, 氣象論이라 한다.
　　　사주 8자는 환경이다. 부호다.

108) 乙丙 이면,
　　　봄 = 개나리, 진달래 등 신선미가 있는 깔끔한 화초다.
　　　태양을 보는 시간이 긴 계절일수록 향기가 짙어 맛이
　　　좋고, 아름답다.
　　　여름 = 목단, 향기, 장미 : 탐스런 화초.
　　　가을 = 목화, 단풍, 고고하고, 청초하다.
　　　겨울 : 약초다.

109) 생명이 곧 진리다.

110) 乙 丙이면 자기가 확장, 과장하려는 본능이 있는데,
　　　만약, 丙火가 病이 되면 허풍이 많다.
　　　말속에 냄새가 있다.
　　　그래서, 옆으로 뻗는 본능 때문에 남에게 의지하려하므로
　　　눈치빠르고, 쎈스가 강하다.

2. 乙木 氣象論(총론)

111) 乙木 일주는 꽃피는 나무이기 때문에 火를 보지 못하면 無花木이다.
그래서, 노후가 허망하고, 값이 안나간다.
늦게 가서 3不忌 : 가정, 자식, 돈, 남편이 안 된다.
그 대표적인 예가 水草四柱다.

112) 乙木이 겨울에 춥다해도 지열이 너무 많으면 꼭 몸에 흉터가 있거나 죽을 고지를 넘기고 넘어간다.
: 지열이 너무 강하면 나무뿌리를 상하게 하므로.

113) 乙甲인데 火가 없으면 虛失木이다.
藤蘿繫甲이 안된다. 일을 많이 해도 소득이 없다.

114) 乙木은 壬水가 많으면 잔병이 많고, 癸水가 많으면, 집안이 안편하여 막 돌아다닌다.

115) 乙木이 壬水가 많으면 신장, 방광에 병이 온다.
乙甲에 庚이나 辛이 와서 파목하면, 후견자인 甲木을 치므로 가정이 불안하여 처자궁이 산란하다.

116) 乙木은 원래 봄에 일찍 핀 꽃이므로 소식이 빠르고, 예술이 발달하고, 乙木은 감고 올라가므로 未를 창조한다.
또, 乙木은 하늘을 나는 새에 비유하므로 조종사, 비행기에 비유한다.

117) 乙木이 허약하면, 간염, 황달, 신경통 같은 病이 온다.

118) 乙木이 용신일 때는 디자인, 설계, 운동가가 되어 이름을 날리거나 금은방, 고급화장품, 옷 만든 직업에 종사한다.

119) 乙木은 털이 많은 사치와 인연이다.

2. 乙木 氣象論(총론)

120) 乙 乙 乙
      巳 丑 酉 일주는 地支에 흉신을 깔고 앉아있어 중년에
      서방운으로 가면 몸에 잔병이 온다.

121) 乙 일주가 겨울에 태어나 葛草가 되어 태우는 구조면
      사회에 유익한 봉사를 한다.

122) 겨울에 乙木은 金이 나타나면, 丁火가 나타나 녹여줘야
      하는데 金을 제거하지 못하면, 건강치 못하거나 안 좋
      은 일이 생긴다.

123) 乙木은 丁火가 있고, 戊土가 제습해 주면 잘산다.

124) 乙
      酉 일주가 午月에 태어나면, 火克金하므로 중년에 과부
      가 되거나 이혼한다. 볼게 없다.

      예 : 乙 ○
            酉 午月 = 酉는 午火가 가장 무섭고, 그 다음
      戌中丁火, 未中丁火가 그 다음이다.

125) ○乙○
      辰酉午이면 나빠도 辰酉合되어 불구자 되어도 살 수는
      있다.

126) 乙木이 여름에 태어나 戊己土가 많으면, 집이 가난하
      다.
      조후하는 水를 막아버리므로 가난하다.

127) 乙 戊 辛
      亥 戌 酉이면, 돈을 버는데 수완가라 돈이 있다.
      어려운 일을 해결하는 문제에 탁월하다.
      : 財로 殺을 덮어놓고, 자기가 뿌리를 내리려 하므로.

2. 乙木 氣象論(총론)

128) 乙木이 戊土가 여러개 나타나면, 외롭기 때문에 남녀간 애정이 없다.

129) 乙 일주가 亥子月에 태어나 戊土가 없으면 가난하다.
멸문집안이다. 음덕이 끊어졌다.
자기 當代는 가난을 면치 못한다.

130) 사주를 볼 때 正용신이 유력하면, 사회에 임무자이므로, 능력자이고,
용신이 무력하면 무능력하여 남에게 의지해야 하므로 인격이 없다.

131) 사람은 남에게 의지하려고 하는 생각을 갖는 순간부터 자기 자신의 인격이 상실된다.
그래서, 의지하려는 생각을 버리지 않으면 불행해진다 : 노후가 불행하다.

132) 겨울 生 여자는 金이 남편이기 때문에 근본적으로 남편을 싫어한다 : 차기 때문이다.
그래서, 겨울에 태어나면 남편과 자식중에 갈등이 생긴다.

133) 겨울에는 乙木이 부모 글자인 水와 인연이 박하여 부모와 떨어져 살아야 한다 : 水가 凶神이면.
자식을 두면 부모가 더 싫어하므로 외국 이민간다.
탓하지 말아라 운명이다.

134) 겨울 乙 일주가 庚을 보면, 춥게 만드므로 庚辛金이 나타나면 악연이다.
스트레스를 오래 받으면 몸에 병이 생긴다.

135) 성인은 사람을 사랑하므로 진리를 가르치고 떠난다.
 : 비록 내일 죽더라도.

2. 乙木 氣象論(총론)

136) 甲乙... 壬癸. 10글자 중 乙木 일주가 이혼이 가장 많다.
그 이유는 :
① 乙木은 바람에 흔들린다.
② 乙木은 美의 장본인이라서 감성이 강해서.
③ 꽃은 연약해서 수명이 짧다.
그래서, 인연을 길게 사귀려 하지 않는다.
그래서, 乙 일주는 바람과 같다.

137) 사주의 대운에서 乙 대운이 吉神이면, 향기를 몰고
찾아오므로 도움을 주고 간다.
흉신이면, 사람은 오긴 오는데 결과가 나쁘다.
乙木은 이별과 향기를 병용한다.

138) 乙 일주가 金水 방으로 가면, 꽃이 안 피어 인기가
없고, 火運으로 가면, 돈은 없어도 기분좋은 결과는
있다 : 꽃이 피므로.

139) 乙 ○ ○
○ ○ ○ 午年에 태어나면, 향기가 일찍 진동하여 일찍
異姓을 아는데 해로하지 못하여 과부되거나 이혼한다.

140) 女命은 乙
亥 일주가 좋은 일주가 아닌데, 甲木은 亥에
長生, 乙木은 午에 長生한다.

141) 乙木이 亥水를 보면 亥中壬水가 火를 치므로 싫어한다.

142) 乙木은 항상 태양을 싫어하지 않는다.
乙 일주가 용신이 된 자는 미인이고,
乙 일주가 丙을 보면 미인이다.

143) 乙 일주가 丙이 正용신인데 正용신이 없고, 庚辛금이
나타나면 局이 안좋다.

2. 乙木 氣象論(총론)

144) 乙 일주는 金이 나타나면 잠자리(성생활)이 하면 할수록 病을 유발한다.

145) 乙庚合이 있는 사주가 대운에서 또 庚이 오면, 투합이 되어 죽거나 병이 온다.

146) 乙 일주가 火가 용신이면 말을 잘한다.
노래, 설득, 언변직업이면 좋다.

147) 乙木과 甲木은 상당히 다르다.
甲木은 곧게 크는 陽氣木이다.
그래서 甲木만 있으면 曲直이 아니다.
乙木은 옆으로 크는 나무다.
乙木이 있어야 曲直이다.

148) 甲木은 가능한 한 키워야 한다.
生命은 태양을 벗어나 살 수 없다.

149) 생명은 丙火가 正 용신이다.
正용신이 유력하면 자기 갈 길을 똑바로 간다.
  "   무력하면 절대로 제 갈길 못간다.
丙火가 떴는데 癸水가 가리면 파란만장하다.

150) 乙木은 지구의 아름다움을 창출하는 美의 장본인이다.
예술의 神이다. 부드럽다. 몸이 유연하다.
옆으로 잘 뻗어가고, 환경적응을 잘한다.
그러나, 바람에 흔들기를 잘하고 향기가 너무 짙어서 이혼도 가장 많이한다.
또, 乙木 다음으로 癸水가 태양을 가리므로 두 번째로 이혼율이 높다.

151) 甲木은 대들보 감이지만 乙木은 화초다.
乙木은 즐겁게 보는 꽃이다.

152) 乙 일주는 옆으로 나는 형상이라 비행기 조종사,

2. 乙木 氣象論(총론)

스튜어디스가 많다.

153) 여름에 향기를 갖고 태어나면 써비스업에 종사한다 :
미적 감각이 필요한 여행사, 백화점, 꽃가게,
선물의 집, 미술선생, 설계하는 직업, 문학가, 디자인.

154) 乙 일주는 甲木이 나타나면 등라계갑하는데, 태양(불)이
없으면 등라계갑이 안된다.
태양을 봐야 감고 올라간다.
그래서, 乙木이 甲을 보변 배경이 든든하다.
불을 보면 겨울에도 안 얼어 죽는다.
그러나, 원국에 甲木이 없는데 대운에서 甲木을 보면
그늘에 가려 죽는다 : 長木之敗된다.

155) 乙木은 미적감각이 있어 예민하고, 바람기가 있다.
감상적이라서 바람에 쉽게 흔들린다.
乙木은 신체에서는 말초신경조직이다.

156) 乙木은 肝을 뜻하는데 沖을 받으면 肝이 나쁘고, 꺽어
지면 모발이 나쁘다.

157) 乙木은 태양을 보면 꽃피고, 열매를 맺는데, 태양을 못
보면, 꽃이 없어 열매가 없다.
그래서, 제 할 일 못하므로 노동의 댓가로 산다.
火가 없으면 냉골이라 막노동꾼이다.

158) 乙木이 丙火를 보고 辰土를 보면, 먹고사는 것은 걱정없다.
天干에 己庚辛壬癸가 뜨면, 태양의 기능을 상실시키므
로 格이 떨어진다.
그래서, 이런 글자가 있으면 힘든 일하며 산다.

2. 乙木 氣象論(총론)

159) 만약에 乙癸丙이면, 凶神인 癸水로 인하여 丙火가 무력해지므로 내가 가고싶은 방향과 반대로 간다.
유랑자다.
용신이 忌神한테 눌려있으면 항상 반대로 간다.
용신이 이기면 자기 가고 싶은대로 간다.
여자가 이런 사주면 볼 것도 없다 : 술집. 몸 판다.

160) 용신이 무력하면 그날그날 산다.

161) 病이 있는데 藥이 있어 제복시키면 좋은 일을 하고 사는 사람이고,
病이 있는데 제복하지 못하면 남에게 이끌려서 산다.
총대메고 나쁜 것은 자기 차지다.

162) 乙木이 己土를 용신으로 하면, 己土는 땅에 떨어진 꽃이라서 많은 사람들의 발에 짓밟히므로 천대받은 직업이다.
: 창녀, 술집, 포주, 밀수, 아편.
좋은 직업이 아니라, 나쁜 직업이다.
남이 안하는 직업이라 생명에 유익하지 않는 삐끼 같은 직업에 종사한다.

163) 인물이 아무리 좋아도 己土, 丑土를 보면, 시궁창에 떨어진 꽃이다.
술집여자는 냄새가 푹푹난다.
그래서, 원래 태교를 위해서는 초저녁에 부부관계를 하지 않아야 한다.
피곤과 스트레스가 풀린 후에 해야 한다.

164) 乙 일주가 庚辛金이 나타나면, 金은 가을, 겨울에 우박, 찬 이슬이고, 여름에는 녹아내리는 이슬인데, 여름에도 金의 뿌리가 旺하면 우박이다.

2. 乙木 氣象論(총론)

165) 乙 일주에 庚辛金이 나타나면, 丁火가 있어 金을 녹여줘야 좋고, 그렇지 않으면 丙火라도 있어야 좋다.
: 藥神작용.
그래서, 돌산이 될 때 丁火가 藥神이다.

166) 乙木이 丙, 辰을 보면, 인물이 아름답다.
丙火만 떠도 인물이 좋다.
유독 乙木은 丙火를 보면, 인물이 좋다.
丙火가 빛이기 때문이다.

167) 乙木이 庚辛金이 나타났는데 丁火를 보면, 좋은 일을 하는데, 약사, 교사, 지도자, 법관이다.

168) 乙木이 卯月에 태어나면 이 나무는 꽃피고 열매 맺어야 하므로, 생산직 기술자, 전문직이 좋다.

169) 乙木은 美의 神이다.
文化, 流行성이 발달했다 : 辰中 乙木도 그렇다.
써비스업, 예체능, 교제, 사치와 인연이다.
그래서, 乙木이 吉神이면, 위와 같은 직업을 가져야 빛을 본다 : 디자인, 보석, 그림.

170) 사주에 土가 많거나 없는 者는 욕심이 많다.
쌓는 욕심이 많다.
산은 아무리 많이 쌓아도 무겁다는 소리를 안한다.

171) 丙火는 擴大의 神이다. 확산의 神.
그래서, 丙火가 사주에 있으면, 큰소리를 잘치고, 과장, 자기자랑을 잘한다.
그래서, 乙木이 丙火를 보면 자랑을 잘한다.
그러나, 丁火를 보면 감추기를 좋아한다.
마음속에 비밀을 간직한다.

2. 乙木 氣象論(총론)

172) 乙 일주는 美와 관계라 여자를 상대로 한 직업을
   가지면 인기가 좋아 돈을 많이 번다.
   길신이면 좋은데 흉신이면 바람만 핀다.

173) 乙 일주가 신왕하면 水가 흉신이라 부모말 안 듣는다.
   水가 태양을 차단하기 때문이다.

174) 만약에 乙木이 조열하다 하더라도 寅卯辰 巳午未로
   가야 인기가 있다.
   水가 용신이라도 水運으로 가면, 편하게는 살아도 인기
   는 없다.
   그래서, 大運이 水運으로 가더라도 歲運이 火運으로 가야
   꽃피고 열매맺는다.

175) 乙 일주 水용신자가 辛酉戌方으로 가면, 먹고사는 것은
   괜찮아도 열매가 없어 노후가 허망하다.
   그래서, 水運으로 가면 소득이 없기 때문이다.
   木火運으로 가야 열매가 있다.

176) 乙木이 己土를 보면, 己土는 땅의 흙이라서 비밀이 많거
   나 삶의 고난을 안고 산다.
   비밀스런 직업이라 비밀을 안고 산다.

177) 乙木이 丙火을 보면, 아름답기 때문에 한때 영화가 있
   기 때문에 末年준비를 잘해야 한다.

178) 戌月이후에 乙木이 살아 있으면 약초다.
   평생 귀하게 산다.
   겨울 약초는 장관도 될 수 있다.

179) 乙 일주는 丙을 보면, 丙이 凶神이면 허황되고, 분수에
   넘치는 과분한 꿈을 꾼다.
   나중에 지탄의 대상이 된다.

2. 乙木 氣象論(총론)

180) 乙丙, 丙乙, 乙○丙이라면, 時에 丙이 있는 것이 더 좋다.

181) 乙甲丙이면 등라계갑인데, 이런 구조는 甲이 태양을 가려 장막을 치는 것과 같다.
태양이 甲木만 키우고 있다.

182) 乙 丙 丙이면, 꽃이 너무 많이 피어 바람핀다.
만약, 年, 月에 丙丙이라면 윗대 할아버지가 잘생겨 바람을 피워 배다른 삼촌이 있다.
향기가 너무 짙어 주위에서 가만두지 않는다.

　　　乙 丙 丙
　　　卯 申 戌　배다른 형제가 있다.
　　　　　　　아버지가 바람피웠다.

183) 丁 乙 丁이면, 地熱이 많아 불구자다.
상처입은 나무다.
상처입은 나무다. 丁火는 산불이다.
丁火는 寅月이 되면 丙火를 보면 죽는다.
丁火는 傷心의 불이라 몸에 상처가 있다.

184) 乙癸甲이면, 癸水가 태양을 가려 등라계갑이 안되어 나쁘다.
질 좋은 나무가 아니다.
태양빛이 짧으면 짧을수록 질 좋은 나무가 아니다.

185) 乙木은 두 가지를 가장 싫어하는데,
① 乙丙辛이면, 태양이 구름속에 가려 나쁘다.
② 乙壬丁인데 여름이면, 조후해 주는 壬水를 못쓰게 하므로 나쁘다.

186) 만약에 乙 일주가 壬癸가 나타나면, 土를 보아 없애줘야 좋다.

2. 乙木 氣象論(총론)

187) 丁乙이면 丁火가 地熱이라 상처, 수술인데 이 때는 癸水를 藥神으로 쓰는데, 응급조치로는 쓸 수 있으나 열매는 못 맺으므로 노동의 댓가로 살아야 한다.

188) 乙 일주에 火土가 너무 많으면, 土는 위장으로 위장이 갈라지므로 위암이 많다.
특히, 木일주는 火가 많으면, 南方으로 가면 몸에서 진이 나와 종양이 생긴다 : 특히, 死木은 그렇다.

189) 겨울에 乙일주가 火가 유력하고, 살아 있는데, 戊土가 있으면, 陰德을 보고, 丁火를 보면 지식으로 보기 때문에 총명하다.

190) 조후가 안되어 말라 枯草가 되면 枯草引燈인데, 乙木은 화력이 弱해서 금방 재로 변하므로 물질운이 약하다.

191) 겨울에 地支에 火가 전혀없으면, 냉골이라 독수공방이다.
여름에 물이 없어도 조상의 음덕이 없다.

192) 陰德은 밑바닥에서 일하는 사람이 많이 쌓는다.
예를 들면, 자기가 일하지 않고 가만히 앉아서 건물 가지고 세만 받아먹는 사람은 음덕을 모두 까먹는다.
이기적이지 봉사자가 아니다. 후손이 안 된다.

193) 어떤 계절에도 木이 살아 있으면, 생명을 살려야 한다.
사람과 더불어 살아야 한다.
생명이 살아가는데 방해하지 않고, 같이 살아가는 것이다.

194) 사주에 돌산이나 鑛山이 되는 경우 만약 木이 없으면 괜찮은데, 木이 있으면 없애야하므로 사람에게 해로운 일을 하고 산다.

2. 乙木 氣象論(총론)

195) 자식은 그 사람의 火神이요, 業이다.
그래서, 태교부터 잘해야 한다.

196) 교사, 또는 맞벌이 부부는 바빠서 태교를 하지 못하므로 자식의 운이 없다.

197) 乙 일주가 丁火가 있는데, 木多火熄되면 신경질환, 혈압관리를 잘해야 한다.

198) 乙 일주는 다른 일주에 비해서 두 가지 단점이 있다.
만약 庚辛乙丙이면, 내가 열매를 맺기 위해서는
불을 봐야하는데 남편인 金이 金剋木하므로 자식을
낳은 후 남편을 싫어한다.
乙 일주 여자는 金剋木하므로 성생활을 싫어한다.
그래서, 乙 일주가 자식과 남편사이에서 갈등 겪는다.
그래서, 乙 일주가 이혼을 가장 많이 하고 애로가 많다.
남자도 장가가면 財인 土가 土生金하여 나를 剋하므로
자식과 마누라가 똘똘뭉쳐 나를 배신한다.
그래서, 젊을 때 노후 설계를 잘해야 한다.
비상금 만들어 놓아야 한다.

199) 乙 일주 남자는 직업 놓는 순간 마누라가 배신한다.
이혼한다.
그래서, 乙 일주는 향기가 떨어지기 전에 노후 준비를
잘 해야 한다.

200) ○ 乙 ○ ○
○ 酉 午 ○이면, 무조건 중년과부다.
酉金은 午火를 가장 싫어한다. 破다.
남편이 죽는다. 그래서 혼자 살아야 한다.

201) 乙木이 辛金을 時에 보면 고질병자다.
辛乙이면 末年에 病者이고,
乙辛이면 初年에 일찍 죽거나 病者다.

2. 乙木 氣象論(총론)

202) 乙木이 가을 金旺節에 태어나면 바위틈에서 피어난 꽃이라서 殺속에서 살려고 발버둥치므로 머리가 영리하다.
눈치가 빠르다.

203) 가을에 乙 일주가 불을 보지 못하면 1년 농사가 헛농사라 운이 없다.

204) 가을에 乙木은 꽃이 떨어진 때이므로,
從殺로 못가고, 섣불리 살려고 하면 팔자가 쎄다.
또, 가을, 겨울은 벌, 나비가 없기 때문에 얼굴은 예쁜데 과부로 산다.
향기가 없으니 남자가 하룻밤 자고 떠나버린다.

205) 가을에 乙木은 남자는 자식궁이 나쁘고, 여자는 남편궁이 나쁘다.

206) 財가 너무 태왕하면 殺과 같다.
그래서, 경제시대는 여자가 큰소리친다.

207) 乙木이 癸水가 있어 태양을 보지 못하면 태양을 보기 위해 돌아다닌다.
그래서, 反對五行이 등장하면 반드시 고통이 따른다.

208) 乙丙丙, 乙壬壬 이면 양기덩어리다.
조상궁이 산란하다.
: 배다른 형제, 후처.

209) 乙木이 丙을 보면 활짝 꽃이 피었고,
乙木이 巳를 보면 꽃봉우리라 매력이 있다.
몸속 피부가 곱다.

210) 乙木이 天干에 丙丁이 없더라도, 寅中의 丙만 있어도 丙火의 대용을 한다.
열매맺을 조건을 갖추었다.

2. 乙木 氣象論(총론)

211) 乙甲이면 등라계갑이라서 좋다.
    乙丙도 좋다.
    乙丁이면 庚辛이 왔을 때 약신이다.
    또, 겨울에 난방용으로 쓴다.
    丁은 지열이라 뿌리가 없으면 불로 안본다.
    乙戊이면 조후하는 水를 훼하므로 게으르다.
    乙己이면 조후하는 水를 훼하므로 게으르다.
    또, 땅에 떨어진 나무다. 시궁창 흙에서 핀 꽃이다.
    : 기생팔자, 홍등가.
    천하고 힘든 일 하며 산다.

    乙 庚 辛이면, 아예 나쁘다.
    단, 가을에 종살이 되면 좋다. 대풍작이다.
    그러나, 나무가 자랄 계절이면 우박이다.
    겨울에 이런 구조면 얼음이라 남편의 성질이 더럽다.

    乙 壬이면, 壬이 땅의 물, 맑은 물이다.
    乙木이 물에 잠긴 나무라 水旺木浮라서 죽어서 시신이
    없다 : 물에 떠내려갔다.
    이런 사주가 태어나면 土가 필요하므로 祖上 先山도 팔아
    먹는다.

    乙 癸이면, 나무가 썩는다.

212) 乙木이 丑戌未 刑이 있는 사주는
    辰土 = 沃土다.
    未土 = 子水가 있으면 沃土다.
    亥　卯　未
    ①　②　③ 세대다.
    壬水 = 卯에 死하고,
    癸水 = 卯에 生한다. 陰生陽死. 陽生陰死.
    丑戌 = 薄土다. 값이 안나가는 土다.
    土中에서 丑土가 가장 나쁘다 : 丑中 辛金이 있어
    나무를 죽이므로.

2. 乙木 氣象論(총론)

乙○○
丑戌未이면 조후가 깨져 조열하면 부부해로가 어렵다.
나무가 뿌리를 못내린다.
조후가 깨져 유방암이다.
未中 乙木이 조후가 안되어 말라죽으면 암 등 질병이 생긴다.
그러나, 身旺하고 丑戌未三刑이 있는데 생명을 키우고 있다면 권력기관에 종사한다.
그래서, 사주가 좋으면 법관, 경찰관.
사주가 나쁘면 깡패다.

213) 사주에 조후가 안되어 생명이 없으면, 노동의 댓가받고 산다.

214) 생명이 불타고 있으면, 노후에 재물이 없다.
늙어서 땟거리가 없다.

215) 乙癸辛, 乙壬庚, 乙癸庚이면, 官印相生으로 보지마라.
불을 보지 못해 쭉정이 농사다.
조상 음덕이 없다.
이런 구조면 부모, 조상궁이 흉신이라 일찍 집을 나온다.
집이 싫어서 가출한다.
官印相生이라 하지 말라.
이런 구조는 비를 피하기 위해 집을 나온다.
이런 사주는 부모의 생각과 반대다.
印綬가 忌神이라 부모가 내 인생을 가로막았다.

2. 乙木 氣象論(총론)

216) 사주가 여름에 태어나 燥熱한데,
　　　乙 戊 癸
　　　午 亥 ○ 이면, 干上에 壬癸가 나타나면 무조건
　　　賤하다.
　　　木의 임무는 丙火를 봐서 꽃을 피워야 하는데, 壬癸가
　　　뜨면 하늘의 태양을 가려 꽃이 안피므로 賤한 일 한다.
　　　하늘이 나를 버렸기 때문이다. 천하다.
　　　조열해도 못쓴다.
　　　막노동하거나 봉급이 적은 직장이다.

217) 乙 ○
　　　○ 卯 月에 태어나 巳酉丑이 日支에 있으면, 위험하다.
　　　巳酉丑은 合金하여 뿌리를 자르기 때문이다.
　　　官이 病이니 혈통, 가문이 나쁘다.
　　　직장 변동이 많거나 상사를 잘못 만난다.
　　　그래서, 乙 일주는 巳酉丑을 가지면, 불행을 예고한다.
　　　巳酉丑이 있으면, 午火가 있어 쳐줘야 좋다.
　　　巳火는 변화가 많다.

218) 사주에 丙火는 없는데 金이 와서 金生水, 水生木하여
　　　官印相生되면, 열매없는 나무라 가난한 선비다.
　　　: 香氣 木.

219) 乙木이 地支에 寅이 있으면, 木을 태우므로 나쁘다.

220) 만약, 卯戌火하면 水가 있어 태우지 못하게 하면 좋다.

211) 궁합볼 때, 乙 일주는 甲을 보면 안좋고, 丁丙,
　　　戊己, 庚辛, 壬癸이면 안좋다.
　　　살다가 풍파온다.

乙木 氣象論 (寅卯辰月)

1) 乙木은 ① 午에 長生한다.
   ② 濕木이라서 丙火가 正用神이다.

2) 乙木은 세상에 향기를 가지고 나온 생명체라서 丙火가 있어야 꽃이 피어 아름답다.
   丙火가 있어 몸에 향기가 있는 사람은 항상 말속에 향기가 들어있어서 사람을 끌어들이는 힘이 있다.

3) 乙 丙
   ○ 辰이면 좋다.
   乙木은 丙을 보고, 辰土에 뿌리를 내리면 좋다.
   辰土에 앉아 있는 나무는 1등급.
   未土에   "   "   2등급.
   戌土, 丑土에 앉아있는 나무는 하 등급이다.

4) 만약에 戌丑土를 깔고 앉아 있으면, 돌자갈밭에 앉아 있어 자기 몸 하나 살기 바쁘다.
   풍성하지 못하다.
   토양이 A급지라야 값이 나간다.

5) 甲乙丙으로 생명이 크기 시작하면, 地支에 辰戌沖이 와서 땅이 붕괴되면 나쁘다.
   辰戌 土는 戊土로 큰 土인데, 큰 土는 건드리면 廢土로 변한다.
   丑未 土는 己土로 작은 土인데, 작은 土는 건드려주면 좋다 : 밭갈이하는 것과 같다.
   그러나, 생명이 나타나면 丑未沖도 나쁘다.

乙木 氣象論 (寅卯辰月)

6) 辰戌冲이 될 때 나를 기준해서 辰이 와서 나를 때렸느냐
   그렇지 않으면 戌이 와서 나를 때렸느냐에 따라 다르다.
   즉, 辰이 있는데 戌이 때리면, 옥토를 때리면 크게 나쁘고,
   戌이 있는데 辰이 와서 때리면, 객토를 시켜주므로 덜
   나쁘다.

7) 사주에 未戌 乾土를 가지고 있으면, 운이 나쁠 때 암이
   생긴다.

8) 乙 일주가 봄에 태어나 土가 용신인데 土가 辰戌冲이 되
   면, 평생 돈 돈하다 죽는다.
   땅은 모든 것이 땅에서 태어났기 때문이다
   財인 土가 冲이 되면, 돈이 없어져 망한다.
   土가 印綬이면 문서로 인해서 사기당한다.

9) 大運에서 土運이 오면, 믿음과 신용인데, 土가 凶한데
   土 대운이 오면, 믿음과 신용을 저버린다.
   신용을 못지켜 신용추락이다.

10) 土는 모든 五行의 기반이다.
    土가 있어야 나무가 크고,
    土가   "   열이 나고,
    土가   "   金이 생기고,
    土가   "   水를 가둔다.

11) 만약, 土를 日支와 대비해서 合이 들어 길신작용하면
    좋고, 日支를 剋하거나, 흉신이면 惡妻 만난다.

12) 연해자평에서는 財官印設, 육친설이고,
    궁통보감에서는 水火調喉, 통관이 없다.
    기상론은 現象的 고급학문이다.

乙木 氣象論 (寅卯辰月)

13) 寅木은 키우기가 까다롭다.
    寅木은 불만 있으면 크니까 키우기가 쉽다.
    寅木은 寅이 와도 타고, 戌이 와도 탄다.
    그러나, 寅卯木을 가지고 있으면, 봄, 여름으로 가야
    좋다.
    서북방으로 가면 벌, 나비가 없어 나쁘다.

14) 寅木은 옆에 辰土를 가져야 좋다.
    辰土는 寅木을 보호하는 보초병이다.
    申金이 오면 申辰水局으로, 酉金이 와도 辰酉合시켜
    木을 보호한다.

15) 辰中에 乙木은 뿌리식물, 채소다 : 감자, 땅콩, 채소.

16) 사주에 辰土를 가지면, 위가 튼튼하여 흡수력이 좋다.
    그래서 辰土를 가진 사람은 창자가 길다.

    만약, 丙   丙 乙 ○ ○
           子   戌 卯 寅 ○ 이면,
    여기서 乙木은 火가 용신으로 丙戌時도 있을 수 있고,
    丙子時도 있을 수 있는데, 丙戌時가 되면, 나무뿌리가
    타버려 貴가 없고, 丙子時가 되면, 나무뿌리가 안타서
    貴가 있다.
    그래서, 六乙鼠貴格이 되면 貴格이다.

    나무가 丙 乙 ○ ○
            戌 卯 ○ ○ 이면, 火運이 오면 뿌리가 타서
    질병이 생긴다.
    또, 1년 초라서 노후가 허망하다.
    뿌리가 상하면 늦게 가서 결실이 안되어 가진 게 없다 :
    남의 농사까지 태우므로 빚지고 죽는다.

乙木 氣象論 (寅卯辰月)

17) 乙木이 가장 나쁜 것은 庚辛金이다.
    庚辛金은 나무(生命)을 자르므로 天理를 역행하는
    것이다.
    멸문집안 후손이다.

18) 乙木이 庚辛金에 상처가 나면 지지의 뿌리까지 상처를
    입히므로 값없는 나무다.
    : 여자는 再嫁하고, 後妻之命.
    남자는 장가 여러번 간다.
    이럴 때는 濕해도 나무를 보호하기 위해 통관시키는
    壬癸水를 하는 수 없이 쓴다.
    그래서, 水를 쓰면, 태양이 없어 수확이 없다.

    예 : 乙壬癸辛庚이면, 壬癸水는 하늘의 비라서 꽃이
        안피어 값없는 나무로 노동의 댓가 받고 산다.
        그래서, 官印相生이라 하지 말아라.
        正用神인 丙火가 들어오지 못한다.
        그래서, 이런 사주들은 오나가나 미운짓만 한다.
        그래서, 壬癸 대신 丙丁이 나타나 金을 녹이는
        약신작용을 하면 좋다.
        壬癸가 있으면, 10년이 가도 꽃이 안핀다.
        丁火가 庚辛金을 녹이므로 좋다.

19) 사주에 木은 陰氣가 旺하냐, 陽氣가 旺하냐에 따라 용신
    을 쓰는데, 또 濕까지 봐야 陰陽을 조절 할 수 있다.

20) 寅月은 丙火가 들어 있어 좋으나 卯月(2월)은 丙火가 없
    어 나쁘다.
    丙火는 寅에서 長生하고, 卯에서 沐浴宮이라 火가 없다.
    卯月은 癸水가 長生하기 때문이다.

21) 만약, 사주에 丙火를 보긴 봤는데,
        丙 甲 己 辛
        寅 申 亥 酉이면, 火用神이다.
    이 사주에서 丙이 용신인데, 용신의 뿌리인 寅木이

乙木 氣象論 (寅卯辰月)

申金과 寅申沖이라서 남편이 내 용신(희망과 꿈)을 쳐버려(깨버려) 賤格으로 변했다. 濁格이다.
이 여자는 보신탕 장사한다.

22) 사주에 운동선수나 연기자들은 乙木이 있고, 또, 辰土속에 乙木이 숨어있다.
乙木은 유연하여 만능선수다.

23) 乙木이 등라계갑하여 月上에 있으면, 후처지상인데, 애인두고 살거나 後妻다.
月에 甲이 있으면 한때 애인이 있고,
時上에 있으면 평생애인이 따라 다닌다.

24) 乙 일주 남자가 만약 甲木(비겁)을 썼다면, 한번 실패한 여자와 결혼한다.

25) 乙木은 잡풀인데 甲木(巨木)이 있으면, 巨木에 가려 後妻다.

26) 乙木은 火를 가장 많이 쓰는데, 乙 일주가 用神多者는 그만큼 애인이 많다는 뜻이다.
그래서, 乙 일주가 바람을 많이 핀다.
時에 용신이 숨어 있으면 애인두고 산다.
月에 있다면 꼭 애인두고 살거나 情을 주고 산다.

27) 만약, 乙 일주가 丙火가 용신인데, 寅, 巳, 未, 戌字에 모두 丁火가 숨어있어 숨겨둔 애인이 많다.
用神多者는 의사가 되면 가장 좋다.
수사기관에 근무하면 좋다.
숨어있는 것을 잘 찾아낸다 : 비밀을 캐내는 직업.

乙木 氣象論 (寅卯辰月)

28) 桃花중에 卯가 가장 강한 桃花다.
    양기 덩어리다.
    卯가 불을 보면 지칠 줄 모르는 정력이다.

29) 土가 많고, 乙木이 弱하면 몸에 털이 없다.

30) 辰中에 乙木을 용신으로 쓰는 사람은, 辰은 생명의
    보관 창고라서 여자의 자궁으로,
    辰中에 乙木을 갖고 있어 자궁속에서 놀기를 가장
    좋아하므로, 성생활을 굉장히 좋아한다.

31) 辰中 癸水를 용신으로 쓰는 자는 아무리 마시고 싶어도
    갈증만 나므로 남녀 모두 색꼴이다.
    용신인 癸水가 辰中(자궁속)에 들어 있기 때문이다 :
    갈증 때문이다.

32) 나무를 키우는데 乙木이 丑土를 보면, 丑土는 쓰레기
    창고인데,
    乙丑 일주는 돌자갈 밭, 庫에서 태어나 건전하지 못하게
    돈을 번다.

33) 壬癸水가 많아서 戊土를 써서 壬癸水를 막으면, 응급처
    치를 해서 좋긴 좋은데, 火가 없으면 빈둥빈둥 노는 사
    람이다.

乙木 氣象論 (巳午未月)

1) 用神은 ① 조후, ② 억부, ③ 통관, ④ 전왕, ⑤ 외격 등이 있는데, 모두 木(생명)을 살리는 방향으로 용신을 잡아야 한다.

2) 크고 죽는 것은 木과 金뿐이다.

3) 여름에 태어난 木이 가장 행복한 木이다.
   제철에 태어났기 때문이다.
   즐거움 속에 산다.
   그 즐거움 속에 얻어진 열매가 많으면 부자다.
   꽃이 필 때 장마가 지면 열매가 없어 가난하다.

4) 水草는 3不忌 :
   꽃이 없으니 열매가 없다 : 그래서, 먹을 게 없다.
   남자는 자식이 없고, 여자는 남편이 없다.
   그래서, 운이 좋을 때 한 때 잘 살다가도 말년에 결국 떠돌이신세 된다.

5) 사주에 조후만 잘되면 대국이 많이 나온다.
   세상에 積德을 쌓기 때문이다.

6) 사주에 木이 있어 잘 키우면, 향기가 진동하므로 남한테 귀염받는데, 木이 없으면, 향기가 없어 남이 좋아하지 않는다.

7) 사주에 조후가 되어 있으면 활인업한다.
   그런데, 조후가 안되어 편고되면, 자기자신부터 생각한 후 남을 생각하므로 德을 쌓지 못하기 때문에 남들한테 원성을 듣는다.
   이기적으로 살 수 밖에 없다.

乙木 氣象論 (巳午未月)

8) 너무 편고되어 중용이 안되면, 자기혼자 밖에 먹고 살지 못하므로 종교인이 되어야 한다 : 僧徒之命.

9) 사주에 생명이 있을 때 죽이면, 가장 나쁘다.
   조후가 안되어도 나쁘고, 용신의 힘이 없으면 능력이 없어 나쁘다.

10) 사주가 물이 없어 목마르면 반드시 갈증나게 산다.
    또, 사주에 물이 많아 물에 떠내려가면 그 사람이 물에 떠내려가는 것처럼 산다.

11) 金克木이 심하면 불구자다.

12) 乙木이 辰土 하나만 있어도 沃土에 뿌리내려 부자로 산다.
    丑土나 戌土는 생명을 기르는 土가 아니라서 생명을 못 키우고, 辰土는 沃土라서 생명을 기른다.
    辰土가 없으면 稼穡格도 안된다.
    그래서, 생명은 지지에 乙巳, 乙酉, 乙丑 일주는 나쁘다 : 合되어 金局되어 金克木하므로.

13) 乙木 일주에 巳酉丑, 亥卯未 三合이 가장 나쁘다.
    亥卯未일 경우 水生木, 木生火, 火生土하므로 亥에서 볼 때 未土는 손자뻘이다.

14) 여름에 乙木은 무조건 金氣가 干上에 나타나는 것을 가장 싫어한다.

15) 金은 두 가지로 본다.
    ① 내가 辰月 이후 불을 보고 旺하면 열매로 본다.
    ② 가을, 겨울에 내가 약해지면 우박이나 서리로 본다.

16) 乙木이 干上에 庚辛金이 나타나면 우박이다.

乙木 氣象論 (巳午未月)

17) 甲乙....... 癸 중에서 乙木이 가장 金(남편)을 싫어한다 : 그래서, 독신이 많다.

18) 乙 일주는 火가 나타나 꽃이 피는 것이 가장 좋다.

19) 乙 일주 여자가 火와 金이 나타나면, 남편을 버리고 자식을 택한다.
자식글자인 丙丁과 庚辛이 나타나면, 자식이 크면 슬슬 남편을 버리고 자식을 선택한다.
그래서, 자식이 크면서 서서히 남편을 멀리한다.
자식과 남편중 남편을 버리는 것이 식상제살격이다.

```
    乙  丙 - 庚
        丁 - 申
       (자식)(남편)
```

자식글자와 남편글자가 같이 나타나 金年오면, 남편이 죽는 수가 있다.
남편이 살기 위해서는 떨어져 살아야 하므로 바람피면서 산다.

20) 乙己이면 己土는 밟고 다니는 흙에 핀 화초라서 생명력이 강하여 천하다

21) 乙 丙 己이면, 얼굴은 미인이나 賤하여 화류계다.
: 미인박명.
기생사주로 많은 남자를 만나므로 성교 많이 한다.

22) 乙丙戊이면, 산이 너무 높아 고독하여 남편과 성생활이 없어 病이다. 고지식하다.

23) 여름에 乙木이 조후가 안되고, 庚辛金이 있으면, 성질이 개떡같다.
자기가 살기 위해서 성격이 표독하다.
수술, 사고, 교통사고, 화재 등이 일어난다.

乙木 氣象論 (巳午未月)

24) 乙木이 여름에 丙火를 봤는데, 물이 없으면, 불(태양)이 病이다.
목이 말라 물 찾아 쓸데없이 돌아다닌다.
목마름을 호소하기 위해서 쓸데없이 돌아다녀야 하므로 고달픈 삶을 산다.

25) 乙木이 庚辛金을 보면, 반드시 丙丁이 있어 制殺을 해야한다.
官은 희망과 포부인데 官이 흉신이면, 희망이 없다.
가고 싶은 곳을 못간다.
官이 흉신이면 직장 복이 없다.
제 갈길 못간다. 양이 안찬다.

26) 사주 대운은 그 사람의 임무를 수행할 수 있는 기회를 주느냐를 살피는 것이다.
사주가 연기자라면 대운은 무대라서 무대가 없으면, 인간은 연기를 할 수 없다.

27) 어떤 일주라도 생명이 살기 위해서 봄, 여름생이 좋다 : 예술성이 발달했다.
겨울에 태어나면 보는 게 없어 감성이 없다.
애를 어느 계절에 낳느냐에 따라서 감성이 달라진다.
뛰어난 예술가는 여름생이 많다.

28) 여름에는 날이 덥기 때문에 물이 필요하나, 하늘에 비가 내리는 것은 싫어한다.
干上에 壬癸水가 있어 비가 오면, 태양이 없어 꽃이 안 피어 열매가 없다.
辰土 하나만 못하다.
地支에 辰土, 丑土 申金이라도 있어 水를 생해줘야 좋다.

29) 사주에 丑戌土가 있으면 곡식이 없다.
辰土나 未土가 있어야 곡식이 있다.

乙木 氣象論 (巳午未月)

30) 운이 없으면 노동의 댓가로 살아야 한다.
    겨우 밥먹고 산다.

31) 여름에 날이 더운데 乾土인 戌土, 戌土가 除濕을 방해하면 고독하다. 내 한테 사람이 안 온다.
    여름에 乾土가 있으면 남이 안 온다.
    乙 일주 남자 사주에 乾土가 있으면, 마누라가 망해먹는다.

32) 乙木이 여름에 壬水가 있어서 조후를 했다해도 넉넉하게 조후를 해야하는데 壬水의 뿌리가 없으면, 없는 것이나 마찬가지다.
    乙 壬 ○
    巳 午 未이면, 끓는 물이 되어 몸에 상처가 있다 : 화상.

33) 여름에 乙木이 태양이 뜨고, 地支에 물이 있어 윤습하면, 그 해 곡식은 대풍이다.
    乙丙辛이면, 태양이 구름속에 숨바꼭질해서 들어가 버리므로, 태양이 없어져 제갈길 못가는 요령꾼, 사기꾼이다 : 남을 속이는 사람이다.

34) 正용신이 나타나 合하여 못쓰면 사기꾼이다.
    正용신은 진실이다 : 正용신은 하늘의 법이다.
    正용신이 있으면 진실한 사람이다.
    진실한 사랑이 合하여 딴데로 가면 가식적인 사랑이다. 거짓이다.

    辛 丙 辛 丙
    卯 申 卯 申이면, 金이 病이다.
    火가 용신인데 合되어 못쓰므로 사기꾼으로 노름꾼이다.

35) 正용신이 유력하면 절대 거짓말 안한다.
    "   약하면 거짓말한다.

乙木 氣象論 (巳午未月)

36) 陽일주가 合하여 망치면 나로 인해서 망하는 것이고,
    陰 일주가 合하여 망하면 상대로 인해서 망한다.
    그래서, 合해서 누가 망가뜨렸느냐를 구분한다.
    陽 일주는 내가 망가뜨리고,
    陰 일주는 상대가 나를 망가뜨린다.

37) 여름에 乙木이 水가 많아 水多木浮되면 어디가서 잠자야
    할지몰라 동가식 서가숙하므로 일찍 가출한다.
    부모곁을 떠난다.
    결국, 술집으로 빠진다.
    떠돌다보니까 죽어서 무덤이 없다.
    부평초인생이다.
    또는 바다에 빠졌거나 비행기사고로 시신이 없다.

38) 사주에 조후가 안되면 직업이 賤하다.
    남들이 싫어하므로.
    그래서, 편고되면 천한직업이거나 보수가 적다.

39) 乙木이 印綬인 壬癸水가 왕하면, 食傷인 火를 剋하기
    때문에 쎅스하고 나서 病이 온다.

40) 印綬가 많은 여자는 친정가면 재수없다.
    친정가서 아이가 다치거나 놀랄 일 생긴다.
    그래서, 자식데리고 친정 가지마라.

41) 印星이 旺한 여자는 水多金沈되어 남편과 사이가 나빠져
    각방 쓴다 : 애 낳은 후.
    인수태왕 자는 財에 감각이 없다.
    乙木에 庚辛金이 남편인데 水가 왕하면, 水多金沈되어
    남편이 도망가버리므로 불행하다.
    여자는 印綬가 많으면 잠자리를 싫어한다 : 남편과 자식
    이 안되어 불행하다.

42) 여름 乙木이 丙丁火가 많으면, 壬癸水를 藥神으로 쓸 수
    는 있으나 壬癸水가 뜨면 태양을 가려 열매가 없다.

乙木 氣象論 (巳午未月)

43) 겨울 乙木이 庚辛金이 있는데 丙丁火가 녹여주면
좋은데, 여름에 壬癸水가 불을 끄면 열매가 없다.

44) 여자는 印綬가 많으면 잠자리를 싫어한다.
잠자리가 재미없다.

45) 여름에 乙 일주 여자가 火를 썼는데 용신이 많으면,
나의 의식이 머무를 데가 많아 애인이 많다.
남자도 그렇다.
사람은 인연을 만나기 위해서 세상에 태어났다.
사람의 몸은 情의 덩어리이기 때문이다.

46) 우리 인생은 과거의 인연을 만나기 위해서 몸을 바쳤다.
그래서, 인연을 끊으면 부처가 된다.
그래서, 여자가 用神多者는 골치가 아프다.
남자도 마찬가지다.
인인은 두 가지로, 잠시 쉬어갈 인연은 스쳐가면 잊어버리는데, 놓지 못할 인연이라면 끝까지 가져가야 한다.

47) 乙 일주는 감정의 기복이 심해서 가정궁이 가장 나빠서
이혼이 많다.
天干 10글자 중에 乙木이 이혼이 가장 많다.

48) 남녀모두 용신다자는 姓氏 다른 자식을 키운다.
   : 배다른 자식, 성 다른 자식.

49) 사주 상에 逆용신을 쓰는 사람은 팔자가 좋은 사람이
드물다.
4 : 4는 어느 정도 괜찮은데, 너무 기운사람이 逆용신
을 쓰면 남들한테 손가락질 받는다.

50) 용신도 상반된 용신을 쓰는 사람은 반드시 상반된 만큼
가정도 상반되게 산다.
혹은 상반된 사연 많게 산다.
예 : 丁火도 쓰고, 庚金도 쓰는 경우.

乙木 氣象論 (巳午未月)

51) 모든 일주(木,火,土,金,水)는 봄부터 자라기 때문에
    봄, 여름에 태어나야 좋다.
    자라는 五行은 木과 金밖에 없다.

52) 金은 다듬어진 만큼 값이 나가므로 종혁이라 한다.

53) 가을, 겨울에만 丁火가 좋다.
    : 태양이 잠든 계절이라서.

54) 여름에는 乙木이 물과 불이 모두 있어야 하기 때문에
    조후를 으뜸으로 본다.

55) 陽 일주가 용신을 陰을 쓰면 여자같고,
    陰 일주가 용신을 陽을 쓰면 남자기질이다.
    여자 陰 일주가 용신을 陰을 쓰면 여성스럽다.
    여자 陽일주가 용신을 陽을 쓰면 남자같다.

56) 여름에 水가 너무 많을 때 土가 와서 除水해 주어야
    하는데, 土가 없으면 물이 많으면 건강이 나쁘다.

    乙 癸 壬이면, 土가 없어서 위가 열이 없으므로 위장병
    환자다.

57) 亥卯未 木局은 부부궁이 나쁘다.
    水生木, 木生火, 火生土로 未土가 손자인데, 亥水와 合
    하여 부부궁이 나쁘다.

乙木 氣象論 (申酉戌月)

1) 乙 일주가 부부궁이 가장 나쁘다.
   金剋木하기 때문에 남편를 싫어한다.

2) 그 중에서도 가을에 태어난 乙 일주가 남편복이 가장
   없다. 결혼해도 중년에 이혼한다.

3) 가을에 乙木으로 태어나면, 날씨가 맑아 단풍과 같아서
   성격이 고상하며, 독신녀가 많다.

4) 나무는 불을 봐야하는데, 불을 보면 남편이 金이 들어올
   공간이 없어 여자는 자식과 남편사이에서 갈등을 겪는다.
   또, 남자는 金이 자식이고, 火는 食傷으로 생각과 행동인
   데, 두 사이에서 갈등 겪는다.
   그래서, 가정이 불행하다.
   그 대신 乙木이 불을 보아 살아있으면, 단풍이 들어서 운
   치가 있어 감상적, 문학적인 재능이 발달하여 시, 예술적
   인데가 있다.
   그래서, 가정을 도외시한다.

5) 가을 木은 甲이든 乙이든 火가 있으면, 열매가 크고 있어
   富農인데, 火가 없으면 농사지은 게 없다.

6) 가을 金왕절에 乙木이 불을 보지 못하면 金剋木 공포로부
   터 보호받지 못해 가정이 불안하다.
   집에 들어가면 불안하다.
   수확이 없어 가난하다.

7) 가을에 火가 많아야 능력이 있다.
   정용신이 떠서 유력하면, 항상 요직에 가 있다.
   그래서, 가을은 무조건 火가 용신이다.

乙木 氣象論 (申酉戌月)

8) 가을에 乙庚金이 되면 부자다.
   그러나, 일반적으로 볼 때는 공포속에 산다.

9) 가을은 申酉戌月이기 때문에 木이 뿌리가 나타나면,
   자르기 때문에 불행하다.

10) 돈은 3가지로 본다.
    ① 木이 돈이다 = 생명 = 열매, 돈, 곡식이다.
       생명을 길렀다는 것은 사랑과 자비로서 기르므로
       음덕이 많다.
       위 사주와 같이 타면 가식적인 웃음이다.
       거짓이 많다. 木이 年에 있으면 상속받는다.
    ② 金은 돈이다.
       사주에 金이 많으면 돈이 많다.
    ③ 財 = 현실이고, 유행이다.
    이중에서 木의 財가 가장 중요하다.
    음덕의 財이기 때문이다.

11) 나무뿌리가 상하면 돈이 나가든지 건강이 나쁘든지
    둘 중 하나는 걱정거리가 생긴다.

12) 丁火는 藥神으로 써 먹어야 한다.

13) 만약, 辛金을 丁火로 녹이면, 큰 부자는 아니나 없는
    것보다는 낫다.

14) 乙木은 丙火가 없으면 영화가 없다.

15) 가을에 乙木이 丁火를 보면, 金으로부터 보호를 받으므
    로 든든한 배경이 있는 것과 같다.

16) 가을에 乙木이 무엇보다도 丙甲이 있어 등라계갑하여
    태양을 보면 인덕이 많은 사람이다. 배경이 든든하다.

乙木 氣象論 (申酉戌月)

17) 乙 甲 丙 구조이면, 태양이 甲을 키워버리므로 乙木은 甲木의 그늘에 가려 죽어버린다.
그래서, 태양의 위치가 중요하다.

18) 乙 丙 辛이면, 태양이 丙辛合하여 구름속에 들어가므로 중간에 가다가 삼천포로 빠진다.
丙辛合은 망할 짓만 하는 사람이다.
그래서, 생명을 기르는데 丙辛合은 태양의 본분을 잃어버려 엉뚱하게 나쁜짓만 한다.
丁火를 壬水가 합해도 그렇다.
또, 辛金이 와서 金剋木하면, 항상 金의 공포증에 산다.

19) 가을 乙木이 乙壬癸庚이면, 金으로부터 木이 보호를 받는 것은 좋은데(임시방편), 壬癸水가 날씨를 차게하므로 열매가 없어 가난한 선비다. 소출이 없다.
관인상생이라 하지 말아라.

20) 이렇게, 반대 用神을 가지면, 현실감각이 없어 돈을 멀리하는 사람이다 : 딴짓하여 돈을 못번다.

21) 가을에 乙木으로 태어나면, 꽃이 피어도 벌, 나비가 없다.
가을은 여름과 달라 꽃이 피어도 사람들이 안 찾아오므로 미인박명이다. 남자가 안 온다.
향기가 없어서 그렇다. 날파리들만 모인다.

22) 가을에는 乙木이 甲木을 보면, 길조가 많은데 土를 많이 보면 火氣를 흡수하므로 나쁘다.

23) 乙木이 가을에 甲을 보고 감고 올라가는 등라계갑의 구조면, 직물, 옷감, 실을 만지는 업종에 종사하여 성공하는 사람이 많다.
乙木은 실, 사치와 인연이 많다.

24) 丙火는 乙木을 아름답게 만들어 준다.

乙木 氣象論 (申酉戌月)

25) 巳火가 있으면 속살이 예쁘다.

26) 가을에 乙丙이면, 생명이 살 수 있어 즐겁다.
    기쁨의 별이다. 즐거움이다.
    가을에 壬癸가 나타나면, 태양을 가리므로 死神이다.
    슬픔, 죽음, 고난의 별이다.

27) 乙木이 金이 나타나면, 공포의 대상이다.
    丙丁火가 나타나야 마음의 여유가 생긴다.

28) 乙木이 土가 많으면, 金을 生하므로 물질운이 없는데,
    財가 흉신이면 돈을 만지면 사고나거나 말썽생긴다.

29) 사주에 乙木이 甲을 보면, 배경있는 사람이라 남이 도와준다.
    그러나, 원국에 甲이 있어야 등라계갑이 되는데, 대운에서 나타나면 乙木이 巨木에 가려 죽어 버린다.

29) 乙 일주가 酉月에 태어나면, 하늘도 구제불능이다.
    : 뿌리가 잘려서.
    만날 악연이다. 卯酉沖하면, 부부궁이 끝이다.
    뿌리가 상해 열매가 없다.

```
        乙 乙 辛 丙
        酉 酉 卯 戌    여자.
```
    뿌리가 상해서 열매가 없고, 만날 官災걸린다.

30) 만약, 乙 일주가 乙丙이면, 영광의 꽃.
    乙丙己이면 땅에 떨어진 꽃으로 태양이 빛을 잃어 천격이다 : 태양이 빛을 잃어 영광이 꺾였다.

31) 만약, 乙丁이면, 조후가 된 후 丁이 나타나면 좋은데,
    火가 너무 많으면, 상처받은 나무라 운이 없다.

乙木 氣象論 (申酉戌月)

32) 乙 일주로 태어났는데,
   ○ 乙
   寅 酉이면 寅中丙火, 酉中 辛金이 暗合하여 마누라가 바람핀다.
   그래서, 酉月에는 寅木이 나타나면 안좋다.
   차라리 남편이 집에 없어 이런 꼴을 안보는 게 좋다.

   ○ 乙 ○ ○
   ○ 酉 寅 ○이면, 엄마자리에 있는 뿌리를 자르므로 친정에 가면 말썽생긴다.
   寅申沖보다 더 무섭다 : 酉金은 羊刃이다.

33) 乙 일주가 丙火가 떴는데, 剋도 없고, 조후가 잘되어 있으면 잘산다.

34) 乙 일주가 丙이 있는데, 대운에서 辛이 오면, 10년간 운이 없다. 즐거움이 없다. 고통이 시작된다.

35) 申酉戌月에 寅卯木을 치면, 반드시 나쁜 일이 생긴다.
   세운에서도 나쁜데, 뿌리를 치면 그 해 운은 나쁘다.

36) 9월달에 乙木이 조후가 되고, 丙火가 뜨면, 약초라 한다. 값이 나간다.

   ○ 乙 丙 ○
   ○ ○ 戌 ○이면, 인삼과 같은 약초다.
   묘격이다. 묘하게 귀격이 나온다.
   예술, 예능.

37) 가을에 乙木은 청초하여 값나가는 木이고, 고고하다.
   소식이 없어 외롭게 핀 꽃이기 때문이다.

38) 가을에 濕土가 많아 金이 득세하여 한냉하면, 여자는 남편덕이 없다.
   金이 득세하므로 매맞고 산다.
   종처럼 산다. 남자도 처덕이 없다.

乙木 氣象論（申酉戌月）

39) 조후는 天干보다 地支를 으뜸으로 본다.
    地支가 濕하여 냉하면 地支는 집이요, 마누라의 자리요 손아래 자리인데, 돈이 없어 난방을 못한 격이다.
    그래서, 가정이 불안하다.
    집이 추우므로 남편이 집에 늦게 들어온다.
    조후가 안되면 사랑을 못받는다.

40) 날씨가 차가우므로 地支에 午戌未 등이 있어 잠자리부터 따뜻하게 해줘야 한다.

41) 가을에 火가 많으면, 유능한 인재가 나오고,
    가을에 火가 없으면, 능력이 없어 인재가 안나온다.

42) 木은 썩으면 힘이 없다.

43) 木이 뿌리가 金에 상처를 입으면, 늙어서 힘이 없다.

44) 가을에는 날씨가 차기 때문에 불을 많이 때도 모두 흡수한다.
    그러나, 더울 때는 시원하게 해주는 것이 활인업이다.

45) 조후기 깨지는 순간 운명은 종말이다.

46) 가을에는 乙庚金을 열매로 보고,
    從殺이 되면 나무가 돈으로 변하여 부자국이 많이 나온다.
    乙木이 從을 안하고, 火가 많으면 부귀격이 많다.

47) 가을에 木이 많고, 火를 보지 못하면, 열매가 없어 식객이다 : 되지도 안는 허욕만 부린다.
    쭉정이 농사다 : 그래서 木은 비겁을 싫어한다.
    그러나, 乙木은 원국에 甲이 필요하다.
    甲木은 庚이 올 때만 乙木이 인해전술용으로 한번 필요하다.

乙木 氣象論 (申酉戌月)

48) 가을에 木이 많으면, 열매가 없어 욕심만부리다
    허송세월 다갔다.
    그래서, 木은 하나만 있어야 귀격이다.
    오직 나만이 있어야 귀하다.

49) 가을에 月上의 乙木이 年上의 庚金과 乙庚金되어 따라가면, 조상음덕이 많아 재산상속이 많다 : 종살.

　　　　丁 乙 庚 戊
　　　　丑 丑 申 戌

　　　乙 甲 癸 壬 辛　대
　　　丑 子 亥 戌 酉　운

이 사주는 乙庚金이 되어 좋은데,
丁火가 있어 생각과 행동이 病이다.
강남의 부잣집 아들인데, 부모는 나를 사랑해서 合을 해
주었는데, 자식은 부모의 등골만 뺀다.
많은 재산 다 팔아먹었다.

　　　　己 乙 庚 壬
　　　　卯 巳 戌 辰

　　　癸 甲 乙 丙 丁 戊 己
　　　卯 辰 巳 午 未 申 戌

장관부인이다.
가을에 乙庚合이 되어 부자다.
庚金이 남편이다.
여기서, 地支에 火가 있으면 열매를 키우기 때문에
부자인데, 火가 天干에 있어 合을 방해하면 망한다.

乙木 氣象論 (亥子丑月)

1) 木은 火를 봐야 살아 있다.
   겨울 乙木이 뿌리가 없으면 갈초인데, 뿌리가 없으면, 생명이 위험한 고비를 넘기고 넘어간다.
   겨울이라도 甲乙乙은 地支에 寅卯辰 생명의 씨앗이 있어야 한다.
   생명이 없으면, 남의 농사 거들어 주고 먹고산다.
   노동의 댓가받고 살므로 돈이 없다.

2) 木은 뿌리가 있어야 부지런하고, 희망을 갖고 산다.

3) 겨울에 木은 金水가 왕하면 큰 운이 없다.
   金水가 왕하면 解冬의 기약이 없다.
   앞이 깜깜하다. 운이 없다.
   겨울에 金水가 많으면 많을수록 천하다.
   많이 배워도 못써먹고 천한 일하고 산다.

4) 겨울에 어떤 오행이던 除濕만 되어도 의식걱정은 없다.
   제습이 되면 편히 산다.

5) 겨울에 어떤 일주도 火가 넉넉하면, 음덕집안의 후손이다.

6) 만약, 겨울에 乙 일주가 乙庚金이 되면, 金이 病이다.
   여자라면 남편이 病이라 남편을 만난 순간부터 망한다.
   丁乙庚 이면, 남편을 버리고 애 데리고 산다.
   그래서, 남편이 바람을 핀다.
   그런데, 이런 구조에 남편이 병신이 되면 같이 산다.

7) 겨울을 일주에 火가 干上에 뜨지 않고, 庚辛金이 나타나면 결국 거지된다.

乙木 氣象論 (亥子丑月)

8) 겨울 乙木은 남자가 손을 잡는 것 자체를 싫어한다.

9) 겨울에 필요한 것은 火인데, 金水가 나타나면 반대로 산다.

10) 만약, 겨울 乙 일주가 丙火를 보면, 추운 밖에서 일을 하므로, 아는 것은 많은데 돈이 없고,
    丁火를 보면, 방안에서 살고 있으므로, 그릇은 적어도 편히산다 ; 이런 여자면 복부인이다.

11) 겨울에 보온이 되면 일생 먹고사는데 지장이 없다.
    보온이 안되어 있어도 대운에서 따뜻한 불이 오면 남의 힘 즉, 환경에서 운이 오므로 그때만 좋다.
    그래서, 대운에서 얻어먹는 것은 그 대운이 가버리면 없어져 버린다.
    자기명의로 재산을 갖고 있으면, 나가버리므로, 다른 사람 명의로 돌려놓아야 한다.

12) 겨울에 乙木이 丙乙丁이면, 생각이 양쪽에 있어 항상 마음이 흔들린다.
    그러나, 乙木이 지지에 寅中丙火, 戌中丁火가 있으면, 地支는 생각뿐이기 때문에 괜찮다.
    天干은 행동이고, 지지는 생각이다.

13) 乙 일주 남자는 財가 겨울에 除濕을 해주기 때문에 乾土를 보면 애처가가 많고, 마누라한테 돈 맡기면 안샌다.
    그런데, 여자가 財를 깔고 앉아있으면, 財生官하므로 좋다.

14) 濕土를 깔고 앉아 있으면 결국 자기가 갖다버린다.

15) 겨울 木이 남자는 庚이 자식인데, 火를 용신으로 쓰면 자식이 잘 안풀린다.

乙木 氣象論 (亥子丑月)

　　甲 庚
　　戌 子이면, 용신이 火라서 내 용신과 자식글자가
반대글자라서 그렇다.
만약, 여자가 이런 구조면 중년 과부다.
자기는 잘되는데, 남편이 꺽어진다.

16) 겨울에 乙 일주든 甲 일주든 比劫이 있으면, 제습하는
土를 훼하므로, 돈 복이 없다.

17) 여자가 官을 용신으로 쓰면 남편한테 헌신하고, 財를 용
신으로 쓰면, 남편이 돈 때문에 걱정안하게 한다.

18) 겨울에 木 일주가 火가 많으면, 내가 없어도 남을 주고
싶다 : 사회봉사자, 의사, 교육자.

19) 겨울에 木 일주가 印綬인 水가 많으면, 얼음덩이를 집에
쌓으려고만 하므로 욕먹는다.

20) 겨울 木 일주가 火가 허약하면 情이 그립다.
情이 그리운 사람이라서 情을 움직여 주면 감동한다.
그래서, 겨울에 火가 없는 사람은 냉혈동물이다.

21) 겨울에 火가 적은 여자들은 남편이 火가 많으면 남편이
잠들 때 남편 옆에서 잠든다.

22) 丁 일주가 기도하는 사람이 많다.
　　"　　　무당이 많다.
丁 일주가 신약하면 마음이 흔들린다.

23) 겨울에 火가 많은 사람은 사람을 살리는 직업을 택한다.
만약, 초년에 운이 나빠서 다른 직업을 가졌다해도 나중
에 그 길로 간다.

乙木 氣象論 (亥子丑月)

24) 겨울에　　乙 ○
　　　　　　亥 戌이면, 戌土가 土剋水하면 생명이 죽어버리므로 무당이 많다.

25) 겨울에 木이 三合을 하면, 예를 들어, 亥卯未 되면 겨울에 木을 키우지 못할 계절인데 木을 키우려 하면 욕심의 산물이다.
木多火熄되어 돈을 갖다 버린다.
친구, 형제 등 주위 사람들의 돈도 갖다 버린다.

26) 겨울에는 물이 많다고 潤下라 하지마라.
겨울 潤下格은 얼어있으면 별 볼일 없다.
생명을 기를 수 있어야 潤下格이 된다.
윤하는 3월에서 7월까지 윤하다.
겨울에도 火를 봐서 얼지 않아야 윤하가 된다.

27) 亥月은 丙火를 먼저쓰고, 子月은 戊土를 먼저 쓴다.

28) 만약, 丑月은 土月이라 木을 우선쓰고, 다음에 火를 써야한다.

29) 겨울에 乙木이 丙戊甲을 보면 장관감이다.
기르지 못할 계절에 기르면 귀하다. 값나간다.

30) 木이 겨울에 불을 봐야하는데, 乙丙辛, 乙辛丙이면 용신이 구름에 가려, 용신을 묶어 못쓰게 하므로 제 갈길 못가게 되어 恨을 안고 산다.

31) 乙 丁 壬이면, 돈 갖다 버리는 사람이다.
연애만 하는 사람이다.

32) 丙火와 丁火가 슴하면 나쁘다고 하는 이유는 생명을 기르는 불이기 때문이다.

33) 겨울에 乙木이 地支에 巳酉丑을 깔고 앉으면, 중년에 운이 서방운으로 갈 때 몸이 병든다.

乙木 氣象論 (亥子丑月)

○乙○
巳酉丑이면, 중년에 金運이 오면 병든다.

34) 겨울에 乙木이 火가 너무 많으면, 역용신인 水를 쓰는데, (겨울에 유독 역용신이란 말을 강조한다)
성생활은 食傷인데 食傷인 火를 건드리면, 영원히 임신이 안되는 경우가 있다.
역용신을 쓰는 자는 성생활하는 순간부터 자궁이 나빠져 몸에 이상이 온다.
또, 자식을 둔 후 자궁이 나빠진다.
食傷이 흉신이면 유산이 잘된다.

35) 겨울에 어떤 일주라도 火가 넉넉하지 않으면 천격이다.
방이 차서 사람이 안 온다.

36) 겨울에 어떤 일주라도 濕土가 많으면 노력해도 돈이 없다.
濕土가 열기를 흡수해 버리므로 겨울은 濕土가 가장 나쁘고, 그 다음이 水, 그 다음이 金이다.

37) 겨울에 태어난 어떤 일주라도 지지에 寅卯辰을 가지면 봄이 되면 생명이 싹트므로 희망이 있어 부지런하다.

38) 겨울에 庚金이 干上에 나타나면 庚辛金은 눈덩어리인데, 쓸 수 있으면 귀격이고, 못쓰면 유리조각, 돌조각, 고드름과 같다.

39) 丙火는 봄, 여름 어느 계절에도 생명을 키우는 불이고, 丁火는 보온의 불, 인공열로 그릇을 만드는 불이다.
丙火는 아무리 조열해도 생명을 태우지는 않으나 丁火는 태워버린다.

40) 겨울에는 丙丁을 봐야 귀격이고, 癸水가 나타나면 천격이다.
壬水는 땅의 물이라서 쓸 수 있다.

乙木 氣象論 (亥子丑月)

41) 겨울에 乙壬壬 이면, 물이 내보다 앞인 年 月에 있으므로 물이 나보다 높게 있어 水多木浮이고, 壬乙로 壬水가 時에 있으면, 부목이 아니다.

42) 겨울은 水草가 잘 안나온다.
    亥水를 봐야 수초다.
    金水運으로 가야 한다.
    수초면 꽃이 없어 영화가 없다.
    남편이 없다.
    그래서, 3불기다.

43) 겨울에 丙火가 많으면 이상적인 불이다.
    丙乙丙이면, 사고가 이상적이라 자가가 많다.
    아름다움의 별이다.
    태양은 문화의 신, 밝음의 신, 광명의 神이다.

44) 丁 乙 丁이면, 편하게 산다.

45) 만약에 丙火가 지지에 寅 戌 未 巳가 있으면, 보이지 않게 봉사하는 사람이다 ; 변호사, 노인정 봉사자 등.

3. 丙火 氣象論(총론)

1) 丙火는 초목을 키우는 임무를 가졌다.
   우주의 熱의 주인이다.
   從革格, 潤下格 등 특별격을 제외하고 丙火가 없으면,
   생명이 살 수 없다.

2) 태양이 없는 壬水는 필요없다.

3) 생명을 키우는데는 丙火가 일등공신이다.

4) 陽은 生死가 있어 눈으로 볼 수 있다 : 動的.
   陰은 生死가 없어 눈으로 볼 수 없다.

5) 태양은 木이 나타나면, 일이 많은 사람이다.
   만약, 생명이 없으면 할 일이 없다.
   단, 겨울은 조후를 하므로 좋다.

6) 태양은 물과 더불어 생명을 길러야 가치가 있다.
   水火는 剋中生이라서 미워하면서 生한다.

7) 여름 태양은 물만 보면 좋아하고, 겨울 물은 불(태양)만
   보면 좋아한다.

8) 丙火가 甲, 乙木을 보면 향기가 진동하여 인기가 있다.
   여기서, 木은 印星이라 조상의 陰德이다.
   그러나, 조후만 한다면 향기는 없다.

9) 丙火는 木을 키우는 因子라서 木生火가 아니라 火生木
   이다.
   여기서, 木은 印星이기 때문에 부모가 생각하는 의식
   이다.
   그래서, 나는 부모의 의식체이고, 자식은 나의 의식체
   이다.

3. 丙火 氣象論(총론)

10) 丙甲이 사주의 주체다.

11) 이 세상의 밝음의 덕은 丙火다.
    丁火는 丙火의 하수인에 불과하다.

12) 가을, 겨울에는 丙火가 丁火의 德을 봐야 편하게
    산다.
    그래서, 가을, 겨울에는 치사해도 겁재를 좋아한다.

13) 만약, 丙火가 甲을 보면, 용기있는 사람이다.
    솟아오른 기백이 넘친다. 아름다운 태양이다.
    그래서, 부국을 형성한다.
    봄, 여름에 甲을 보면, 인물이 좋고, 인기가 좋다.
    잘생겼다. 甲丙이 나타나면 으뜸이다.
    丙, 甲이 숨어 있어도 으뜸이다.
    그래서, 甲을 본 丙火는 생명을 기르고 있어서 어느
    계절이라도 항상 싱글벙글한다.

14) 丙火가 乙을 보면, 나무 밑에 그늘이 져서 안보이므로
    비밀이 많다. 그릇이 적다.
    그러나, 꽃을 기르므로 향기가 진동하여 매력적이다.
    그래서, 乙木은 색상계의 주인이다.

15) 乙木이 사주에 나타나 길신이면, 미적감각이 발달.
    색감, 디자인, 도예, 연극, 그림, 아름다움을 창조하는
    美의 촉진제 역할한다.
    그러나, 그 촉진제가 지나치면 아편한다.
    섹스를 해도 지나치다.

16) 향기가 있는 나무는 벌, 나비가 오기 때문에 향기의 매
    력에 끌려간다.

17) 眞水無香이다 : 변하지 않아야 좋은 물이다.

18) 香氣 : 매력의 촉진제(자극)다. 인기다.

3. 丙火 氣象論(총론)

19) 生木은 火生木이기 때문에 인기가 좋은데, 가을, 겨울에는 木을 키울 수 없어 인기가 없다.
    그래서, 木이 없는 태양은 향기가 없어 인기가 없다.

20) 丙火는 대상에 의해서 가치를 평가한다.
    대상이 있을 때 할 일이 있다.
    대상에 따라서 능력의 유무를 판단한다.
    그 중에서 木을 키울 때 가장 가치가 있다.
    생명이 있어야 남이 알아주기 때문이다.
    만약, 木이 없으면, 다음 代를 위해 음덕을 쌓고, 木이 있으면 현생에서 일한다.

21) 丙火 = 태양(우주의 열) = 본능적.
         = 자연현상 세계에서 생명을 기른다.
         = 제2의 임무.

22) 丙火는 진리의 神, 문명의 神이다.
    그래서, 丙火가 있으면 아름답고, 잘났다.
    지식이 있다. 상식의 神이다. 영민하다.
    안배워도 잘 안다.

23) 丙火가 凶神이면, 잘난 것이 시나쳐 안하무인이 된다.
    火多益殺하여 말려 죽인다.
    주색잡기다.
    이렇게, 화다익살하면 자식인 土를 말려 操土가 되므로 배다른 자식을 두거나 자식덕이 없다.
    그래서, 구설이 따른다.

24) 年 月에 丙 丙이 뜨면, 가문(조상)이 빛이 있었다.
    화려하고 잘 살았다.
    조부가 바람 피웠다.

25) 丙火가 丁火를 보면, 丁火에 의지하므로 치사스러운 마음을 갖는데, 가을, 겨울에는 특히 丁火에 의지하기 때문에 남자는 애인두고 산다.

3. 丙火 氣象論(총론)

26) 가을, 겨울에 丙火가 丁火를 많이 봐서 신왕해지면 거부다.
    丙丁庚 이면, 겁재인 丁火로 金을 녹여 成物시키므로, 남의 덕으로 인해 돈 번다.
    人因成事한다 : 사람을 이용해서 돈 번다는 뜻.
    단 봄, 여름에는 생명을 길러야 하므로 거부가 아니다.

27) 丙火가 戊土를 보면 큰 돈이 없다.
    戊土는 큰 산, 마른 흙, 높은 산인데, 丙火가 戊土인 높은 산에 가려 일조량이 부족하여(해가 일찍 져서) 생산량이 적다.
    정보가 없다. 우둔하다.
    그러나, 사람은 순박하다.

28) 丙戊甲 이면, 戊土에 태양이 가려 甲木이 잘 안 큰다.
    丙甲戊라야 괜찮다.

29) 여자가 干上에 戊土가 나타나면, 산이 높아서 남자가 잘 안온다.
    그래서 고독하다.
    산이 높으면 남편이 출장이 많거나 외박이 많다.

30) 丙 戊 戊이면, 첩첩산중이다.
    첩첩산중이라 남편이 안온다.
    그러나, 사람이 순박하다.
    만약, 여름에 이런 구조라면 여자가 안 온다.
    여자가 식상이 왕하고, 흉신이면 남자쫓는다.
    이런 여자는 좀처럼 남자한테 몸을 허락하지 않는다.

31) 丙火가 己를 보면, 己土는 시궁창 흙이라서 여름에 조후할 때 외에는 쓸 곳이 없다.
    여자는 丙火가 己土를 보면 자식덕이 없다.
    남자도 의식이 잘못됐다.
    자식인 壬癸水를 못오게 하므로, 덕이 없다.
    또, 얼굴에 죽은깨, 점이 많아 인물이 안 예쁘다.

3. 丙火 氣象論(총론)

己土는 丙火로부터 분출된 형상인데, 인물이 가치가 없어 못생겼다.

32) 丙火가 己土를 봐서 신약하다면, 죽을 때 恨을 남기고 죽는다 : 己土는 恨이다.

33) 丙火는 밝음을 본분으로 하는데, 戊己土가 나타나면, 그림자 또는 먼지가 나타나 빛이 흐려 남이 안 알아준다.

34) 丙火가 庚金을 보면 구름속의 태양이다.
여기서, 庚金은 옅은 구름이다.
그래서, 운치가 아름답다.
辛金은 짙은 구름이다.

35) 봄, 여름에 丙火가 庚金을 보면,
태양이 庚金을 키우고 있어 좋은 金으로, 庚金이 뿌리까지 보면, 成物로 완성된 金이라서 소리내는 보석이다 ;
이런 구조는 폐가 크다.

36) 겨울에 생명이 없이 丙辛이 合되면, 바람만 피워 집안망치는 사람이고, 겨울에 庚金을 보면 운치 때문에 낭만적이다.

37) 丙火가 辛金을 보면 연애만하므로, 본분을 잃은 丙火다.
망쪼다. 잡기다.
잡기가 있는 사람은 주위 사람을 애먹인다.
가을, 겨울에 丙辛合이면, 줏대없이 왔다갔다한다.
이런 사람이 맞아들로 태어나면, 연애만하여 집안 다 망쳐버린다.
丙辛合水 남자는 여자 맛 일찍 보지마라.

38) 만약, 여자가 丙辛合이면, 일찍 연애하고 싶다.
年月에 있으면 남자품에 일찍 잠들고 싶어한다.
그래서, 일찍 자식 낳는다.
조상궁에 이런 구조면, 조상에 문제있다.

3. 丙火 氣象論(총론)

여름에 丙辛合은 괜찮다.
그러나, 가을, 겨울은 못쓰는 자식이라 깡패다.

39) 여름에 丙辛合水, 丁壬合木은 생명과 관련이 있다.
그 외에 戊癸合 같은 것은 생명이 없어서 사랑과 관계
없다 : 불이 들어있는 合이라야 생명이 탄생한다.

40) 水火旣濟가 되면 局이 굉장히 커진다.

41) 丙火가 壬水를 보면 壬水는 큰 바닷물, 땅의 물이라
귀국이 안나온다.

42) 丙火가 癸水를 보면 태양의 앞길을 막는다.
여자 丙火일주가 癸水를 보면 남편복 없다.
하늘에 비가 오면 태양이 힘이 없다.
여자는 별거 아니면 이혼이다.
만약, 癸水가 時에 있으면, 남편이나 자식중에
애 먹인다. 이런 때는 戊土가 와서 쫓아버려야 한다.

丙 癸 辛 이면, 할아버지가 바람나서 나한테 애먹인다.
官印相生이라 하지마라.

43) 丙火보다 癸水가 왕하면 비, 안개속에 갇힌 태양이라
癸水가 丙火보다 왕하면, 의심을 많이 한다.
어떻게든 癸水로부터 탈피하려는 생각 때문에 그렇다.

44) 癸水는 地支에 조후해야 좋다.

45) 丙 일주에 年月에 癸水가 왕하면 시력이 빨리
나빠진다.
눈이 나쁘면 안보이므로 남을 의심을 많이 한다.

46) 癸水는 습기, 안개, 비, 젖은 태양인데, 地支에 뿌리가
있는지를 보고 무엇으로 볼 것인지를 판단한다.
丙火가 癸水를 보면 안보이므로 소심하고, 조심성이

3. 丙火 氣象論(총론)

많다.

47) 丙 癸 癸 이면, 대낮인데도 비가 계속 내리는 格이라 앞이 가려 깜깜하다.
방향 구별을 못해서 너무 조심하다 보니까 앉아서 기와 집 짓다 시간 다 간다.

48) 丙 壬 癸, 丙 癸 壬이면, 관살혼잡인데, 하늘의 물과 땅의 물이 섞여 지저분한 물이고, 地支에 뿌리가 있으면 공포의 물이다.
만약, 겨울에 이런 구조가 官이 흉신이면, 과욕이나 욕심의 산물이다. 불만이다.
官은 희망이요, 영광인데, 분수에 넘쳐서 이렇게 됐다 = 조상이 방종하게 살아 음덕을 까먹었다.
官이 흉신인 사람은 조상이 잘 살았으나, 과욕을 부렸다.

49) 丙火는 丑土를 가장 싫어한다 : 丑中에는 辛金과 癸水가 있어서 나무를 못키우고 火氣를 흡수하므로.
그래서, 丙이 丑을 보면, 格이 떨어진다.
희망이 없고, 값없는 土다.
財庫를 가져 잘못하면 이혼한다.

50) 丙火는 태양이라서 寅에서 장생하기 때문에 힘이 솟는다.
좌절하지 않는다.
丙이 酉를 보면 좌절을 잘한다.
丙이 寅을 보면 떠오르는 태양이라 희망이 있고,
丙이 酉를 보면 死地라서 희망이 없다.
떨어진 태양이다. 잠들어 가는 태양이다.

3. 丙火 氣象論(총론)

51) 丙火가 辰土, 未土를 보면, 생명이 있어 희망이 있다.
丑土, 戌土는 생명이 없어 값없는 土다.

52) 丙辛合 이면, 辛은 완성된 보석이다.
그래서, 丙火가 辛金을 보면 미인이다.
丙 일주가 뿌리가 튼튼하고, 辛을 보면 안 놓아준다.
쎅스의 합이다. 그래서, 재산도 다 팔아먹는다.

53) 丙火가 길신이면, 아름다움, 즐거움, 기쁨이다.

54) 乙木이 丙을 보면 꽃이다.
그래서, 丙이 길신이면, 멋지고, 진실한 사랑을 한다.
그러나, 乙丙癸 이면, 癸水가 剋을 하므로, 나쁜 환경속에서 속아 결혼한다거나, 억지로 결혼한다.

55) 丙 일주에 癸水가 너무 왕하면, 남편만나 멍이 든다.
아름다운 사랑은 내 곁은 모두 떠난다.

56) 사주에 正용신이 등장하면, 참사랑, 진실한 사랑을 한다.
逆용신이 등장하면, 돈보고 결혼하거나 억지로 결혼한다.

57) 用神은 사주 8글자를 이끌어 가는 주체의식이다.
자기의 호흡이요, 행동이다.
그래서, 대운에서 용신이 나타나면, 진실한 사랑의 대상자가 나타났다.
이런 때 허약한 사주의 여자면 바람핀다.
들떠버린다.

58) 만약, 대운에서 忌神이 나타나면, 삶의 가치가 없다.
용신을 때리는 운이 오면, 내 사랑은 깨졌다.
기신이 용신보다 왕하면 환경이 뒤바뀌어 운이 나빠진다.
스트레스 받는다.

3. 丙火 氣象論(총론)

59) 凶神이 오면, 사랑하는 사람과 情이 떨어지면서 좌절하게 된다.
    正用神은 진실의 산물이다.

60) 情이라는 것은 호흡하는 사람만이 있다.
    몸에 열이 없는 여자가 가장 불행하다.
    나무둥치와 같다.
    水多者는 熱을 식힌다.
    사랑한다는 것은 열이 있기 때문이다.
    그래서, 열이 많은 자는 水로 식혀줘야하고, 열이 적은 자는 불로 덮혀줘야한다.
    이것이 궁합이다.

61) 열의 대표가 태양이다.
    그래서, 태양은 사랑의 상징이다.

62) 丙이 申時나 申日에 태어나면, 석양빛이라 용기를 잃어가므로 뒷 배경이 부족하다.
    겨울에는 힘이 없어 큰 일 못한다.

63) 丙火가 戌土를 보면, 마음이 급해서 조바심난다.
    태양이 떨어지니 마음만 급하다.

64) 丙火가 申酉戌을 가지면, 태양이 져서 얼굴이 탁하다.
    그러나, 甲이 있으면 안 그렇다.
    戌이 많으면 빛이 무덤에 들어가므로, 얼굴에 점이 많다.

65) 사주에 정용신이 있고, 뿌리가 일지에 있으면 믿음있는 부부다.

66) 丙火는 잘생긴 것이라 뽐내고 싶은 것, 사랑과 자비를 뽐내고 싶다.

67) 丙火가 戌土운이 오면, 戌土가 흉신이면,

3. 丙火 氣象論(총론)

과거 이야기에 눈물 흘린다.

68) 丙火 = ① 태양이요, ② 宇宙의 열기,
③ 우주의 光明이다.

69) 이세상의 밝음은 모두 丙火(태양)의 덕이다.

70) 丙火는 진리의 산물이라 丙火가 없으면 진리가 없다
진리는 밝음이다.
自性의 등불이다(자명등).

71) 時가 午時가 되면 진리를 밝히고, 戌時가 되면,
태양이 무덤에 들어가므로 진리가 없다.

72) 丙火가 가을, 겨울에 申, 酉를 만나면 힘이 없다.
저녁노을이다.

73) 丙戌이면 태양이 산에 가려 빈털털이다. 거지다.
노동의 댓가받고 산다.
특히, 가을, 겨울에 戌土가 뜨면 거지팔자다.
마음만 급하고 얻는 것이 없다.
봄, 여름에 戌土가 뜨면 그래도 부지런하다.

74) 丙火가 申時, 酉時, 戌時에 태어나 신약하면,
얼굴에 죽은깨가 많고, 거무티티하다.
또, 丙 일주가 戌時에 태어나면, 어둠에서 태어났기
때문에 얼굴에 기미, 죽은 깨, 점이 많다.

75) 丙火 : 항상 믿음의 神이다.
태양은 믿음의 神, 정확의 神, 문명의 神,
자찬의 神, 영광의 神이다.

76) 태양은 생명을 키우는 火다.

77) 丙이 甲을 보면, 대들보를 키우므로 보람을 느낀다.

3. 丙火 氣象論(총론)

78) 丙이 乙을 보면, 1년초를 기르므로, 약초, 갈초, 억세풀이다.
    甲을 가지면 줏대가 곧다. 안 흔들린다.
    乙을 보면 줏대가 약해 흔들린다.

79) 乙木은 卯辰이 雲風이다 : 생명은 바람따라 산다.

80) 丙이 乙을 보면 감상적이다.
    음악. 땐스 좋아한다.
    乙이 어디에 있든 그렇다.
    그러나, 甲은 고지식하고, 독선적이다.
    乙木은 향기가 있어 사람들과 잘 어울린다.
    평범한 직장인은 좋다.
    그러나, 큰 인물이 되려면 甲木이 좋다.

81) 丙 ○
    ○ 寅으로 寅中에 丙火를 쓰면, 마음에 태양을 가져 안흔들리고, 지조가 있다.
    또, 巳中에 丙을 가져도 속이 아름다워 피부가 곱다.

82) 丙火는 寅을 보면 官을 수용하기 때문에 좌절하지 않아서 가장 행복하다.

    예 : 丙 ○ ○
          ○ 寅 亥 : 寅亥合木.

82) 偏印은 예술적인 스케일이 있다 : 감상적, 아름다움.
    멋쟁이다.
    그러나, 正印은 정확하다.

83) 丙일주는 正官인 壬水가 나타나면 수화기제다.
    그러나, 丙癸이면, 格이 떨어져 버린다.

84) 丙火는 ① 癸水, ② 己土를 가장 싫어한다.

3. 丙火 氣象論(총론)

85) 丙火가 癸巳時를 가지면 格이 떨어진다.

86) 丙壬, 甲庚, 戊甲, 壬戊 모두 偏官을 좋아한다.
    단, 庚金만 正官인 丁火를 좋아한다 : 용금성기하므로.

87) 丁丁, 丙丙, 甲甲, 庚庚, 申申 모두 나쁘다.

88) 丙은 아름다움이요, 길신이요, 갖고 싶은 소망이다.
    달덩이처럼 아름답다.

89) 丙丙이 年, 月에 있으면, 할아버지가 바람둥이고,
    丙丙이 日, 時에 있으면, 자식이 바람둥이다.

    ○ 乙 丙 丙
    ○ 卯 申 申 : 할아버지가 잘나고 잘나서 바람을 피워
    어머니가 두분이다.

90) 丙은 자존심이 강하다.

91) 만약, 癸 丙 ○ ○
         巳 ○ ○ ○이면, 속썩이는 자식이다.

92) 사주에 丙 壬
            ○ 辰으로 壬水가 길신이면,
    獨官顯達(독관현달)하여 굉장히 좋다.

93) 丙火가 겨울에 태어나면 인덕이 없다.
    겨울에 얼어있는 땅은 아무리 녹이려해도 녹여지지
    않기 때문이다.

94) 겨울에 丙火가 丙辛水局이 되면 말썽꾸러기다.
    丙火가 제 할 일 안하고, 삼천포로 갔다.
    상실된 丙火다. 또라이다. 말썽꾸러기다.
    마누라 만나는 순간부터 집안 망친다.
    이렇게 丙辛合水가 되면, 丙火의 실체가 안보인다.
    = 거짓말. 사기. 밀수, 여자장사, 사기꾼.

3. 丙火 氣象論(총론)

丙辛合水하여 水剋火하므로 自虐(자학)이다.

95) 丙火는 甲을 키워야 한다.
대들보다. 학자다.
巨木을 키우므로 굉장히 부지런하다.
亥子丑月에 木을 보면, 생명을 키우기 위해 부지런하다.

96) 丙이 乙을 키우면, 乙木은 1년초로 格이 작다.

97) 丙甲己 이면 己土는 습한(찬) 바람으로 인해 꽃이 안 피어 농사가 안된다.

98) 甲乙木이 丙丁을 보면 : 木을 키우는 태양이 뜨면,
항상 즐겁다. 그러나, 나무가 없으면 값없는 태양이다.

99) 丙이 木을 보지 못하면 늦게 처량하다.
생명을 키운 게 없어서.
만약 木이 없고, 지지에 辰土가 있어 乙木을 키우면,
그냥 밥먹고 사는 사람이다.

100) 丙火는 透視의 神이다. 4차원의 神이다.
방사선과 같다. 눈으로 보는 일체의 것이다.
그래서 丙火는 말을 해서 먹고사는 직업을 가진 자가
많다 : 사람 상대하는 직업, 말하는 직업.
丙火가 용신이 되고, 유력해야 좋다.

甲 庚 丙
戌 子 戌   火용신으로 말해서 먹고산다.

101) 火가 용신인 사람은 이치가 정론하다.
火는 공명정대, 밝음이다.
그래서, 火용신자는 설득력이 뛰어나 호소력이 강하다.
자존심이 강하다.
안목이 넓고, 도덕관념이 강하다.

102) 火용신자는 너무 정확한 것이 흠이다.

3. 丙火 氣象論(총론)

103) 사주에 丙丙丙으로 丙이 많으면 백야(밤이 밝다)다.
대낮이다.
밤인데 대낮과 같다.
쭉정이 농사다.
白夜無實이다.
백야무실되면 마누라와 돈이 없는 건달이다.
일해도 수확이 없다.

104) 丙 丙 丙 壬 癸 여자사주이면, 남자 볶아먹는다.
火多水渴로 남자 볶아먹는다.
남자면 여자 볶아먹는다.

105) 밤과 낮이 없어 陰陽의 交合이 이루어지지 않으면,
생산이 이루어지지 않는다.
예를 들어, 현대사회는 남녀 모두 바쁘게 사회활동을
하기 때문에 부부관계 할 시간이 없다.

106) 가을, 겨울에 태어난 사람은 어떤 일주든 물질에 초점을 맞춰라.
봄, 여름에 태어난 사람은 정신세계에 초점맞춰라.

107) 사주에 丙 火가 지지에,
巳午未 낮 글자를 갖고 있으면, 밤에 잠을 잘 안잔다.
寅午戌 글자는 덜하다.
그래서, 마약, 투기 좋아한다.
火가 너무 旺해서 남자는 마누라글자인 金이 녹아서
마누라가 없고, 火多水渴로 여자는 남자가 없다.
사주에 火가 많은 여자는 남편 들볶는다.
사주에 火가 너무 많으면, 마누라 들볶는다.
또, 정력이 약하다.

108) 丙火가 여름이나 겨울에도 조후가 되지 않으면,
생명력이 없다 ; 생명을 키울 수 있는 조후가 되어야
후덕하다.

3. 丙火 氣象論(총론)

109) 丙火가 길신이면, 안목이 정확하다.
그러나, 丙火가 흉신이면, 과장의 神이다. 허풍이다.

110) 木火 = 생명을 기르기 때문에 仁을 가져 사랑과 자비의
神으로 도덕을 중시하고, 정신세계를 추구한다.
金水 = 생명을 안기르므로 물질의 세계를 추구한다.
　　　金水는 의리의 神이다. 물질중시.

111) 동양의 세계는 물만 먹어도 깨끗하게 살고,
서구는 문명의 神이라서 물질을 중시한다.

112) 세계에서 가장 바다가 깊은 곳이 영국이다.
그래서, 서구에서 물질문명이 발달했다.
그런데, 동양에서는 산이 높아 정신세계가 발달했다.
중국은 우리나라가 정신세계의 뿌리를 갖고 있어 좋아
한다.

113) 생명은 동쪽에서부터 태어났다.
그래서, 우리나라가 위대한 나라다.

114) 丙火가 丙庚辛이면, 태양이 구름에 가려 낯을 내놓을
수 없어 불구자다.

丙火 氣象論 (寅卯辰月)

1) 丙火는 생명을 키워야 香氣가 있다.

2) 調喉가 되어야 陰德을 쌓을 수 있다.

3) 丙火는 우주의 열이다. 밝음을 뜻한다.

4) 丙火가 생명을 키우는 계절이 아닌데 調喉를 하고 있다면 陰德을 쌓는 것인데, 생명을 키우지 않으면 향기가 없어 남이 안 알아주므로 일을 해도 빛이 안난다.

5) 丙火가 甲寅木을 보면, 대들보를 기르므로 값어치가 있다.
   丙火가 乙卯를 보면, 화초를 기르므로 값이 덜 나간다.
   여기서 木을 키우되 辰土가 있으면, 沃土에서 나무를 기르므로 열매가 많다.
   또, 이렇게 되면, 丙火가 일거리가 있어 굉장히 부지런하다.

6) 寅卯辰月에 木이 旺한데,
     丙○○
     午寅戌이면 싹(나무, 생명)이 타버리는데,
   水運이 와서 한 때 돈을 번다해도 水運이 가면 곧 없어진다.
   또, 申金이 있어 寅木을 자르면, 기둥뿌리를 자르므로 재산을 모두 팔아먹고 새출발한다.

7) 寅木옆에 丑土가 있으면, 寅中丙火와 丑中辛金이 암장하여 있는데, 大運에서 巳火, 酉金, 戌土가 오면, 손재수가 있거나 안 좋은 일이 생긴다.

丙火 氣象論 (寅卯辰月)

8) 항상 月令글자가 破剋되면 逆賊이 와서 주인을 쫓아내는 격이라 삶 자체가 불균형하다.
   반란이 일어나는 것과 같아 풍파가 일어난다.
   그래서, 月令이 破剋되면 안 해본 직업 없이 다해본다.
   직업 변동이 많다.

9) 모든 일주가 생명인 木을 태워 없애면 재산을 탕진하는 사람이다.
   자기 몸 하나 관리할 수 없는 사람이라서 남의 신세지고 살거나 하수인으로 살아야한다.

10) 財 중에서 水일주 火 財가 가장 나쁘다.
    水剋火하여 나갈 때는 흔적도 없이 나가버린다.

11) 사주에서 木(생명)을 태웠다면, 재산을 탕진하는 사람이다.
    남 잘못된 것을 보고 웃고 있는 사람이다.

12) 丙火가 壬水를 봐서 調喉를 잘 시키면 수화기제가 잘되어 생명을 기를 능력이 있는 사람이라서 장, 차관급 같은 고위직이 나온다.

13) 丙 일주가 丙甲壬이면, 대국이 나온다.
    역사에 큰 획을 긋고 죽는다.
    만약, 여기에 丙乙壬이면, 화초를 키우므로 대국이 아니다.

14) 만약, 사주에 壬水가 나타나 조후를 해주면 좋은데, 丁火(겁재)가 나타나 丁壬合해버리면, 잡기로 빠져서 대들보를 안 키우므로 가치가 없다.

15) 丙 壬 甲이면 사치가 없고, 丙壬乙이면, 한 때 영화가 있으나 꽃이 떨어지면 쓸쓸해진다.
    운이 좋을 때 노후대비를 잘해야 한다.
    젊을 때 관리 잘못하면 노후에 허망해진다.

丙火 氣象論 (寅卯辰月)

16) 丙火의 열로 나무를 키우기 때문에 丙火가 많아야 좋은데, 戊己土가 나타나 열을 흡수해버리면 게으른 사람이다.
    엉뚱한 사람이다.
    思考가 賤하다.
    태양이 戊己土가 많아 신약해지면 거짓말을 잘하고, 자기 편할대로 말 한다.
    만약에 丙옆에 己己土가 두 개이면, 태양이 땅에 떨어져 힘이 없는 태양이라 자기 자신의 인격을 낮추어서 천대받는 태양이다.
    잔머리만 발달하고, 신약하면 더 나쁘다.

17) 戊土가 왕하고 조후가 안되면, 생명을 기를 수 있는 힘을 상실한 사람이다.
    가정이 안되므로 승려, 종교인으로 가야한다.

18) 甲己合土되면, 곡식이 땅에 닿아 썩으므로 헛농사 지었다.
    신세타령하고, 한숨짓는 사람이 많다.

19) 만약에 헛농사 짓는 구조라면, 조상 때 아무리 잘 살았더라도 상속을 받을 수 없다.
    아무리 할아버지가 부자였다 해도 자기가 크는 동안 아버지가 망해버려 내한테는 돌아오지 않는다.
    자기가 자라면서 망해버린다.

20) 丙乙壬이면, 화초라도 한 때 영화가 있는데,
    丙乙庚이나 丙庚乙이면, 돈 때문에 자기가 仁과 德을 버리므로 돈만 생기면, 어떤 일이라도 하기 때문에 돈 버는 방법이 잘못됐다.
    돈만 되면 형제간의 의리도 버려버린다.
    돈 때문에 생명을 버리기 때문이다.
    돈 버는데 의리가 없다.

丙火 氣象論 (寅卯辰月)

21) 丙 癸이면, 비에 태양이 가려 나쁜데, 丙己癸이면,
    己土가 濕土라서 잔꾀나 요령이라서 모사꾼이다.
    己土가 丙火의 열을 흡수하므로.
    나쁜 己土가 나쁜 癸水를 물리치므로, 나쁜 머리가 더
    나쁜 머리를 물리치므로.

22) 丙 甲이면, 甲은 우주 최초로 나타난 생명체라서 목적의
    식이 달성된 사람이다.
    甲은 시작, 창조, 우두머리, 핵, 기둥, 고집세다.
    앞서간다. 고지식하다의 뜻이다.
    寅도 같은 뜻이다.

23) 丙 乙이면, 乙木은 요령꾼이다.
    乙木은 뿌리가 없으면, 마음이 흔들려 다소 간사하다.
    요령꾼, 수완꾼, 가냘프다, 잔병이 많다.

24) 卯月에 태어난 丙火가 浴地인데 己土를 보면,
    잡기로 빠져 바람둥이가 많고, 살아도 풍파가 많다.

25) 사주에 丙火가 길신이면, 공명정대한데,
    흉신이면, 과장, 허풍이 많다. 너무 잘난척 한다.

26) 사주에 나타나 있는 것은 의식이 나타나 있는 것이다.

27) 丙火는 확산의 神인데, 길신이면, 정확, 정직하다.
    정확, 정직, 문명, 광명, 밝음의 神이다.
    어두운 것을 싫어한다.

28) 丙甲인데, 甲이 凶神이 되면, 甲木이 태양을 가려,
    태양을 눈가림하므로 거짓말 잘한다.
    눈가림이 많다.

29) 甲木은 왕하면, 庚金으로 가지를 쳐줘야 하는데,
    丙 甲 庚이면, 甲이 약한데 쳐버리면 생사를 건널 큰
    위험한 고비를 넘기거나 불구자 된다.

丙火 氣象論 (寅卯辰月)

30) 丙 乙이면, 꽃이 일찍 피어 바람둥이다.
    향기가 짙어서 가만두지 않으므로 결혼 일찍한다.

31) 사주에 丙火가 있는데, 丁火가 용신이나 길신이면
    丁火는 약고, 조심성이 많다.
    그래서, 丙일주에 丁火가 길신이면, 축소지향적이다.
    그러나, 결집력이 강하다.

32) 丙일주에 丁火가 흉신이면, 불바다를 이루어서 생명을
    말려 죽이는 것과 같다.
    나쁜 친구들이 따라 다니는 것과 같다.

33) 봄, 여름에 巳午火나 丙丁火가 너무 많으면,
    밤이 없는 격이라 불행한데, 丙火가 조후가 안되면
    쓸모없다.

34) 陽일주는 대개 陽을 취용하는데, 庚金이 丙丁火를
    보지 못하고, 얼어 있어 대장, 폐, 기침, 해소천식 등
    병이 있다.

35) 사주에 辛金은 보석인데 辛이 있으면, 보석을 좋아한다.
    丑土나 戌土가 있으면 보석 갖기를 좋아한다.

36) 丙 일주에 庚辛金이 사주에 많으면, 구름이 태양을
    가렸다 말았다 하므로 주색잡기를 좋아해서 망한다.
    여자는 정신이 왔다갔다해서 돈을 너무 좋아해서
    투기를 좋아한다.
    財가 흉신이 되어 돈에 빠져 죽는 한이 있어도 돈을
    좋아한다.

37) 남녀 모두 丙이 투간하여 剋을 받지 않으면 밝고,
    맑아 인물이 아름답다.

38) 丙火는 생명인 木을 키우는 것이 임무이기 때문에
    木을 키우지 않으면, 막중한 임무가 없어 한직이다.

丙火 氣象論 (寅卯辰月)

木이 있으면 진급이 잘된다.
木이 없으면 노후가 허망하다.

39) 丙 일주에 木도 없고, 官인 水도 없으면,
기술직이 좋다. : 큰 욕심 내지 마라.

40) 丙 일주가 乙木이 많아 목왕화체되면, 丙乙
　　　　　　　　　　　　　　　　　　○卯이면,
잎이 너무 많아 밑둥치에 볕이 안 들어가므로 밑둥치가
썩는다.
木은 肝인데 간이 나쁘다.
신경계통, 내분비계통이 나쁘다.
특히, 간이 약해서 해독력이 약하다.

41) 丙일주가 乙卯를 보면 화초를 키우므로 바람둥이가
많은데, 己土까지 보면 여자는 청녀촌, 시궁창
연애한다.
주색에 빠져버려 패가망신하고, 남한테 손가락질 받고
산다.

42) 봄에 丙壬으로 木을 잘 기를 수 있으면, 덕을 많이 쌓으
므로 좋은 사주가 나온다.

43) 丙丁火는 주작의 神이라서 사주에 丙丁이 많이 있으면
말을 잘한다 : 설득력이 있다.

丙火 氣象論 (巳午未月)

1) 여름 丙火는 壬水가 있어야 朋이다.
   丙壬 : 水火旣濟로 1등급이다.
   　　 : 丙壬沖이라 하지 않고, 壬丙有情이라 한다.

2) 丙火 일주는 깨끗하고 밝고, 맑아서, 자기의 잣대에
   안 맞으면 官을 버려버린다.

3) 여름에는 火氣가 旺하기 때문에 旺勢拒逆이다.
   즉, 너무 더운 것을 싫어한다는 뜻이다.
   왕세거역하면 존대받지 못하므로 값없는 자기를 만든다.
   그러나, 겨울에는 火多益善이다.

4) 여름에 火旺하고, 물이 없는 구조라면 생명을 못기르므로
   종교인으로 거거나 사회에 존경받지 못한다.

5) 조후라는 것은 생명이 필요로 한 기운이다.

6) 여름에 丙火가 壬水가 없으면, 보좌가 없는 격이다.
   이렇게 되면 독선이다.
   좌충우돌한다.

7) 여름에는 辰丑土가 있으면, 의식걱정 안한다.
   辰土는 100점짜리이고, 丑土는 30점짜리다.

8) 만약, 여름에 申子辰水局이 있으면 부자다.
   丙火가 지지에 申子水局이나 子辰水局이면 돈이 있다.
   조후가 되면, 생명을 기르는 조건이 맞아서 간접적인
   돈이다.

9) 여름 丙火가 戊己土를 보면, 水를 剋하므로 여름에
   水는 돈인데, 돈을 쫓아내므로 돈이 없다.

丙火 氣象論 (巳午未月)

10) 여름 丙火가 壬水가 없으면, 보좌관이 없는 格이라 외롭고, 사기를 당하거나 이용당하여 풍파가 있다.

11) 丙火가 巳月에 태어나면 :
    丙 ○
    ○ 巳月이면, 록월인데, 酉나 丑이 오면, 巳酉丑하기 때문에 돈이 많거나 돈을 벌 수 있는 조건을 갖췄다 :
    70% 이상이 돈이 있는 사람이다.

12) 巳月에는 木이 없어도 조후만 되면 木이 있는 것과 같다.
    여름, 겨울에는 조후가 우선이다.
    조후가 되고 나무가 있으면 더욱 좋다.

13) ○丙○
    巳午未月에 天干에 庚(옅은 구름),
    辛(짙은 구름)인데,
    丙辛이면 연애만 하는 사람이다.
    쓸모없는 사람이다.

14) 여름에 丙戊己이면, 가장 필요한 水를 剋하므로 남의 일에 방해만 한다.
    戊己土가 조후를 방해하므로 복없는 사람이다.
    食傷은 자기의 의식인데 말과 행동의 잣대로 본다.
    丙甲乙이면, 甲乙木이 印綬이므로 윤리의식을 갖는데, 印綬가 없으면, 막무가내로 존경받을 수 있는 행동을 하지 않음으로 자기식대로 산다.
    부모의 생각과 정반대로 간다.
    戊己土가 나오면 木의 印綬인 水를 치므로.

15) 年, 月에 食傷이 凶神이면 부모말 안 듣고,
    年, 月에 財가 나타나 凶神이면, 돈 돈 돈하며, 공부를 안하여 부모 속 썩인다.

丙火 氣象論 (巳午未月)

16) 만약에 丙火가 木을 키울 수 있는 조건이라면,
　　싱글벙글 한다.
　　甲을 키우면 말이 없고, 점잖고, 이혼을 잘 안한다.
　　乙을 키우면 가볍고, 자랑이 많다. 변질이 많다.
　　감성이 많다. 이혼이 많다.
　　月上에 乙木이 桃花殺이면, 부모 때 바람피우고,
　　年에 있으면, 조부모가 바람피웠다.

17) 만약에 丙일주가 庚辛金이 있고 壬水가 있으면,
　　좋은데, 癸水가 있으면 노력의 댓가가 없는 태양이다.

18) 巳午未月에 丙火가 癸水의 뿌리가 튼튼하면,
　　활동을 못하여 집안에 들어 앉아있는 태양이라 불구자
　　이거나 쓸모없는 사람이다.
　　빗속에 갖힌 태양이다.
　　활동 능력을 상실한 태양이라 病者다 = 이상한 병자.
　　빗속의 태양이 되면, 약자한테는 잘난척하고,
　　강자한테는 고개숙인다.

19) 여름에 丙火는 丙 壬 ○
　　　　　　　　　　○ 午 申이면, 壬水의 뿌리가 있어
　　조후가 되므로, 산야에 생명이 자라므로 태양이 존경
　　받는다.
　　生命은 태양의 德으로 자라므로 여름에는 조후가 짱이
　　다.

20) 의식은 스스로 나올 뿐이다.
　　의식은 운에서 만들어지기 때문이다.
　　의식은 향기를 품고있다.

21) 丙壬甲이면, 局이 크다.

22) 丙癸이면 하늘에서 비가 내려 쓸모없는 태양이라
　　값없는 태양이다. 쓸모없이 들어 앉아있는 사람이다.
　　빗속에서 활동하는 사람이다.

丙火 氣象論 (巳午未月)

23) 여름에 ○丙○
　　　　　　寅午戌이면, 생명을 죽이므로 값없는 태양이다.
오나가나 인기가 없다.
조후가 되지 않는 태양은 사막과 같아 황사현상이다.
모래밭 태양이라서 생명을 말려 죽이므로 저주받은
태양이다.

24) 사주에 물이나 불이 하나도 없으면, 계획없이 산다.
황사 태양이라 실천을 못한다. 믿지마라.

25) 여름 태양은 지열을 가속시키므로 나쁜 친구가 따라다녀
자기를 괴롭힌다.

26) 天干은 활동무대고, 자기 자신이다.
地支는 보이지 않는 의식, 생각: 가정, 내조, 마누라.
天干이 움직이지 않으면 地支는 안 움직인다.

27) 合多至善이다 : 吉하면 좋고, 凶하면 나쁘다.
合은 생산의 본능을 가졌기 때문에 진취적이라서 흉신이
면 나쁘고, 길신이면 좋다.

28) 夏生火多不生助 : 몸이 천하다.
冬生水多不生助 :　　　"

29) 丙火炎上不好 : 생명을 태워버리므로 자식 代가 끊어
진다.
炎上은 불이 활활 타오르므로 代가 끊어진다.
만약, 자식이 있다면 양자나 첩실에서 낳은 자식이다.
炎上格은 水가 필요하므로 水는 陰인데, 바람을 많이
핀다.

30) 태양은 戌土만 보면, 무덤에 갖히므로 싫어한다.

31)　癸 丙 丁 庚
　　 巳 午 亥 子이면, 겨울에 겁재인 丁火를 이용해서
돈번다.

丙火 氣象論 (巳午未月)

편법으로 돈 번다.
치사하게 산다.
여행사 사장이다.
만약에 여름에 겁재인 丁火가 있다면 귀찮은 존재다.
이런 구조면 妾이 있다.

丙火 氣象論 (申酉戌月)

1) 丙火 : 申 酉 戌
   　　　 病 死 墓

2) 丙火는 巳月에 金을 낳는데, 月令이 子月에 申을 보면
   해가 짧아 金이 힘이 없고, 五月에 申을 보면 金은
   불속에서 크므로 힘이 더 강하다.

3) 가을에는 丙火가 丁火를 반긴다.
   호롱불인 丁火도 丙火의 덕이라고 생각한다.
   남을 잘 이용하는 사람이다.

4) 가을에 丙일주가 丁火를 보면 부자가 많다.
   치사하지만 앉아서 받아먹는다.

5) 가을 丙火가 甲이 살아 있으면 더 부자다.

6) 丙火는 항상 甲을 용신으로 써야한다.
   丙甲으로 甲을 쓸 수 있는 구조이면 식복이 있다.
   丙甲壬이면, 官印相生이 되어 식복에 명예까지 있다.
   도지사 이상 고관이다.

7) 만약, 丙일주가 신왕한데 甲이 없고, 壬水만 있으면
   사람은 똑똑해도 거둘 곡식이 없다.
   甲이 없으면 乙木이라도 있어야 한 때 영화를 본다.

8) 丙일주가 木火가 살아있으면, 풍요로운 가문의 자손이다
   : 甲을 보면, 조상의 상속이 있다.

9) 丙火가 甲이 없고, 乙木만 있으면, 사치성이 발달하여
   예술성이 있다 : 노후관리를 잘해야 한다.
   꽃이 피어 있을 때는 여자가 많이 따르나 꽃이 지면
   모두 떠나버려 노후에 허망한 자가 많다.

丙火 氣象論 (申酉戌月)

10) 만약, 地支에 寅中丙火가 있는데, 寅申沖이 되면,
    상처를 받는다.
    沖은 일단 상처로 沖이 나타나 있으면 상처받고 산다.

11) 丙火가 가을에 가장 싫어하는 것은 壬癸水인데, 壬癸水가 있으면, 한 때 통탄할 일이 있다.
    가을에 丙火는 곡식을 익히는데, 구름이 끼어 있으면, 아무리 노력을 해도 소득이 없다.

12) 丙庚辛이면 낭인, 소모성 사주다.
    구름이 끼어 곡식을 못익히므로 수확이 없다.
    丙火에 金이 財인데, 財가 나타나 있으면, 살려고 엄청 노력한다.
    눈에 돈만 보이지만 돈이 안모이므로 허망하다.

13) 丙壬癸이면, 살려고 노력해도 안되어 눈물흘리고 산다.
    눈물의 비다.

14) 가을에 丙火가 庚辛金을 보고 길신이면 좋은데, 흉신이면 돈을 피해서 간다.
    財에 감각이 없어서 그렇다.

15) 가을에 戊己土가 많이 나타나면,
    癸 丙 己 癸
    巳 辰 未 未
    여름에 조후하는 水를 土가 쫓으므로 쓸데없는 일만 한다.
    노력을 많이 해도 돈이 안들어 온다.
    느즈막에 손 놓는 순간 돈이 하나도 없다.

16) 丙 戊 己
    申 酉 ○이면, 丙火의 기운을 戊己土가 빼가므로
    노력해도 돈이 없다.

17) 가을 丙火가 己土가 나타나는 것,
    壬癸가 나타나는 것,

丙火 氣象論 (申酉戌月)

庚申이 나타나는 것을 싫어한다.

18) 丙己이면, 甲이 와도 甲己合해 버리므로 丙火는 己土를 가장 싫어한다.

19) 丙丁이면, 壬水가 오면, 지혜인데, 힘과 지혜(꾀)를 모두 없애므로 나쁘다 : 망쪼다.

20) 가을에 丙일주가 地支에 申子辰水局이면, 從殺로 가야 좋은데, 만약 못가면 불구자된다.

21) 가을에 丙火가 신왕하고, 丁火를 이용해서 金을 녹이는 구조이면 거부다.
조후만 되어도 먹고산다.
겁재 丁火를 잘 두었다. 좋다.

22) 丙火는 酉月이면, 死인데, 酉月에 丁火가 生하고, 寅月에는 丙火가 生하고, 丁火는 死한다.
陽生陰死다.
불에서 가장 많이 陽生陰死를 따진다.

23) 丙일주가 酉月에 태어나면 :
壬 丙 ○ 壬
○ ○ 酉 ○이면, 酉에 목욕하고, 壬水는 申에 장생하기 때문에 탁관이 된다.
탁관이 되면, 벼슬이 높지않다.
이런 구조면, 甲이 나타나 관인상생해줘야 한다.

24) 丙 ○
○ 戌이면 힘없는 불, 노을만 남을 불인데, 丙火가 퇴기를 했다 : 老炎, 退火(五月이면).
퇴화이면 生해 주는 글자가 없으면, 무위도식하는 사람이다.

25) 土는 停止의 神이라서 木이 있어야 활동하여 값있는

丙火 氣象論 (申酉戌月)

땅이 된다: 태양은 土月에 태어나면 木이 있어야
태양이 할 일이 있다.

26) 丙 ○
   ○ 戌이면, 寅卯가 오면, 나무를 태워버려 노동댓가
   받고 사는 사람이다.
   만약, 戌月에 태어나면, 木이 옆에 가까이 안 있어야
   한다.

27) 丙 戌 己
   ○ 戌 ○ 月이면, 쓸모없는 土만 갖고 있어 무조건
   과부, 홀아비다 : 몹쓸 생각만 갖고 있어서.
   건달사고.

28) 가을에 날이 추워지는데, 辰丑土가 濕한 글자만 있으면
   너무 일찍 겨울이 와서 살면서 한을 남기고 죽는다.

29) 戌月에는 조열하므로 水를 쓰는데,
   9월 炎上은 단명하거나 불구자 된다.
   戌月에 편고되면, 종교인이나 수도하는 사람이 되고,
   더 나쁘면 노숙자 된다 : 조후가 안되어서.
   사주에 편고되면, 하늘도 구할 수 없다.

30) 戌月 염상격은 성립되기가 어렵다.
   왜냐하면, 戌은 火의 무덤이라서 불꽃이 나지 않으므로.

31) 만약에 戌月에 丙火가 조열하면, 쓸모없는 태양인데,
   이런 여자와 남자가 성교하면, 탁기가 많아 남자가 죽는
   다.
   이런 사람은 천문이 열려있다고 해서 종교단체에 많다.

32) 丙火가 稼穡으로 갔는데 水를 못보면, 바짝 말라있는
   土라서 암이 많이 생긴다.

33) 丙火가 地支에 寅卯辰이 있으면, 동남방으로 운이 가야

丙火 氣象論 (申酉戌月)

하는데, 金水方으로 가면 꽃이 안핀다.

34) 사주에 丙火가 있는데, 金木이 相沖이 되면, 생명을 자르므로, 木은 風이라서 남자는 중풍이 많고, 여자는 낙태수술이 많다.
   寅申沖, 卯酉沖은 자궁수술이나 낙태수술이 많다.

35) 丙火에 正用神이 甲인데, 가을에 正用神인 甲이 있으면 잘났다고 으시댄다.
   가을까지 巨木을 길러서 인물이 잘났다.
   甲이 길신이면 똑똑하다.
   가을에 木火를 다 써먹으면 어디가도 우두머리다.
   선두주자다.

36) 가을에 丙일주가 壬癸가 있어 신약하면, 비를 달고 다니므로 오나가나 욕먹고 산다.
   혹, 욕을 안 먹는다 해도 천하게 산다.
   여자면 남편한테 매맞고 산다.
   丙일주가 너무 태약하면 사창가에서 가식으로 산다.
   ; 官이 病이라서.
   官이 病인 사람은 욕망을 채우려 한다.
   그러다 함정의 늪에 빠져 죽는다.

37) 戌月에 丙火가 무덤에 들어가 힘이 없는데, 辛까지 와서 丙辛合水되면, 음해당할 경우가 많다.
   무덤에 들어간 丙火가 丙辛合水까지 있어서.

38) 여자 사주에 가을에 日支가 剋을 당하거나 타버리면, 남편이 막노동하거나 수입이 없는 사람이다.
   丙 ○
   寅 申이면, 남편이 놀거나 불안정한 직업을 갖는다.

39) 丙일주가 봄, 여름에 乙卯를 보면, 桃花殺로 연애 많이 하고, 가을에 乙卯를 보면, 金왕절이라 桃花가 아니다.

丙火 氣象論 (申酉戌月)

40) 丙甲이면 부자이고, 壬까지 보면 부귀다.
    甲, 壬 모두 쓸 수 있으면 귀격이다.

41) 사주에 丁壬合이 되어 있고 丙丁壬, 丙壬丁이면,
    능력이 있는데, 무능한 사람으로 전락했다.

42) 丙火가 있고, 地支에 卯나 寅이 있어 나무를 길러야
    하는데, 그 생명을 자르는 구조이면, 남한테
    신세지거나 나쁘게 산다.

43)   丙 ○
      ○ 戌 月에 신왕하면, 財를 잘 다루어 돈 다루는데
    귀재소리 듣는다 : 경리업무, 무역업무.

44) 丙일주가 甲丙壬이면 귀국이다.

45) 가을에 丙火가 곡식을 다 태우면, 자기혼자 먹을 것도
    없다 : 먹을 복이 없다.

46) 여름 丙火가 庚辛金이 있으면, 부지런한 사람이다.
    열매를 익히는 태양이다.
    그러나 水가 없으면 아무리 일을 해도 열매가 잘
    안 익으므로 돈과 명예가 없다 : 기술자 사주.

47) 丙이 가을에 戊土를 보면, 허송세월하는데,
    지지에 寅卯가 있으면, 객토해서 곡식이 있다.
    생명이 없으면 봄이 돼도 희망이 없다.

48) 가을 丙火가 甲乙木이 없으면, 생산이 없어 가난하다.
    丁火를 보면 농사를 안 지어도 金을 녹이므로 부자다.

49) 겨울에 丙火가 庚辛金이 나타나 태양을 가리면,
    金이 아버지이기 때문에 아버지가 천박하고,
    못사는 사람이라서 망한 집안의 자손이다.

50) 가을, 겨울에 접어들수록 木이 뿌리까지 있어

丙火 氣象論 (申酉戌月)

튼튼하면 상속을 받을 사람이다.

51) 가을에 지지에 寅卯가 있으면, 뿌리가 상하는데,
干上에 甲, 乙木이 있어야 좋다.

52) 9월에 태어난 丙火가 墓宮에 들어갔는데,
木을 보면 부지런한 사람이다.
地支에 寅卯가 있어 튼튼하면 노후는 좋은 일이 있다

53) 丙火는 丙辛合이 되는 것을 가장 싫어한다.
① 丙辛合이면, 구름 속에 들어간 태양이라 제 갈길
   못 간다.
② 甲己이면, 농사 다 지어 썩히므로 무능한 사람.
③ 丁壬이면, 능력은 있는데, 못쓰는 사람이다.

54) 가을에 丙火가 丙辛合이 되어 신약하면,
성질이 괴팍하다.
태양은 자존심인데, 뜻대로 안되니까 반발심 나온다.

55) 가을에 丙火가 丁火 겁재를 쓰는 사람은 年에 있으면,
조상이, 月에 있으면, 부모가, 時에 있으면, 자식이
유비무환의 정신이 강하다.
겁재가 있어 도와주므로 도와주는 사람이 있다.
든든한 배경이 있는 것과 같다.

56) 丙 ○
    ○ 戌이면, 戌중에 丁火에 뿌리를 하는데, 辰土가
    와서 辰戌沖하면 丁火가 꺼져 반드시 흉액이
    떨어진다.
    좌불안석이 된다.
    건강문제가 올 수도 있다.
    丙火의 뿌리를 치므로 나를 도와줄 배경이 없어졌다.
    희망이 좌절됐다.

丙火 氣象論（亥子丑月）

1) 丙甲壬이고, 丙火가 신왕하며, 甲木이 살아있으면
   대국이다.
   乙木을 키우면 예술가. 운동선수.

2) 丙火는 天干에 甲乙木이 많은 것을 가장 싫어한다.
   木이 많으면 대들보가 아니고 값없는 나무이기 때문이다.
   태양이 일을 많이 해도 소득이 없기 때문이다.
   열매가 없다.
   丙火가 신약하고, 木이 많으면, 욕심만 너무 많고 소득은
   없다.
   木이 많을 때는 庚金이 잘라줘야 좋다.
   木多火滯되면 밑뿌리가 썩어서 정신적인 수양이 부족하여
   정신노이로제가 있고, 고질병있다.
   심장병이 가장 많다.

3) 丙火가 어느 계절에 태어나도 나무 키우는 것이 본분
   인데, 地支에 土가 없으면, 나무가 뿌리를 못내려 능력이
   있어도 써먹지 못하는 무능력한 사람이다.

4) 丙火는 제습을 못하면 겁이 많아 게으르다.
   丙火가 火가 많아 조후가 안되어도 그렇다.
   사주가 편고되면 안목이 없어 돈이 없다.

5) 丙 壬
   ○ 亥 月이면, 亥中 甲木을 써야하므로 干上에 壬水를
   쓰지 않는다. 날이 추우므로.
   그래서, 겨울에 丙火가 壬水를 보면 벼슬이 없다.

6) 겨울 丙火가　丙甲癸이고,
   　　　　　　亥子丑月이면 官印相生으로 보지마라.
   환경이 나빠 일을 해도 소득이 없다.

丙火 氣象論 (亥子丑月)

소득없이 바쁘고, 허송세월 보낸다. 운이 없다.

7) 丙火일주가 甲乙木이 많으면, 자식 글자인 土를 剋하므로 자식이 안되고, 겨울에는 제습하는 土를 剋하여 돈이 안 따른다.
겨울에는 土가 유력하여 제습하고, 火가 土를 生해 줘야 한다.

8) 사주에 돈은 正용신이 유력하여 능력이 있어야 돈이 많다.
용신은 능력, 안목, 지식, 판단력이다.
겨울에는 제습하는 土가 돈이다.
土를 生하는 火는 돈을 벌 수 있는 능력을 말한다.
겨울에는 火와 土만 있으면 돈이 많다.

9) 丙 ○
　○ 子 月에 地支에 戌土, 未土가 있으면 겁재인 丁火가 土를 도우므로 사람을 잘 다뤄 잘 산다.

10) 丙 ○
　○ 子 月에 지지에 申子辰水局이 되면, 從殺로 가야 좋은데, 종살이 안되면 불구자다.

22) 未土, 辰土가 沃土라서 먹을 복이 있고, 戌土, 丑土는 생명이 없어 나쁘다.
未土와 辰土가 있으면 사람이 유하고, 中和를 잘 시키는 성격이라 모든 것을 수용할 줄 알아서 도량이 넓다.
생명을 기르는 농토다.
戌土, 丑土는 생명이 뿌리를 못 내려 외곬수적이다.

23) 申子辰水局인데, 戌土를 보지 못하면,
정처없이 떠도는 사람이다. 직업 많이 바꾼다.

24) 子月에 未土는 辰土와 같은 역할을 하는데,
　　丙
未戌子未亥이면, 未土 중에는 乙木이 있어 木剋土

丙火 氣象論 (亥子丑月)

하여 조후를 깨므로 겨울에는 잘 봐야 한다.
잘못하면 배반한다.

25) 겨울에 丙火는 無財者나 土가 너무 많으면,
쓸데없는 생각이나 허욕이다.
겨울에 庚辛金이 잘못되면, 官災가 많이 생긴다.
겨울에 財인 庚辛金이 나타나면, 싫어하고,
겨울에 濕土가 나타나도 싫어한다.
일을 해도 능력이 상실되어 소득이 없다.
겨울에 戊土는 쓰는데, 己土가 들어오면,
망해버린다.

26) 겨울에 丙火가 丁火를 보면, 사람을 잘 다루는 요령꾼
이다.

27) 겨울에 丙火가 신약하면, 官인 壬水를 못써먹음으로
희망이 좌절되어 고독하고, 조상과의 인연, 부모와의
인연이 박하다.
겨울에 신약하면 자식 많이 두지마라.

28) 甲乙木이나 寅卯辰이 있어 상하지 않으면,
반드시 말년에 영화가 있다.

29) 겨울에 丙火가 木이 뿌리가 없으면, 아무리 인물이 잘
생겨도 허명에 불과하다.
곡식이 뿌리가 없어 죽은 나무와 같기 때문이다.

30) 丙火가 濕土인 己土를 보면 안목이 짧아 소득이 없다.
商人之命이다 = 이익을 눈뜨고 산다.

31) 丙火가 辰戌丑未月에 태어나면, 木을 용신으로 써서
土를 건드려 줘야한다.

32) 겨울 丙火가 寅卯辰이 있으면, 한 때 영화가 있다.
부지런하다.

丙火 氣象論 (亥子丑月)

　　　　木이 있으면 자식 代가 끊어지지 않는다.

33) 사주에 쓸데없는 글자가 나타나면 나쁘다.
　　쓸데없는 글자가 있으면, 쓸데없는 생각이나 쓸데없는
　　짓을 해야하기 때문에 허송세월 보낸다.
　　운에서 오는 것을 가야할 무대이다.

34) 丙火가 丁火를 보면, 따뜻하기는 하지만 자기 하는
　　일이 째째하고, 치사하게 느낀다.
　　그러나, 적당, 적당히 요령껏 넘어간다.
　　수완껏 넘어간다.

35) 干上에 庚辛金이 나타나면, 丁火로 쳐 줘야하고,
　　만약, 丁火가 없으면 주색잡기한다.
　　또, 壬癸水가 나타나면, 戊土를 극해줘야 좋다.
　　만약, 己土가 나타나 壬癸水를 무찌르면,

　　예 : 丙己壬癸이면 丙火에 己土는 도둑놈인데,
　　壬癸水는 더 도둑놈이므로 도둑놈한테 더 도둑
　　몸을 맡긴 꼴이므로 비정상적으로 산다.
　　한 때 돈을 벌었다 해도 노후가 되면 빈 털털이다.
　　결국 망친다.

36) 未月에 乙木은 늙어 가는 나무고,
　　丑月에 辛金은 늙어 가는 金이다.
　　　　乙 ○　　　　辛 ○
　　　　○ 未 月　　　○ 丑 月

37)　　丙 ○
　　　○ 丑 月이면, 財墓인데 財墓가 흉신작용하면
　　喪妻한다.
　　망처가 된다. 마누라 잃고, 재산 망해 버린다.

38) 겨울 亥子丑月에 戊土가 있는 사람은 무당,
　　박수무당인데, 여자도 마찬가지다.

39) 가을, 겨울 甲戌일주는 꼭 애인두고 산다.
    甲 ○
    ○ 戌 月이면 戌中丁火를 그리워하므로 食傷인 丁火를
    그리워하여 애인두고 산다.

40) 丙 甲
    戌 辰이면, 나무뿌리를 못내려 흉하다.
    노후에 돈이 없다.
    변동이 많고 불안한 삶을 산다.
    사주가 하격이다.
    만날 나무만 옮겨심다가 나무가 말라죽으면 노후에
    빈 털털이가 된다.

41) 丙火가 亥子丑月에 태어나 甲乙木이 있으면, 木을
    못 키워도 큰소리만 치고 나중에 망신만 당한다.

42) 己 丙 乙 己
    亥 辰 亥 亥이면, 나무를 키우지 못하므로 남편도
    건달이다. 자기가 벌어서 먹고산다.
    지지에 불기운이 없어 집이 추우므로 집에 들어가기
    싫어한다.
    조후가 안되면 한 많게 산다.

43) 가을, 겨울에 허약한 丙火가 己丑을 보면 운이 없다.
    허망한 종말을 본다.

44) 겨울 丙火가 戌土로 제방을 하는데, 干上에 木이
    나타나면, 木剋土하여 제습을 방해하므로 돈이 없다.

45) 겨울 丙火가 지지에 火氣를 전혀 보지 못하면,
    소외당하고 산다 ; 고독하고 외롭다.

46) 丙火가 지지에 寅木이 있고, 조후제습이 되어 있으면,
    귀공자이고, 地支에 火가 많으면 후덕한 집 자손이다.
    여름이나 겨울에는 조후되면 덕적집안출신이다.

丙火 氣象論 (亥子丑月)

亥子丑月은 官月이라서 官印相生이 잘되면, 후덕한
집안이다.

47) 丙火가 겨울이라도 木을 키우면 火生木인데,
地支에 물만 가지고 나오면, 가난한집 출신이다.
음덕이 끊어졌다.
丙이 신약한데도 木剋土하거나 木多火滯되면, 일복만
많고, 소득이 없다.

48) 겨울 丙火가 丁火의 도움을 받아야 하는데 丁壬合되어
丁火를 못쓰면 곡절이 많다.
겨울 丙火가 辛金 구름속에 들어가면, 연애하느라고
깜박 실수하여 크게 나쁘다. 여자품속에서 논다.
그래서 丙火가 丁火의 도움을 받아 나무를 키워야
하는데, 年, 月에서 丁壬合되면, 조상이 3대내에
바람피웠다. 그렇지 않으면 장가 두 번갔다.

4. 丁火 氣象論(총론)

1) 丁火가 寅卯辰月에 天干에 甲乙木이 나타나면,
   濕木이 되므로 자신도 戌, 未土를 갖고와 뿌리가
   튼튼해야 木多火熄이 안된다.
   印綬가 많아 木多火熄되면, 나무가 잘 타지 않아서
   눈물이 나므로 삶에 애로가 많거나 답답한 일이 많다.
   이런 구조이면 환경이 짜증스럽다.
   애로가 많다.
   될 듯하면서 안 풀리므로 마음고생이 많다.
   濕木이 있는 위치에 따라서 초, 중, 말년을 구분한다.

2) 丁火가 丁甲甲, 乙丁甲이면, 濕木이라서 木多火熄
   이라서 凶하다.
   그러나 甲戌을 갖고 오면 마른나무라 괜찮다.

3) 丁 甲
   ○ 子이면, 木이 물에 불어 퉁퉁 불어있어 나쁜데,
   庚金이 와서 쪼개줘야 잘 탄다.

4) 丁 乙이면, 연기만 나고 안타므로 부모환경이 나쁘다.
   부모덕이 없다.
   초년 아니면 중년이라도 반드시 그렇다.

5) 乙 일주가 丁火를 보면, 木多火熄이 되어 자식덕이
   없다.

6) 丁火는 뿌리가 없으면, 지조가 없어 마음이 흔들린다.

7) 丁火는 亥未, 卯未合木되면, 丁火가 꺼져 뿌리라 할 수
   없다.
   가을철에 乙木은 갈초라서 태울 수 있다.
   그러나, 乙木은 갈초라서 화력이 약하므로 노력을 많이

4. 丁火 氣象論(총론)

해야 한다.
乙木이 丁火를 보면 화력이 약해서 큰 그릇이 안 나온다.

8) 丁火가 봄, 여름에 丙火를 보면, 丙火(태양빛)에 억눌려 妾이나 후실이다.
   丁 丙이면, 丁火가 큰 불인 태양불에 억눌린다.
   또, 丙 丁이면, 본부인이라도 나중에 이혼하고 후실이 된다.

9) 丁火는 月令을 보고 밤과 낮을 구분한다.

10) 丁火는 丙火가 옆에 있으면, 큰소리 못친다.

11) 丁火가 寅卯辰 巳午未月에 태어나면, 아무리 일을 해도 그 功을 丙火에게 빼앗긴다.
    천덕꾸러기다.
    그러나, 庚金이 나타나 있을 때는 庚金을 눌러주어 쓸모 있다.

12) 丁 丁이면, 호롱불다툼인데,
    丁火의 그늘이 양쪽 불 밑에 모두 생기므로 질투가 생겨 나쁜 친구가 생기거나 친구가 나를 안좋게 한다.
    경쟁자가 있어 자리다툼이 많고, 시기, 질투 같은 감정 싸움이 많다.
    등잔불 그늘이 져서 일을 해주고도 좋은 소리 못 듣는다.

13) 丙 丁이면, 값없는 불이고,
    丁 丁이면, 시비생기는 불이다.

14) 丁戌이면, 丁火의 기운을 빼는 바람이 일어 기운이 약해진다.
    촛불이 흔들려 지조가 흔들린다.
    戌土는 앞이 안 보이는 먼지와 같다.

4. 丁火 氣象論(총론)

이런 구조면 조후가 안 돼서 지조없이 산다.
단, 겨울에는 戊土가 제방을 해 주어서 丁火가 꺼지지
않게 흙벽돌을 쌓으므로 대우받고 산다.

15) 丁 己이면, 땅에 떨어진 불이라 생각이 단순하고,
안목이 좁아서 인간과의 대화와 처세를 못해서 이기적
이므로 풍파가 많다 : 기술자가 되면 좋다.

16) 丁 庚이면, 밤에 별빛이라서 운치가 있어 똑똑하고,
섬세하며, 경제관념이 좋고, 왕하여 熔金成器하면
권력직, 군인, 법조계에 많다 ; 庚丁은 朋이다.

17) 丁 辛 이면, 보석을 녹이므로 돈이 없다.
보석을 녹이므로 바쁘기만 하고, 실속이 없다.
그러나, 조후로 辛金을 쓰면 괜찮다.
丁火가 보석이 옆에 있으면 잘난척 한다.
丁火가 辛金을 보면, 값없는 보석이 된다.
돈을 모으려고 하면 안 모인다.
이 때 丁火가 辛金을 보아 흉신이면, 망할 妻를
얻을 수 있다.
여자 잘못 건드려 신세망친 사람이 많다.

18) 丁 辛
   ○ 丑이면, 月에 財가 있어 부모형제가 뺏어가고,

   辛 丁
   ○ ○이면, 時에 妻가 있어 밖에 있는 여자가 돈
   빼먹는다.
   조심해야 한다.

19) 여자 丁 일주가 壬水를 보면, 봄, 여름에는 연애밖에
모른다. 木生火 해서 생산을 하기 때문이다.
봄, 여름에 이런 구조의 여자는 연애만 하므로,
신약하고 丁壬합되면 사기꾼이다.
丁壬庚으로 부모 돈 뺏어다 연애만 한다.

4. 丁火 氣象論(총론)

　　　이런 사주면, 공부는 안하고 연애만 생각한다.
　　　丁壬合되어 애를 배면 절대 안 떼고 낳는다.
　　　왜냐하면, 남자 닮은 애를 낳고 싶어서다.
　　　결국, 키우지 못하므로 잡싹이다.
　　　丁壬合이 年月에 있으면 조상이 연애했다.
　　　丁壬合, 丙辛合은 사랑과 관계가 있다.

20) 남자 丁 일주가 壬水와 合하면 봄, 여름에는 감성에
　　　젖어살고, 가을, 겨울에는 망상이다. 현실이 없다.
　　　여자 丁 일주가 壬水를 보면 가을, 겨울에는 年下
　　　남자를 좋아한다.
　　　壬水는 財인 庚金의 힘을 빼서 연애하므로 돈으로
　　　남자 사귀었다.

21) 丁 일주가 봄, 여름에 丙火의 빛에 가려 빛을 잃으면
　　　결혼하지 않거나 이혼한 여자가 많다.
　　　가을, 겨울에는 결혼하고 사는 여자가 많다.

22) 丁 癸이면, 가장 싫어한다.
　　　봄, 여름에는 호수에 안개, 습기로 본다.
　　　그래서, 癸水를 본 丁火는 힘을 못쓴다.
　　　丁火가 癸水를 보면 성질이 강하다.
　　　丁火가 癸水를 보아 癸水의 뿌리가 왕하면, 丁火가 꺼져
　　　실속없다.
　　　官이 病이라 사람이 고통스럽다.
　　　사랑을 한 순간부터 눈물이 癸水처럼 쏟아진다.
　　　봄, 여름에 태어나면 덜한데, 가을, 겨울에 丁火가 癸水
　　　를 만나면 표독한 남편 만난다.
　　　水剋火하므로 남편 만난 순간부터 슬픔이 시작된다.
　　　이런 여자들은 술집에 많다.

23) 丁火는 밤에 촛불켜고, 기도하는 여인이다.
　　　丁火는 밤(가을, 겨울)을 지키는 火神과 같다.
　　　丁火는 情의 산물이라서 신약하면 비밀이 많게 산다.
　　　情에 뭉쳐져 있어서다.

4. 丁火 氣象論(총론)

24) 丁火가 길신이면, 전기, 기계를 다루는 사람이 많고,
    귀격이 되면 丁火가 金을 보면 칼을 차고 있는
    사람이라 귀격이면, 법을 다루는 사람이다.

25) 丁火는 情의 호소력이 강해서 자기보다 약한 사람을
    보면 도와주고 싶어하고, 감정의 기복이 심하여 성격
    변화가 많고, 비밀이 많다.
    안 건드리면 괜찮은데, 건드리면 성격이 변해버린다.

26) 丁 일주가 신약하면 남편덕이 없고, 자식덕도 없다.
    火生土하여 힘을 빼가고, 또, 土가 많으면 官인 水가
    들어오지 못하므로 자식덕이 없다.

27) 丁 庚이면, 별을 보는 것이고,
    丁 戊 癸이면, 水를 묶어 작용을 못하게 하므로
    좋은데, 官이 合이 되어 내 한테 도움이 되므로,
    마음속의 추억으로 남는다.
    戊癸合되어 길신이면, 꿈이 살아있어서 부지런하고,
    성실하고, 흉신이면 그 때 꿈이 기억속에 남아 있다.

28) 壬 丁 壬이면, 두 남자가 한 여자를 사랑하므로,
    多情之合으로 腹上死하는 경우가 있다.
    丁火에 壬水 官은 쾌락이고 극치인데,
    丁火는 情이므로 쎅스다.

29) 가을, 겨울에 깜깜한 밤에 丁火는 신왕하면 귀격이고,
    수호신과 같은 등대불과 같다.
    의사, 한의사 같은 활인업한다.

30) 壬 丁
    寅 ○ 丁火가 壬寅時이면, 새벽 밤하늘을 밝히는
    불이라서 운이 없다 : 어두워야 운이 좋다.

31) 丁 일주가 庚을 다루어 熔金成器하면,
    여자는 살림꾼이고,

4. 丁火 氣象論(총론)

남자는 제품을 생산하고 만들어 내는 사람이고,
귀격이면 권력기관, 경찰직이다.

32) 丁 甲이면, 正印을 보아 성실하고, 건전하다.
丁火의 뿌리가 없으면 귀격이 아니고, 丁火가 甲을
보면 庚金이 있어야 결과가 있어서 좋다.
丁火는 甲이라는 열량이 없으면 건강이 나쁘거나
잔병이 많다.
그래서, 丁火는 신왕하던 신약하던 부모형제에 의존
한다.
남자도 丁 일주는 외롭기 때문에 어머니 품안에
있으려 하는데, 그렇게 되면 母와 妻가 사이가
나쁘다.
만약, 丁 일주가 甲을 보고 甲이 유력하면 부모상속이
있다.

33) 丁 庚이면, 그릇을 녹여 용금성기하므로 귀국이다.
관계에 진출한다. 군인, 관계, 법조계. 무관.
丁火는 陰이고, 庚은 陽이므로 남자보다 여자의
등치가 더 크다.
만약에 여자가 甲을 보고 庚을 보지 못하면,
공부를 많이 해도 재료가 없어 결실이 없다.

34) 丙 丁 丁이면, 人의 帳幕이라서 비밀이 많다.
丁火는 빛이다. 내 빛보다 상대의 빛이 강하므로,
이런 구조는 웃음속에도 비밀이 들어있다.

35) 丁火는 빛이므로 癸水를 보면, 꺼지기 때문에 강박관념
이 강해서 성격이 괴팍하고, 공포감이 있다.

36) 丁火는 뾰쪽한 양기덩어리라서 정력이 강하다.
壯丁은 양기덩어리이므로 힘이 쎈 것을 의미한다.
丁火는 감성적이고, 양기덩어리다.

37) 丁火가 剋을 많이 받거나 신약하면 심장이 약해서

4. 丁火 氣象論(총론)

눈이 크다. 눈이 크고 예쁘면 심장이 약하고,
겁이 많다.

38) 丙 丁火가 癸水를 일찍 보고 신약하면,
    안경을 일찍쓴다.
    그래서, 고독하고 이기적이다.

39) 生은 도와준다. 칭찬해 준다. 사랑해 준다. 베푼다.
    慈悲를 뜻하고, 剋은 반대 글자다.
    刑은 싸움, 시비, 관재, 말썽이다. 못살게 군다.
    괴롭히는 것이다.
    丑戌刑은 戌중 丁火가 튀어나온다.

40) 生木은 逆生에서 존재하고 : 火生木.
    死木은 順生에서 존재한다 : 木生火.

41) 丁火가 약하면 심장이 약하여 겁이 많다.
    情 때문에 고통이 많다.
    겁이 많아 앞장서지 못한다.
    丁火가 지지에 戌土나 未土에 뿌리하고 있으면 감성이
    풍부하다.

42) 丁火가 신약하면, 비관을 빨리하므로 자포자기 해
    버린다 : 애로가 많고 풍파가 많다.

43) 겨울에 丁火가 있으면, 火多益善으로 火가 많을수록
    좋은 일을 많이 한다.
    반대로, 여름에는 火難을 일으켜 악을 조성한다.

44) 地支에 午火가 많아 습기가 없으면, 사막과 같아 惡을
    조성한다.
    그렇지 않으면, 남의 신세지고 산다.

45) 丁火는 地熱이라 생명이 살 수 없으므로 조후를 먼저
    봐야 한다.

4. 丁火 氣象論(총론)

46) 丁일주가 土가 많아 火氣를 설기를 많이하여 신약이
    되어 金을 生하므로 여자가 남편을 우습게 봐버린다.
    마누라한테 얻어맞고 산다.

47) 濕土인 己土가 丁火의 열기를 흡수하면, 자식덕이 없다.
    자식이 엄마의 氣를 다 뺏어간다.
    신약하면, 자식농사 실패한다.
    자식이 불손하다.
    가정을 지키는데 풍파가 많다.

48) 丁火와 壬水가 合을 하면,

    壬 丁 壬 壬
    寅 酉 子 寅 으로 壬水가 길신이면 좋은데, 신이면,
    거짓말하여 남을 속인다.
    合이 흉신이면 그렇다.

49) 만약 丁火가 뿌리가 약한데 丁壬合되면 심장이 약해서
    갑자기 심장마비로 죽는다.
    호수 위에 떠 있는 촛불과 같다.
    항상, 건강이 나쁘다.

50) 丁火가 癸水를 보면 무기력증에 빠져버린다.
    어릴 때 병고에 시달리는 자가 많다.

51) 丁일주가 辛酉金을 보면, 돈을 갖다버리는 사람이다.
    辛 丁
    丑 酉 이면, 從財가 되어도 보석을 녹이므로 從財配合이
    잘못되어 처자궁이 나쁘다.
    이혼하거나 별거한다.
    만약, 庚子가 되어 從財가 되면 괜찮다.

52) 丁火는 인공불로, 어둠을 밝히는 촛불과 같아서 헌신하
    는 정신이 강하다.
    丁火는 헌신하는 임무를 가졌다.

4. 丁火 氣象論(총론)

丁火가 길신이면 활인성이 강하다.
마음이 여리고, 情이 많아 자선심이 강하다.
丁火가 흉신이 되면 감성이 메마른 사람이다.
그 감성으로 인해 남한테 고통준다.

53) 丁火는 정력의 산물이라서 정력이 쎄다.
丁火는 태양과 반대글자인데, 태양이 죽을 때 丁火가 뜬다.

54) 丙火는 酉에서 死하고, 寅에서 長生한다.
丁火는 酉에서 長生하고, 寅에서 死한다.

55) 丁 庚
酉 ○이면, 별과 달에 비유되므로 구성이 잘되면 귀격이 나온다.

56) 丁일주가 庚丁甲이면, 財와 母중 하나를 버려야 한다.
만약, 丁甲庚이나 丁庚甲이면 반드시 父나 母를 극해 버린다.

甲丁庚이면, 자기는 돈 벌어 성공해도 아버지가 망해 버린다.

庚丁甲이면, 마누라 편드느냐 어머니 편드느냐로 고심한다 : 말년에 있는 글자로 따라간다.

57) 가을에 丁일주가 庚辛金이 왕해 財多身弱하면, 수전노가 되고, 丁火가 7, 8, 9월에 庚辛金이 많으면, 수전노가 많다.
金多火熄되면 불이 제 구실못하므로 신체이상이 되거나 단명한다.

58) 丁火는 甲木으로 심지를 이용해서 庚金을 녹여서 성물 시켜서 자기는 좋은데 아버지는 망한다.
甲木만 있고 庚金이 없으면 가난한 학자다.

4. 丁火 氣象論(총론)

만약에 庚金만 있고, 甲이 없으면 사업가라 돈은 있다.
庚金이 있고, 甲이 없으면 용맹하나 지혜가 부족하다.

59) 丁庚乙이면, 乙庚合으로 濕木이 감고 있어 못녹이므로 꿈만 있고 결실이 없다.

60) 丁火는 어느 계절에 태어나도 丙火를 보면 색이 무색해진다.
그래서, 여름에 丁火가 丙火를 보면, 일해 놓고 창피한 소리만 듣는다.

61) 가을, 겨울에 丁火가 丙火를 보면, 여름보다는 좋으나 후처지상이다.

62) 丁火는 丙火가 뜨면 나쁜데, 丙辛合水되어 水剋火되면 패가망신이다.
丁丙辛이면, 사람으로 인해 망한다.

63) 丁일주가 土를 많이 보면, 기운을 뺏겨 운이 없다.
무능해 지거나 일해놓고 좋은 소리 못듣는다.

64) 丁火는 활활 타오르는 태양인데 辛金을 보면,
돈을 갖다 버리는 사람이고,
壬水와 丁火가 合이 되면 음난하여 가정이 파괴된다.

65) 丁壬庚이면, 감성이 극치가 되어 심장마비온다.
金生水하여 腹上死한다.
또, 丁火가 庚金을 녹이려 해도 壬水 때문에 못 녹이므로 나쁘다.

66) 丁火는 감성적이며, 중화가 잘되면 감성을 잘살려 인자하고, 자상하고, 섬세하다.
그래서, 어머니의 손길과 같다.

67) 丁火가 길신이 되면, 선생, 지도자, 스승이다.

4. 丁火 氣象論(총론)

68) 丁火가 신약하면, 동정심은 많은데, 안되므로 눈물이 많고, 이별이 많다.
용신이 허약해서 그렇다.
자기감성에 자포자기해버린다.

69) 丁火가 흉신이면, 눈병, 심장병이 자주 오고, 소장, 혈압 같은 병이 온다.
丁火가 용신이면, 선생직업이 좋다.
아나운서, 길 안내원, 스튜디어스, 역학자다.

70) 丁火가 용신인 사람은 전기제품을 다루는 사람이 많다.
침술이나 보살.

71) 사주에 庚金을 보고 丁火가 있어 녹여주면,
법조계, 경찰, 군인이 많다.

72) 여자 사주에 丁 일주가 庚金이 용신이 되면, 돈만 아는 또순이다.
재산을 키우는데 능력이 있다.
미완성의 철인 庚金을 녹여 보석을 만드므로 또순이다.
재산을 자주변화시켜 증식한다.
만약, 丁火가 庚金을 녹이면 자식농사가 잘 안된다.

73) 丁火는 붉은색인데, **有形無體**로 형체는 있는데, 몸이 없다.
마음은 있는데, 잡을 수 없으므로 마음 알기가 가장 어렵다.

심장을 달고 있으면 情을 갖고 있는데, 情이 넘치면 정열적이고, 情이 약하면, 情이 메말라 情이 없다.

74) 丁火는 촛불에 비유하므로, 신약하면, 부모형제 또는 남에게 의지하려 한다.

4. 丁火 氣象論(총론)

75) 六種 신장은 丁 丁 丁 丁 丁 丁
    　　　　　丑 亥 酉 未 巳 卯 이다.

76) 丙火는 확대한다, 키운다, 확산한다.
    丁火는 뾰쪽하게 上昇尖銳된다.

77) 丙火는 생명을 키우는 불이고, 丁火는 변혁의 불이다.
    그래서, 丁火가 있으면 庚金을 봐야한다.

78) 丁火는 情에서 나왔다.
    丁은 감성에서 표출돼있다.
    丁을 가지면 주위환경을 잘 만들어 줘야한다.
    신왕하고, 丁火가 용신이면 일편단심과 같다.

79) 易學은 五行의 원리를 이해하여, 인생의 生老病死를
    알고자 하는데 있다.
    그래서, 生命은 學問이다.

80) 丁火는 情이기 때문에 식상도 같은 작용을 한다.
    食傷은 자기 몸에서 분출되는 의식과 행동이다.
    丁火가 심장이라서 마음의 표출이다.
    그래서, 丁火가 없으면 식상으로 봐라.

81) 丁火가 길신이 되면, 밤을 밝히는 충신과 같다.
    그래서, 丁火가 뿌리가 튼튼하면 충직한 사람이다.
    丁火가 등대불 역할을 하면 사람들한테 사랑받고
    거짓말 안 한다.

82) 丁火가 밤에는 용금성기가 아니고, 밤을 밝히는 사람이
    라 충직한 사람이다.

83) 丁火가 용신이면, 활인업하므로 病을 다스리는 사람,
    교도관, 지도하는 사람, 공무원, 교화시키는 사람,
    선생직업이 많고,
    丁火가 길신이고, 局이 크면, 마음을 중점적으로
    다루기 때문에 심리학, 종교학 같은 철학자가 많고,

4. 丁火 氣象論(총론)

　　　　局이 작으면 점술가, 역학자 직업.

84) 丁火가 辛金을 녹여 다시 그릇을 만들면 댓가가
　　안나온다 : 100원짜리가 30원짜리로 되어버린다.

85) 丁火가 흉신이면, 화염에 휩쌓여 火魔가 되어 무법자와
　　같다.
　　범죄인이 많고, 폭언폭설을 잘하고, 官災가 많고, 마누
　　라가 들어갈 틈이 없어 부인과 돈이 정상이 아니고, 돈
　　을 정상적으로 벌지 않고, 부인과도 이혼한다.

86) 丁火가 흉신인데, 밤(가을, 겨울)에 태어나면,
　　심리상태가 불안하다.
　　丁火의 마음은 심장을 달고 있어 마음의 변화가 많다.
　　丁火는 甲이 따라 다녀야 불이 안 꺼지는데, 봄, 여름에
　　는 목다화식되어 가정이 안 좋고, 겨울에는 甲木이 말라
　　있어 괜찮다.

87) 丁火가 신약하고 木이 나타나면, 木多火熄된 것과 같다.

88) 丁火가 가을, 겨울에 태어나서 丙火가 할 일이 없을 때
　　태어나야 귀격인데,
　　봄, 여름에 丙火가 생명을 기를 때 丁火로 태어나면,

　　丁 甲 乙이면, 나무를 태우므로 클 때 부모가 좋아하지
　　않는 자식이라 마음고생 많이 한다.
　　봄, 여름에 印綬가 많으면, 木多火熄이 되어 부모 입장
　　에서는 丁火가 꺼지려하므로 부모 애간장 태우며 자란
　　다.

89) 丁火는 봄, 여름에 火가 旺하면 背逆의 神이다.
　　지열이 너무 왕해서 생명을 키우지 말라고 태어났으므로
　　背逆의 神이다.
　　배역의 神으로 태어나면 말썽꾸러기다.
　　잘못태어나 천대받은 불이다 = 부모 속 태운다.

4. 丁火 氣象論(총론)

90) 丁火는 土가 많으면 빛이 없다.
    土多晦光, 金多火熄, 木多火熄, 水多沒光, 火旺木焚
    생기를 잃은 불. 생명을 잃는 불, 가치없는 불이다.

91) 丁火가 甲을 보면 똑똑하지만, 庚金이 없으면 丁을
    보기 아깝고, 庚金을 보면 돈은 있지만 지혜가
    부족하고, 만약에 甲庚이 같이 있어 沖을 맞으면
    어느 것 하나는 버려야 한다.

92) 여름에 丁火가 火가 많아 火局이 되면 木이
    타버리므로, 애를 낳다가 엄마가 죽어버린다.
    火多水渴되어 官이 증발되어 없어져 부모성도 모른다.

93) 丁火는 자기 가는 길이 가을, 겨울로 가야 바른길로
    가고, 봄, 여름으로 가면 잘못간다.
    눈총 받거나 알아주지 않는다.

94) 丁火가 甲乙木을 태우면 곡식과 농사를 태우는데,
    木生火하기 때문이다.

95) 丁일주가 甲乙木이 왕하면 庚金이 쪼개줘야 좋다.
    甲丁庚 : 3朋格.

    丁甲庚, 丁庚甲이면, 둘중 하나는 버려야 한다.
    특히, 여자는 상반된 용신을 가지면 반드시 부부궁이
    나빠 두 번 결혼하는 경우가 많다.

96) 丁火가 甲木을 용신으로 하면 학자가 많고,
    丁火가 庚金을 용신으로 권력이나 무관이 많다.

97) 丁火가 甲을 봤는데, 官印相生이 잘되면,
    丁甲壬癸이면, 좋은 집안의 자손이다.
    국가시험, 추첨, 당첨이 잘된다.
    공무원 가면 벼슬이 높다.

98) 丁 일주가 길신이면, 마음에 잔정이 많아 감성에

4. 丁火 氣象論(총론)

치우쳐있다 : 용, 길신이면 좋다.

99) 丁일주가 三朋이 되면, 庚丁甲, 甲丁庚 귀격이다.
배열이 잘 되어야 한다.

100) 丁 일주 남자가 土가 있거나 신약하면 조루다.
丁火가 신약하여 조루되면 감성이 너무 예민하여
조루다. 남자구실을 제대로 못한다.
장가가면 부인이 바람피운다.
丁일주는 신약하면 유난히 조루다.

101) 사주에 逆용신자를 편법용신이라 한다.
기우는 용신, 잘못된 용신이다.
항상, 불만이 많다.

102) 丁일주가 용금성기하면 돈이 많다. 똑똑하다.

103) 丁 일주의 본분은 鎔金成器하여 개혁을 시켜야 좋다.

104) 丁 일주가 壬癸水가 있으면, 戊土가 나타나 癸水를
극해 줘야 좋다.
丁火는 비만 오면 꺼진다.
만약, 丁火가 壬癸水를 봤는데, 戊土가 없어 壬癸를
눌러주지 못하면 자기가 살아남기 위해 성질이 괴팍하
고, 표독하다.

105) 丁 일주가 辛
酉가 나타나면, 金이 생명을 못 키우게
하고, 자신이 辛金을 녹이므로 좋은 局이 안선다.
그러나, 혹시 조후로 辛酉金을 쓸 수 있으면, 밥은 먹
고산다.
나는 보석을 녹이고, 金은 나무뿌리를 자르므로 格을
세우기가 어렵다.

4. 丁火 氣象論(총론)

- 153 -

: 丁일주가 辛
  酉를 보면, 마누라를 볶아먹는다.
왜냐하면 자기보다 마누라가 더 잘생겨서 질투심이
생겨 그렇다.

106) 丁火를 조후용신으로 쓰는 자는,
  ① 생명이 얼지 않게 살린다.
  ② 세상을 아름답게 한다.
    未中 丁火, 戌中 丁火, 午中 丁火는 생명을
    사랑하여 난로불을 갖다주므로, 매력이 있다.
  ③ 활인업한다.
  ④ 혁명이나 개혁자가 나온다.
  ⑤ 무관, 권력기관, 대학자로 매력있는 사람이다.
    그래서, 이런 좋은 글자인 丁火를 壬水가 와서
    合하면 아무일도 못하게 하므로 나쁘다.

107) 겨울에 丁癸戊로 戊癸合되면, 쓰러져가는 정신을
    다시 일으켜 세우므로 용기와 희망이 있다.
    좌절하지 않는다
    반대로 여름에 이런 구조가 되면, 조후가 안돼
    나쁘다.
    희망과 용기가 있는 사람은 성실한 사람이다.
    생명이 있어도 성실하다.
    조후가 되어 있어도 부지런하다.

108) 壬丁壬이면, 爭合이 잘못되면 복상사한다.
    두 남자가 한 여자를 사랑하므로, 시비 다툼이 많다.

109) 丁壬丁이면, 妬合으로 다툰 것이다.

110) 丁火는 情의 산물이라서 감성의 기복이 많아 예술가가
    많다 : 곡절과 애로가 많다.

111) 辰土는 여자의 자궁, 남자에게는 성기를 뜻하는데,
    剋을 받으면 반드시 성기나 자궁에 문제가 있다.

4. 丁火 氣象論(총론)

112) 劫財를 용신으로 쓰면, 애인을 거느린다.

113) 丁火가 乙木을 보면, 봄, 여름에 태어나면 예쁘고, 가을, 겨울에 태어나면 다정다감하고, 매력적이다.

114) 용신이 比肩이나 劫財 위에 있는 자는 妾이거나 두 가정을 두기 쉽다.

115) 丁火가 여름에 태어나 寅午戌, 巳午未로 炎上格이 되는 수가 있는데, 염상격은 생명을 태우므로, 늦게 가서 허망하다.
잠시 보기 좋다가 염상이 꺼지면서 그 때 아무것도 없다.
水剋火된 재물은 水剋火하는 순간 돈이 하나도 없어진다.

丁火 氣象論 (寅卯辰月)

1) 丁火는 地熱이라서 燥熱하면 木을 태우므로 火가 왕하면 利敵행위를 하고 사는 사람이다.
   木은 향기인데 생명을 태우면, 향기를 태우기 때문에 逆臣으로 말썽꾸러기다.

2) 火는 생명을 길러야 업적이 나타난다.
   만약, 丁火일주에 甲乙木 생명이 凶神이면, 사람들이 좋아하지 않는 賤한 직업을 가진다.
   주먹세계, 포장마차, 밑바닥직업,
   가끔 무당이 되는 수도 있다.
   그러나, 木이 많을 때 자르면 좋을 수도 있다.

3) 寅卯辰 巳午未까지는 生活圈으로 해(丙火)가 떠 있을 때 丁火로 태어나면 귀격이 아니고,
   申酉戌 亥子丑은 守藏圈으로 해(丙火)가 진 후 丁火로 태어나야 귀격이다.

4) 丁火가 생활권에 나타나면, 丙火의 임무를 수행하고 있는 것이다.
   그래서, 수장권에 丁火가 나타나야 한다.
   또, 생활권에 丁火로 태어나면, 丙火에 가려 妾으로 산다.
   그렇지 않으면 천하다.

5) 여름에 丁火가 왕하면 생명을 태우므로 무법자다.
   불은 조후가 우선이다.
   그래서, 여름에 생명이 있어도 불을 용신으로 쓰지 않는다.
   丁火는 木을 어떻게 수용하느냐에 따라 부귀빈천을 따진다.

丁火 氣象論 (寅卯辰月)

6) 丁火는 濕土를 가장 싫어한다.
   濕土는 地熱을 흡수하기 때문에 己, 丑, 辰土가 있으면
   복사열이 없어진다.
   이런 濕土는 丙火의 힘도 무력해진다.
   그래서, 丁火는 土月에 태어나면 무조건 木이 있어
   土氣를 눌러줘야한다.

7) 丁火는 丁壬合을 가장 싫어한다.
   丁壬合이 되어 官을 合시켜 水가 凶神이 되면 망상이기
   때문이다.
   그러나, 길신이 되면 괜찮다.
   또, 丁火는 癸水가 옆에 있는 것을 싫어한다.

8) 사주에 丁火가 많아 吉神이면 감성이 풍부하고, 흉신이면
   감성이 잘못됐다.

9) 丁火가 寅卯辰月에 乙
                    卯를 보면, 濕木이 무성하여 木多火
   滯되어 잔병치례 또는 가정환경이 나빠 어려운
   환경에서 자라나 귀염받지 못하고 자란다.
   심장이 약하다.

10) 丁火가 卯月이면, 濕木이라서 丁火가 왕하지 않고,
    오히려 木多火滯로 신약하다.

11) 丁 乙
    亥 卯이면, 木旺火衰하여 건강이 나쁘거나 환경이 나쁘
    다.
    그래서, 丁火가 濕木을 태우려고 하면 습해서 연기만
    나므로 환경이 나빠 눈물 흘릴 일이 있거나 환경이 나쁘
    다.
    木火가 弱해서 기관지병, 감기 잘 걸린다.
    자기뜻 대로 잘되지 않으므로, 짜증을 잘 부린다.

丁火 氣象論 (寅卯辰月)

12) 丁火가 卯月에 태어나 허약하면, 濕木이 木旺火熄되어 키가 적다. 발육이 늦다. 지구력이 약하다.
    심장이 약해서 피곤이 잦다.
    火는 순환과 조혈기관이다.
    조금만 움직여도 피곤하고 머리가 아프다.
    심장이 약하면 간기능이 약하다.

13) 丁 일주가 庚金이 용신이 좋다.
    熔金成器하므로 돈이 많다.
    土를 용신으로 쓰긴 쓰나 官을 剋하므로 貴가 없다.
    만약, 己土를 용신으로 쓰면, 요령과 재주꾼이라서 너무 약고, 뺀질거리고, 대범한 사고가 아니다.

14) 봄에 丁火는 壬을 가장 싫어하는데, 이유는 木을 키우지 않고, 연매만 하기 때문이다.
    옆길로 빠진다. 말년에 재물이 없다.
    남녀모두 이성을 탐한다.

15) 봄에 丁 일주가 戊己土가 뿌리를 갖고 많아, 戊土가 눌러주면 좋은데, 己土가 눌러주면 己土는 요령꾼, 사기꾼, 재주꾼이라 남에게 피해준다.

16) 丁火가 3월에는 天干에 甲이 나타나야 길조이고, 庚金이 파목생화해야 길조다.

17) 土月에 태어나면 干上에 木을 달고 오면 식복이 있다.

18) 사주에 丁일주가 甲이 있으면 甲 때문에 불이 꺼지지 않아 좋고, 庚金까지 있으면 三朋格으로 더욱 좋다.

19) 庚 丁 甲   甲 丁 庚
    ○ ○ ○, ○ ○ ○이면, 삼붕격이다.

20) 丁 庚 甲
    ○ ○ ○이면, 재료가 멀리 있어서 삼붕이 아니다.

丁火 氣象論 (寅卯辰月)

21) 사주에 甲이 있으면 똑똑하고, 庚金이 없으면 머리는
    영리한데, 일거리가 없다.
    甲은 印綬, 지식이라 똑똑하고,
    庚은 돈이고, 일거리다.
    庚金만 있고, 甲이 없으면 돈만 있고, 지식이 없다.
    大運이나 歲運에서 庚金이 등장하면 그때만 반짝 좋다.
    사주에 없으면 영원한 내 것이 아니다.

22) 丁 일주가 甲이 있고 庚年이 오면, 그 해는 돈을 벌었다
    가 辛年이 오면 망해버린다.

23) 丁火가 丁 甲
           ○ 辰 月에 태어나면, 濕木이라서 태울 수 없다.
    木多火滯와 같다.
    丁火가 乙木을 보면 木旺火熄이다.

24) 丁火가 濕土위에 태어나면, 火氣가 虛弱하여 甲木이
    있어 根氣가 있어야 좋다.

25) 丁일주가 봄에 辰戌冲이 있으면, 木이 자랄 때이므로,
    지진이 나서 木이 크지 못하므로, 평생 운이 없다.
    봄에 辰戌冲이 되면 나무가 뿌리를 내릴 수 없어 노동의
    댓가 받고 산다.

26) 辰戌冲을 갖고 있는 사주가 木이 나타나면, 이사를 빈번
    히 가거나 변화가 많다.
    그러나. 木이 없으면 농사를 짓지 않아 싸레기밥 먹고
    산다.
    무조건 기술직으로 가야 한다.

27) 丁火는 나무를 키울 때 대우 못받고,
    庚金을 녹여야만 좋다.

丁火 氣象論 (寅卯辰月)

28) 丁일주가 乙木이 나타나 조후만 되면 키울 수 있는데,
    庚金과 乙庚金이 되면 木을 키울 수 없어 운이 없다.
    만약, 合이 되면 능력발휘 못한다.

29) 남자 사주에 용신은 化身이므로, 자식이다.
    因子進化이다 = 자식을 낳는 것은 부인이다.
    그래서, 만약 용신이 비겁이면 妻가 활동한다.

30) 여자는 용신이 남편인데, 남편을 극하는 것은 자식이다.

31) 丁火는 봄에는 木을 생육한다면 부모와 자신이 나쁜 인연이다.
    습목이라서 내가 크면서 부모애를 태우거나 부모때문에 내가 고통 겪는다.
    소년, 소녀가장으로 의지할 곳 없이 자란다.

32) 丁火가 丁壬合이 되면, 좋은 것보다 나쁜 것이 많다.
    合하여 길신이 되어야 좋다.
    丁火가 木을 보아 키울 수 있으면, 일할 수 있는 능력이 있고, 丁火를 보면 돈이 있다.

33) 丁 일주가 봄, 여름에 태어나도 밤에 태어나면, 귀한 사람이 많다.
    낮에 태어나면 태양빛에 가려 귀격이 어렵다.

34) 丁火는 밤에는 달빛, 庚金은 별빛인데, 신약한 丁火가
    庚金을 보지 못하면 별을 보지 못하여 고독하여
    외로우므로, 좋은 가정이 없다.

35) 丁火는 심장이다.
    心腸은 情의 산물인데, 情이 식으면 사람이 차가워진다.
    늙은 사람은 열이 식어서 죽는다.
    丁火는 感性의 산물이라서 환경에서 만들어 가기 때문에
    환경이 좋으면 열이 잘나고,
    환경이 나쁘면 열이 식는다.
    丁火가 감성이라서 예체능에 인연이 많다.

丁火 氣象論 (寅卯辰月)

36) 丁일주가 丁丙辛, 丁辛丙으로 합하여 흉신이면,
比劫이 합하여 남편이 되므로, 가정을 가진 유부남을 알
게 되고, 남자도 유부녀와 연애한다.

    예 : 癸 丁 辛 丙
         卯 丑 卯 辰
    丁火는 濕土를 깔고 앉으면 가장 싫어한다.
    천해진다.
    여기서 丙辛합水로 흉신이면 妾생활한다.

37) 丁火가 봄, 여름에 생명(甲乙木)를 태우면 향기를 태워
없애므로, 미적, 예술적 감각이 둔하다.
그러나, 가을, 겨울에는 향기(木)를 태워 활인업하므로
남들한테 매력적인 사람이다.

38) 12띠 중에 오직 丁火만은 신왕해도 부모형제를 의지한
다.

39) 木火 = 陽 = 溫 = 明 = 丁壬
金水 = 濕 = 冷 = 暗 = 乙庚
丁火는 陽中陰이고, 壬水는 陰中陽이라서 음성적 성질이
강하다 : 음성적 기질.
乙木은 陽中 陰이고, 庚金은 陽中陰이기 때문에
乙庚합이 되면 남성적 기질이다 : 양성적 기질.
庚乙합도 마찬가지다.

40) 丁戊己丙이면, 戊己土가 丙火의 태양빛을 빼므로, 丁火
의 빛이 살아난다.
후실이거나 첩이다.
큰 불 밑에 작은 불이다.

41) 丁壬합이 되면, 연애만 하고, 입만 가지고 하는
사기꾼이다.

42) 봄, 여름에 태어나 丁일주가 사주에 壬癸가 많으면

비가 내려 깜깜하여 쓸데없이 배회를 많이 하는 사람이다.
우유부단하고, 머리만 굴리고, 행동은 안한다.

丁火 氣象論 (巳午未月)

1) 여름에 생명을 기르는 임무는 丙火이고,
   養生木 = 丙火 (봄, 여름)
   木生火 = 丁火 (가을, 겨울)
   그래서, 여름에 丁火는 필요없을 때 태어났으므로,
   남이 알아주지 않는다.
   주위환경이 나쁘다.
   보수가 적다. 댓가가 적다.
   귀염 못받는다.

2) 만약 여름에 장마가 져서 온돌불로 나무를 키웠다
   하더라도 功은 丙火한테 돌아간다.
   그래서, 답답한 게 많다.
   말로 따져봐야 모두 내편이 아니라서 먹혀들지 않는다.

3) 여름 丁火가 丙火를 보면, 평생 거지로 살거나 아무 할
   일도 없는 사람이다.
   그 대신 庚金이 있을 때는 庚金을 녹이므로 돈이 있다.
   丁庚甲 이면, 木을 치면서 그릇을 만드므로 자기는
   돈을 벌어도 자손은 나쁘다.
   자기 이익을 위해서 생명을 죽이므로 사회에 유익하지
   않게 돈을 벌었다. 돈 버는 수완가에 불과하다.

4) 만약, 여름에 丁火로 태어났는데 戊土가 뜨면, 水가 왔을
   때 조후하는 水를 剋하므로, 사회에 말썽피우려 나왔다.
   사회에 존경받으러 나온 사람이 아니다.

5) 여름에 丁火가 戊己土를 갖고 나오면, 조후하는 水를 剋
   하므로, 이 사람은 오나가나 말썽꾸러기로 태어나 賤格이
   다.
   몸이 천하게 태어났기 때문이다.

丁火 氣象論 (巳午未月)

6) 여름은 地支가 말라있어 辰土하나만 있어도 밥걱정 안한다. 辰中 乙木이 살아 있기 때문이다.
辰中 乙木은 고구마, 감자와 같은 뿌리곡식이다.
菜根之命이지만 맑게 산다.
여름에 丑土 하나만 있어도 밥은 먹고산다.
丑中에 癸水가 있어 조후가 되기 때문이다.
겨울에는 戌土 하나만 있어도 안다치면 밥먹고 산다.
未土 하나만 있어도 밥은 먹고산다.

7) 만약, 甲庚이 여름에 태어나 쓸 수 있어 三朋의 가치를 제대로 한다면, 庚丁甲, 甲丁庚이면 귀격이 나온다.

8) 만약에 天干에 甲庚이 하나도 없어도 조후만 되어도 밥 먹고산다.
丁火는 여름에 조후가 되어도 귀격이 안 나온다.

9) 사주 원국에 寅午戌, 巳午未가 있어 너무 조열하면, 속세에 인연이 없다.
농사 안짓는데서 살아야 한다.
산에 들어가 수도하는 사람이다.
만약, 속세에 산다면 남의 신세지고 산다.
속세에 살려면 결혼을 해야 하기 때문에 결혼하면 처자에게 피해를 주므로, 산으로 가야한다.

10) 여름에 男, 女 모두 불이 하나도 없으면, 그 사람 옆에 남이 아무도 오지 않는다.
자식이 없는 사람이 많고,
자식을 낳아도 떠나버리다.
火多水渴된 여자이면 남자가 말라죽기 때문에 접근을 못한다.
그래서, 떠나버리거나 주말부부가 되어야 산다.
그 남자, 여자와 성생활하면 남자의 정력이 고갈된다.
無錢喜樂이라 돈이 없어도 즐거움을 찾으며 살아야 한다.

丁火 氣象論 (巳午未月)

11) 天干에 壬癸水는 농사철에도 잘 쓰지 않는다.
    농사철에 壬癸水가 뜨면, 태양의 열량이 없어 열매가
    없다.
    여름에도 壬癸水는 응급조치로만 쓸 수 있다.
    壬癸水가 時에 나타나면, 丙火가 뜬다해도 꿈속의
    태양이다.

12) 여름에 火가 왕하여 火生土, 土生金해도 大局이 아니다.
    겨우 노동의 댓가 받고 산다.

13) 여름에 丁火가 干上에 土金이 나타나면, 생명을 키울 조
    건이 아니므로 귀염못받는다.
    자탄하며 산다 : 土剋水, 金剋木하므로.

14) 여름에 丁火가 無 甲乙이면, 게으르다.
    조후가 되면 성실하다.
    조후가 안되면 사막화되어 사고방식이 나쁘다.
    조후가 안되고, 庚辛金만 있으면 金을 녹이지
    못하므로 돈 갖다 버리고, 남의 신세도 망친다.

15) 만약에 丁火가 寅午戌, 巳午未火局이 되면 일거리가
    없는 사람이다.
    火가 病이라 조후가 안되면 값없는 사람이다.
    東家食 西家宿한다.

16) 丁火가 甲도 수용하고, 庚金도 수용하면 대국이다.
    이런 구조에서 甲己合, 乙庚合이 되면,
    甲木도 庚金도 써야하는데, 合이 되어 못쓰므로
    가난뱅이다. 아무 결실이 없다.
    남의 일은 잘해주면서 자기 일은 아무것도 못한다.

17) 丁火와 壬甲이 등장하여 쓸 수 있다면, 丁火도 귀격이
    나온다.

18) 丁火는 아무리 급해도 하늘에 壬癸水를 바라지

丁火 氣象論 (巳午未月)

   않는다.
   비가 오면 불이 꺼지므로 하늘의 壬癸를 기피한다.
   壬癸의 뿌리가 왕하면 장마가 져서 폐농이 된다.
   폐농이 되면 값없는 농토다.

19) 丁火는 하늘에서 비가 내리면 생명을 키울 조건의
    반대다.
    만약, 牛後新光이면 귀격이다. 갑자기 뜬다.

20) 여름에 火는 水가 넉넉해야 인심이 후덕하다.
    겨울에 火가 넉넉하면, 마음이 후덕하다.
    積德之家이다.

21) 여름에 丁火가 아무리 날이 덥다해도 丙辛합이 되면,
    흉하다.
    丁丙辛이면, 흉조다.
    태양이 구름에 가려 생명을 키울 수 없다.
    겁재를 이용해서 官을 봤으므로 남편이 밖에서 애
    낳아 데려오는 수가 있거나 양자를 기른다.

22) 巳月의 丁火로 태어났는데 丙辛합이 있으면,
    丁 辛 丙 丁
    ○ 巳 ○ ○이면, 눈가리고 아웅하는 격이다.
    거짓이 많다. 위선자다.
    火가 많아서 구름이 태양을 가리지 못하므로.

23) 여름에 丙辛합이 되어 비가 되어도 보석을 녹여 비가
    되므로, 소득없는 비다.

24) 巳月에 丁火가 庚金이 나타나 熔金成器하면,
    甲乙木이 안 나타나야 하는데, 甲乙木이 나타나면,
    생명을 태워 용금성기하므로, 파란만장한 길을 걸어
    왔다.

25) 여름 身旺한 丁火가 甲木을 태우면, 농사를 불바다로

만들었으므로, 나중에 긴 한숨만 쉰다.

26) 만약, 丁火가 甲木이 용신이나 길신인데 태워버렸다면, 가치가 없는 태양이 된다.

27) 丁火는 여름에 巳月에 長生, 午月에 祿地인데,
丁火가 弱하면 안되므로 왕하다 해도 부모에 의지하려 하므로, 친정집에 의지한다.
丁일주 부인을 만난 남편은 처갓집 가까이 해야 하므로 장모를 모시는 경우가 있다.

28) 丁火는 자기가 왕해야 庚金을 녹일 수 있으므로, 부모형제 옆에 있으려고 한다.
자기가 왕해야 金을 녹일 수 있기 때문이다.

29) 만약 사주에 丁火가 여름에 庚金을 녹여 돈을 많이 번 사람은 돈을 주고 벼슬을 산 사람이다.

30) 丁火가 巳月에 丙戊가 祿을 하여 조열하므로, 辰丑土가 있어 조후를 해줘야 좋다.

31) 丁火가 여름에 태어나 조후가 안되면, 남편과 자식의 영화가 없다.
丁火가 壬癸가 남편인데,
부족하면 조후가 안됐으므로, 남편이 무력하고, 戊己土가 많으면 조후하는 官인 水를 극하므로, 생명을 못키워 자식덕이 없다.

32) 여름 丁火가 土가 왕하면, 남편이 나가버린다.

33) 여름에 丁일주는 濕土가 있어야 마음의 안정을 찾는다.
조후가 안되면 마음이 들떠 불안한 삶이다.

34) 午月 丁火가 신왕해도 좋지 못하다.
여름 三合은 생명을 말려 죽이는 불 삼합이다.

丁火 氣象論 (巳午未月)

겨울 三合은 생명을 얼려 죽이는 물 삼합이다.
여름에 丁火가 왕하면, 단명하다.
조후가 되고 왕해야 한다.
여름에 子水나 亥水가 있다해도 子午沖, 巳亥沖이
되면 못쓰므로 濕土가 오히려 좋다.

35) 丁火는 나무를 태우는 불이기 때문에 火가 많으면,
사고방식이 일반사람과 다른 개념을 가졌다.

36) 사주가 너무 조열하면 신체이상이나 불구자다.
너무 조열하면 불구자가 많은데 대운에서 火가 더
오면, 다리나 손을 절단하는 불구자가 된다.

37) 여름에 丁火는 壬癸보다 辰土가 훨씬좋고,
土生金하면 좋은데 水가 있어 水火相爭하면 나쁘다.

38) 여름에 丁火가 甲乙木을 키울 수 있으면 좋은데,
태워버리면 사람한테 좋은 일 하지 않고 산다.

39) 만약에 寅午戌, 巳午未가 너무 왕하면, 地支에 申酉金이
라도 조후용으로 쓸 수 있다.

40) 여름에 丁火가 甲乙木이 나타나지 않으면, 土를 용신으
로 쓸 수 있는데, 이렇게 되면 귀격이 아니다.

41) 丁火일주에 甲乙木을 태우면 부모를 태우므로, 부모도
태우고 나도 태우므로, 부모가 일찍 재산분배를 해줘 버
려야 한다.
그렇지 않으면, 모두 없어져 버린다.

42) 丁火가 여름에 너무 태왕하면 부모를 의지한다.
부모 곁에 빙빙돈다.
부모가 돈 떨어지거나 돈을 주면 떠나버린다.

丁火 氣象論 (申酉戌月)

1) 丁火가 가을에 태어나면 木이 絶地가 되어 힘이 없어지기 때문에 丁火가 쓰임이 긴요하므로 木을 달고 다녀 왕해야 한다.

2) 가을에 丁火가 약하지 않으면 귀공자다.
   남한테 필요한 존재로 태어났기 때문에 대접받는다.
   가을 丁火는 약하지 않으면, 어디가도 인기가 좋다.
   그러나, 여름에는 인기가 없다.

3) 가을에 丁火 일주가 金水가 많으면 남들이 싫어한다.
   그러나, 불을 많이 가지면 귀염받는다.
   가을은 火多益善이다.
   活人業한다.
   가을, 겨울에 水가 많으면 死神이다.

4) 丁火에 甲木은 심지이고, 기름이다.
   甲이 있으면 불안하지 않다.
   그 이유는 壬癸가 나타날 때 상생의 원리로 좋게 해주기 때문이다.

5) 丁火는 甲木이 있으면 후견인이 있어 든든하다.
   만약, 丁火에 乙木이 있으면, 열량이 약해 甲보다 못하다.

6) 가을에 丁일주에 庚金이 나타나면, 丁火가 할 일(임무)이 생겨 바쁘다.
   그래서, 재산이 많다.
   丁火도 왕하고, 庚金도 왕하면 능력이 뛰어난 사람이다.

7) 丁火는 庚金을 녹여야 하는데, 地支에 申金이 있으면 申중 壬水가 있어 녹이지 못해서 나쁘다.

丁火 氣象論 (申酉戌月)

그래서, 庚金이 있을 때 申金은 나오지 말아야 한다.
이렇게 되면 庚金을 녹이려 해도 못녹이므로 아무 소득이 없다. 오히려 가난하게 산다.
熔金成器하려고 하면 안된다.

8) 丁甲己, 丁乙庚이면, 멀쩡해 보여도 운이 없다.
   합이 되어 나무가 제 구실 못한다.
   위치가 중요하다.
   그런데, 丁甲己로 從兒로 가면 귀격이다.
   丁乙庚으로 從財로 가도 귀격이다.
   合은 有情, 無情의 뜻이 있는데, 합해서 길해지면 좋다 : 有情.
   합해서 흉해지면 나쁘다 : 無情.
   그런데, 합하면 나쁜 경우가 더 많다.
   합은 작용을 못하게 하기 때문이다.

9) 丁火는 여름이 오면 불이 왕할 때인데, 甲木에 庚이 있어 조후가 되면, 여름 나무가 과일이 달려있어 부자다.
   그런데, 조후가 안되었는데, 庚이 있으면 과일이 아니라 우박이다.
   申金도 과일로 본다.

10) 가을(申酉戌月)에 丁火는 날씨가 차기 때문에 우선 자기 몸부터 추스려야 하므로 木을 선용하고, 그 다음에 火를 쓴다.

11) 申月은 태양이 약간 있을 때인데,
    丁火는 2개가 있으면 그늘이 생겨 빛이 안 나므로
    가치가 없다 : 신약해도 안쓴다. 하나만 있어야 한다.

12) 丁火에 庚金은 일거리를 뜻하고, 庚金이 없으면,
    일거리가 없고, 甲이 있으면 학자다.

13) 丁火는 甲乙木을 보면, 자기편의적으로 산다.

14) 만약에 丁火가 庚金이 없으면,

丁火 氣象論 (申酉戌月)

일자리를 찾아 떠돌아다닌 사람이다. 실속없이 산다.

15) 가을에 날이 차기 때문에 丁火가 신약하면,
   하수인과 같아 호구지책으로 산다.

16) 丙辛合, 丁壬合 = 잡싹이므로 윤리관계를 주로 본다.
   甲己合, 乙庚合 = 생명이 썩으므로 재산관계를 주로 본다.
   이렇게 合이 되면, 대국이 어렵기 때문에 外格으로 가야 좋다.

16) 丁일주가 가을, 겨울에 태어나 뿌리가 없으면, 냉골에 사는 사람이다.
   가정에 문제가 많다 = 독신, 재혼, 별거한 사람이다.

17) 用神이 合이 되거나 용신이 剋을 당하면 없는 것보다 못하다.
   그 과정을 건너가야 하므로 상처 입고 간다.
   또, 格이 떨어진다.

18) 地熱인 丁火가 天干에 壬癸를 가장 싫어한다.

19) 丁火에 壬癸가 나타나면, 굉장히 예민해지고, 민감해 진다.
   剋속에 살면 두뇌가 좋다.
   성격이 이상스럽다.
   부정적인 사고방식을 갖는다.
   항상, 반대로 간다.
   그래서, 미운털 박힌다.
   정신이 불안한 사람은 눈동자를 자주 돌린다.
   이런 사람은 거짓이 많다.

20) 日時가 희신이 사람은 年月에 있는 것보다 더 좋다.
   日時에 용신이 유력하면, 남녀간 이혼하는 사람이 적다.

丁火 氣象論 (申酉戌月)

日時에 용신이 유력하면 자식과 화합이 잘되어 좋고, 용신이 미약하면, 늘 불안하다.

21) 사주에 魁罡일주로 태어났는데 魁罡이 있는 사람이 괴강속에 용신이 있으면, 에너지가 많아 호색하는 경우가 많다.
魁罡안에 용신이 들어 있으면 호색하므로, 魁罡을 가진 배우자를 만나야 좋다.

22) 白虎殺도 봄, 여름에 태어나 흉신이 되면, 생명을 키울 수 있는 능력이 상실되어 가정(부부궁)이 좋지 않다.

23) 魁罡이나 白虎는 크고 강한 五行이기 때문에 용신이 되어 유력하면 성공한다.
만약, 흉신이 되면 더욱 나빠진다.
魁罡이 흉신이 되면, 성질이 괴팍하고, 깡패, 도살업한다.
魁罡이 길신이면 경찰, 군인이다.

24) 魁罡이 있는 여자와 성교하면, 淫氣가 너무 강해서 양기가 힘을 못쓰므로, 이름 모를 질병이 생기는 수가 많다.
만약, 남자에 魁罡이 없으면, 남자의 양기가 약해서 여자가 바람을 피운다.

25) 남자는 魁罡도 무난하나 魁罡은 고집이 쎄고, 융통성이 약해 고집 때문에 망하는 수가 있다.

26) 丁일주가 土多者는 己土를 싫어하는데, 丙火도 己土가 있으면 힘이 꺽어진다.
己土는 시궁창 흙이다.
그러나, 戊土는 덜하다.
丁火에 己土가 있으면 눈치보고 살아야 한다.
만약, 己丁戊 이면, 항상 눈치보고 사는 사람이다.

27) 丁火는 甲木의 심지가 없으면 乙木도 쓰는데,

地支에 乙木의 뿌리인 卯木이 있으면 濕木이므로 못쓴다.
갈초가 되어야 쓸 수 있다.
庚丁乙이면 갈초라서 쓸 수 있다.

28) 天干에 庚金이 나타났을 때, 지지를 봐서 뿌리를 가지고 있어 왕하면 大局이 나오고, 뿌리가 없으면 小局이다.

29) 가을에 태어난 乙庚金이 우박이 많아 결실이 없는 경우와 같다.

30) 가을, 겨울에 丁火가 많으면 매력적인 사람이라 사람이 따른다.
만약 丁 일주에 丙火가 있으면, 나무 키울 때는 丙火한테 功이 돌아가므로 칭찬은 못 듣고 일만하므로 불만이 많다.

31) 가을, 겨울에도 생명이 살아 있으면 자선심과 동정심이 많다.

32) 丁火가 날이 추워질수록 좋은 임무를 가졌는데, 丙火를 보면 값어치가 없다.
불이 여러개 있으면 값이 안나간다.
가을, 겨울에 신왕하면 활인업 하는데, 인기가 좋아 너무 바빠서 자기 행복은 없다.

丁火 氣象論 (亥子丑月)

1) 겨울에 丁火는 氣運을 잃어버려 熱氣가 필요한 시기이다.
   그래서, 甲이나 乙이 있어 氣를 보강해줘야 한다.

2) 겨울에 丁火가 튼튼하면 귀하고 존경스런 몸으로 태어났으므로 편하게 큰다.
   火가 넉넉하면 인기있고, 귀염받고, 의식이 넉넉하다.

3) 만약, 丁火가 지지에 뿌리가 없으면, 집에 들어가면 냉골이라 집에 안 들어온다.
   남녀 모두 배우자가 미친 사람처럼 밖으로 돌아다니고 집에 늦게 들어온다.
   대운에서도 火가 오면 괜찮은데, 안 오면 어쩔 수 없다.

4) 丁火는 심지가 될 수 있는 甲木과 乙木이 있어야 좋다.
   地支에 午戌未가 있어야 좋다.

5) 丁火는 비겁을 싫어한다.
   丁火는 丁火가 또 오면 그늘이 져서 값이 안나간다.
   또, 丙火가 뜨면 丁火가 값이 안나간다.
   단, 丙火에 金이 있을 때는 丁火가 필요하다.
   같은 것이 여러개 있으면 소중하지 않아 값이
   안나간다.

6) 겨울에 木이 많으면 키우지 못하므로 오히려 病이 되어 욕심만 많다. 木多火滯다.
   욕심 때문에 자기 스스로 고통을 만든다.

7) 겨울에 木이 나타나면 제습하는 戊土를 剋해버려 木이 病이 된다.
   겨울에 木이 나타나 木이 病이 되면 반드시 중년에

丁火 氣象論 (亥子丑月)

건강이 안좋다.

8) 丁火는 甲木으로 심지하고 庚金을 녹이면 富格이다.
   庚丁甲戌이면 富格이다.
   겨울은 乾土가 좋고, 여름에는 濕土가 좋다.
   겨울에 濕土를 깔고 앉아 있으면 부부궁이 나쁘다.

9) 丁火는 甲庚이 正用神이 되는데, 그 위치가 맞아야
   한다. 甲丁庚이라야 좋다.
   또, 신왕해야 값이 나간다. 귀공자다.
   여름 丁火는 신왕해도 귀공자가 아니다.

10) 겨울 丁火에 乙木은 쓸 수 있는데, 庚金이 있을 때 辛金
    은 못쓴다.

11) 겨울 亥子丑月에 辰戌沖이 있으면, 丁火는 땅에 지진이
    나서 뿌리를 못내려 불안하므로 나쁘고, 丑未沖도 나쁘
    다.
    그러나, 12월 丑月에 丑未沖은 괜찮다.

12) 丁火는 甲木이 있어도 火의 뿌리가 없으면 겁이 많고,
    중년에 건강이 나쁘다. 빈혈, 심장병.

13) 겨울에 戊土가 있는데 辰戌沖이면, 戊土의 뿌리가
    흔들려 못쓴다.
    亥子月은 丑未沖이라도 농사철이 아니므로 못쓰고,
    丑月 丑未沖은 논을 개간하는 것과 같아 쓸 수 있다.

14) 土가 흉신으로 1) 土가 金埋시키거나, 2) 土가 많아
    木衰하면 辰戌沖으로 土가 病이 됐을 때 沖하면 실보다
    득이 많다 : 어부지리 격으로 좋다.
    그러나, 局이 크지않다.

15) 날이 차서 한냉할 때는 열량이 필요하므로
    甲이 먼저 오고,

丁火 氣象論 (亥子丑月)

예) : 甲丁庚 이면 운이 늦게 오고,
庚丁甲 이면 운이 빨리 온다.

16) 겨울은 戌土 하나만 있어도 밥먹고 사는데,
이 때 辰戌沖이면 굉장히 나쁘다.

17) 丁火는 丙火 용신을 어떤 경우도 쓰지 않는다.
그러나 겨울에 丁火가 약할 때는 부득이 丙火를
쓰는데, 이렇게 되면 格이 賤해진다.
의식은 해결해도 아부하고 간사한 성격을 갖는다.
이익을 위해서 허리를 굽힌다.

18) 남자의 경우 丁일주가 土를 용신으로 쓴 사람은
용신을 자식으로도 보므로 土를 낳은 사람은
丁火이므로 부인이 맞벌이하는 직장 여성이다.
맞벌이 부부가 많다.
그래서. 食傷이 용신인 사람은 맞벌이 부부가 많고,
식상생재하므로 부부사이가 좋다.

19) 겨울에 戌土는 濕을 제거해 주므로 안정되어 있다.

20) 겨울에 丁火가 용신인 자는 필요한 존재로 태어났으므로
남한테 귀염받고 산다.

21) 겨울에 丁일주가 水를 용신으로 쓰면 노는 사람이다.
현실세계에 어둡다.

22) 겨울 丁火가 己土를 보아 신약하면,
잡초인생이라 술집, 밤 장사 같은 賤한 장사한다.
賤格이고, 고독하고, 풍파가 많아 노력해도 해놓은 게
없다.

23) 겨울에 地支에 寅辰未가 있으면, 봄이 오면 甲乙木이
크므로 좋고, 생명이 클 수 있는 인자를 가지고 있어
마음속에 자비가 있다.

丁火 氣象論 (亥子丑月)

24) 　　丁 甲 丙
　　　○ 辰 戌 이면, 辰戌沖이 되어 마음의 변화가 심해서
불안한 삶을 산다.
직장변동이 많거나 이사를 자주한다.

25) 遠沖, 隔沖이면, 예) :　丁○
　　　　　　　　　　　　巳○亥이면 내심 불안한
위협적인 존재라서 운에서 오면 沖이 성립한다.
매사 내면에 불안하다.

26) 丁火는 마음이라서 심장을 뜻하는데, 마음이므로
심장의 대표이다.
그래서, 丁火를 沖하거나 때리면 소심해 지거나 정신적
으로 날카로와 진다.
또, 丁火의 뿌리를 때리면 정신적 질환이다.

27) 丁火 일주는 庚金이 나타나면 어느 계절이든지 일거리가
있는 불이다.
이렇게 되면 일거리가 있어 부지런하다.
丙火가 甲을 보아 부지런한 것과 같다.

28) 丁火가 신왕하고, 庚金을 녹이면 富는 있는데, 甲木이
없으면 귀격이 아니다.
만약, 甲이 없으면 乙木도 쓰는데, 乙木을 쓰면 노후대
비를 잘해야 한다.

29) 丁火가 신왕하고, 年月에 있는 辛金을 녹이면 부모가
물려준 재산을 녹이고,
丁火가 時에 있는 辛金을 녹이면 자식이 재산을 녹이므
로, 한 때 돈을 벌어도 가지지 못하여 쌍방 모두 상처를
입는다.

30) 丁일주가 겨울에 乙庚合이 되어 있으면, 큰 소리만 치고
못쓴다.
나무도 못키우고, 庚金도 못 녹이므로 나쁘다.

丁火 氣象論 (亥子丑月)

　　소리만 요란하고, 거짓말투성이다.
　　되는 게 없어 노동의 댓가 받고 산다.

31) 丁火 일주가 木이 많으면 木多火滯가 되는데,
　　심장이 허약해져 심장병이나 혈압병이 있다.
　　丁火의 祿이 午火인데 子午沖이 되거나,
　　巳가 있는데 巳亥沖이 되면 차라리 안 나타나는 것
　　보다 못하다.
　　안 나타나면 의식이 발생하지 않는다.

32) 겨울에 戌土에 戌중의 丁火가 난로인데, 戌土가
　　2개이면 인기가 더 좋고 분주하며, 항상 겨울에 불을
　　많이 가지고 있으면 사회에 좋은 일 한다.
　　매력적인 사람이다.

33) 　丁 ○ ○
　　　巳 酉 丑이면, 나쁘다.

　　　丁 ○ ○
　　　亥 卯 未이면, 좋다.

34) 지장간에 불을 끄는 金水가 있으면 마음속에 사별
　　할 수 있는 기운을 갖고 있다.

35) 丁일주가 겨울생으로 火가 많으면 누구 덕이라도 보고
　　편하게 산다.
　　주위사람이 도와준다.
　　여름에 조후를 한다며 壬癸水를 갖고 있으면,
　　태양을 가려 쭉정이 농사가 되어 나쁜데,
　　겨울은 火가 많을수록 좋다.

36) 丁火는 겨울에 태어나 신약하면, 겁을 주어 키우면
　　안된다 : 심장이 약해서.
　　어릴 때 귀염받고 자라야 좋다.
　　특히, 丁火는 감성이 약해서 마음이 예민하고,
　　민감하다.

丁火 氣象論 (亥子丑月)

37) 겨울에 丁火가 甲木을 보면 水가 많으면 浮木이
    되는데, 辰土가 있으면 부목을 면한다.

38) 겨울에 壬癸水가 많으면 戊土가 壬癸水를 막아주면,
    가는 길이 똑바른데, 그렇지 않으면 요령껏 산다.
    壬癸를 己土가 剋해주면 응급처치에 불과하므로
    요령꾼이다.

39) 丁火는 地支에 戌土, 未土, 午火가 있어 뿌리가
    있으면 마누라, 자식, 후대, 손아래 사람의 德을
    본다.

40) 겨울에 아무리 어려워도 辛金을 용신으로 쓰지
    않는다.

41) 겨울 丁火가 甲木을 못 보면 건강이 안좋고,
    겨울 丁火가 乙木을 봐도 건강이 나쁘다.
    地支에 丁火의 뿌리기 넉넉해야 좋다.

5. 戊土 氣象論(총론)

1) 戊土는 큰 산, 큰 길, 넓은 길, 고속도로, 고산지대에 비유한다.
   이에 비해 己土는 적은 산, 小路, 農路, 저습지대, 양이 적은 흙에 비유한다.

2) 흙의 값은 주위 배경에 따라 그 값이 결정된다.
   金이 와서 쟁기질 해주거나, 木이 와서 건드려 주거나, 저수지 역할을 해야 좋다.

3) 土는 생명인 木을 키우고 있어야 가장 좋다.
   戊土는 甲木을 키워야 木(생명)을 키운 보람을 크게 느끼나, 乙木을 기르면 화초 木을 기르므로 양이 차지 않아 불만을 가지고 산다.
   戊土가 甲木을 가지면 인물이 잘생겼다.
   丙火까지 떠 있으면 운치가 있다.
   사주가 이렇게 되면 인물이 아름다워 남자답게 생겼다.
   값이 나간다.

4) 戊土는 甲丙이 있으면 귀격이다. 3급이상 공무원이다.
   戊土가 왕하면 甲木이 剋해줘야 좋다.

5) 戊己土가 있으면 농사짓는 땅이라 외롭지 않는데, 戊土만 있으면 사람들이 안 찾아오므로 외롭다.
   그러나, 사람은 깨끗하다.

6) 戊土일주 여자가 고집이 쎄도 甲일주 남자를 만나면 순해진다 : 土는 木을 키우려는 성질 때문이다.
   土일주 여자는 木일주 남편을 보면 헌신하는 여자다.

7) 乙 甲 甲
   未 辰 戌 일주는 財에 뿌리를 박고 있어 여자가 복종을

5. 戊土 氣象論(총론)

잘한다.

8) 木일주는 원래 財多身弱이 없다.
   土는 나무만 보면 어디가도 뿌리를 내리기 때문이다.

9) 戊土 일주가 乙木을 보면 꽃이 피고 잎이 무성하여
   밑이 안보이므로 마음속에 비밀이 많다.
   그래서, 戊일주가 乙木을 보면 雜技를 좋아한다.
   응큼하다.

10) 산에 나무가 없으면 민둥산이라 값없는 산이다.

11) 만약에 戊일주 여자가 乙木 남편을 보면 애 낳아
    자라면서 남편이 무능해진다.
    남편이 가치 없이 보인다. 가정파탄 나기 쉽다.
    중년에 살다가 甲대운이 오면 자기도 모르게 매료되어
    갑자기 바람을 피운다.
    그렇지 않으면 큰 고통을 겪고 넘어간다.
    그래서, 戊일주 여자들이 金을 깔고 앉아 있으면 木이
    못들어 오므로 남편이 밉게 보인다.

12) 戊土에 乙木은 正官이고,
    戊土에 甲木은 偏官인데, 실제로는 偏官인 甲木이
    戊土의 임자다.
    陽은 편된 글자를 좋아하므로 陽을 좋아한다.

13) 戊일주가 乙木을 못 봐도 甲을 보면 甲에 한번 빠져봐야
    한다.

14) 乙木은 산들바람이라 戊 일주가 乙대운을 만나면, 애정
    이 흔들리므로 자기도 모르게 마음이 흔들려 바람피우고
    싶다 : 乙木은 산들바람이고, 사랑바람이다.

15) 戊 일주가 癸水가 없는 丙火를 보면,
    戊丙癸이면, 水剋火하므로 눈물과 고난의 랑(丙火)이다.

5. 戊土 氣象論(총론)

戊土가 丙火를 보면, 화사한 산이라 땅이 잘생겨
인물이 잘생겼고 자존심이 강하다.

16) 戊 丙 癸이면, 癸水는 눈물이기 때문에 눈물사랑이다.

17) 戊土가 丁火를 보면, 산에 地熱이므로, 불이 난 산과
    같다.
    겨울 丁火는 그런대로 쓰나 나무가 자랄 때는 산불이 난
    것과 같아 나무가 클 수 없어 볼품없는 산이라서 인격이
    졸렬하다.

18) 戊土에 丁火가 너무 왕하면 값없는 산이라서 단명하거나
    중년에 불구자된다.

19) 戊土에 丁火가 왕하게 떠서 조후가 깨지면, 가정이 안된
    다.
    설령 결혼해도 금방 깨지므로 방랑자가 되어 버린다.
    또, 산에 불이 나서 민둥산이 되면, 외롭게 사는 사람이
    라서 값없는 土다.

20) 戊土, 戊土가 사주에 많이 있는 사람은 산중의 산속이라
    먹을 게 없다.
    일조량이 짧아 그늘이 빨리져서 밤이 일찍오므로 곡식의
    수확이 없어 가난하고, 자손 수가 많다.

21) 戊土가 많으면 깊은 산속이라서 형제가 없어 외롭게 산
    다.

22) 戊土가 己土를 보면, 개간해서 농토가 된 것이므로
    농사짓는 야산이다. 산 중턱에 있는 산이다.
    己土가 있다는 것은 사람들이 많이 밟고 다니는 흙이다.
    己土가 乙木을 보면, 술집 같은데서 일하는 여자다.

23) 己土가 戊土를 보면, 자기의 땅을 넓히므로 귀격이다.
    습한 땅에 객토해 주므로 마른 흙으로 변해서 농사를

5. 戊土 氣象論(총론)

지을 수 있는 흙이다.
그러나, 戊土는 己土가 있으면, 힘을 빼앗기므로
잃는 것 밖에 없다.

24) 戊土 길신이면, 큰 기쁨이고, 己土가 길신이면 작은 기쁨이다.
또, 戊土가 흉신이면, 큰 슬픔이고, 己土가 흉신이면, 작은 슬픔이다.

25) 戊土가 庚金이 있으면, 높은 산에 바위가 있는 格이라 鑛山이므로, 개간을 못하면 쓸모없는 土다.
가끔 庚金은 하늘의 별로 간주할 때가 있는데, 이런 때는 별이 보이지 않는 산과 같다.

26) 戊土에 庚金은 하늘의 별, 풋과일, 여름에는 과일, 丁火를 보면 쇠로 보기도 하고, 壬水를 보면 물이 흐르는 수로로 보기 때문에, 그 배경에 따라 값을 정한다.

27) 戊土가 辛金을 보면 잠에서 꿈을 꾸는 사람이다.
보석은 희망인데, 보석을 戊土로 묻어 버리므로 만지지 못할 보석을 본 것이라 꿈속에 님을 본 것과 같다.
또, 辛金이 별이 되면, 戊土가 가려버려 산이 높아 하늘을 못 보므로 값없는 산이다.
戊土가 辛金을 보면, 불만이 많은 사람이라 마음속에 한을 안고 산다.

28) 木일주가 辛金이 왕하여 뿌리를 갖고 오면, 이별의 순간이 오고 있음을 뜻한다.

29) 여자 戊 일주가 辛金을 보면, 무조건 불만을 갖고 산다 : 남편글자인 木이 뿌리를 못내리게 하므로.

30) 戊土가 辛金의 뿌리가 튼튼하면, 從兒로 가야 좋은데,

5. 戊土 氣象論(총론)

못가면 쓸모없는 산이라 마음에 한을 안고 살다
죽는다.

31) 戊庚 = 미완성의 金이나 과일이라서 손질이 필요하기
          때문에 丁火가 오면 좋다.
    戊辛 = 완숙한 과일로 곧 떨어지고,
          완숙한 보석이라 이별의 순간이 다가 왔다.
          그래서 丁火가 와도 필요없다.

32) 戊일주가 壬을 보면, 土가 왕하고, 壬도 왕하면,
    저수지를 막는 것이고,
    水가 너무 많으면 무법천지라 土가 떠내려간다.
    그래서, 戊 일주 신약자가 水가 많으면, 평생 돈
    타령하다 세월 다 간다.
    돈 때문에 영창 가거나, 돈 때문에 恨을 안고 산다.
    돈 때문에 사고난다.

33) 戊土가 癸水를 보면 비 내리는 산인데, 癸水가 뿌리가
    없으면 안개 낀 산이다.
    그래서, 戊土가 있는데 癸水가 멀리 떨어져 있으면, 안
    개 낀 산이라 값이 없고,
    만약, 戊癸合火하여 길신이면, 황홀한 무지개로 보므로
    값나가는 산으로 운치를 갖고 태어나 예술성이 발달하여
    명성을 얻는 사람이 많다.
    戊癸合火하여 흉신이 되면, 마누라를 合해서 없어지고,
    자신만 왕해지므로 마누라 쫓아보내고 혼자 사는 홀아비
    다.
    그래서, 이런 사람들은 자기도취에 사는 사람이다.
    자기 식으로 살므로 불행을 가중시키는 사람이다.
    이상주의를 꿈꾸며 사는 사람이다.

34) 土는 믿음인데 土가 왕하고, 길신이면 믿음있는
    사람이고, 신용을 금쪽같이 생각하는 사람이다.
    土가 신약하면, 믿음을 못지키므로 변덕스럽다.
    또, 土가 좌우에서 木의 剋이 심하면 간교하다.

5. 戊土 氣象論(총론)

35) 戊土대운이 와서 土가 흉신이면, 신용불량자라서
외로운 사람이다. 주위 사람이 안 찾아오므로 외롭다.
대운에서 土가 길신이면, 신용을 얻으므로 믿음으로
문서를 쥔다.

36) 戊土가 너무 많으면, 심심산골이라서 정보가 늦다.
산이 높아 사람이 안 찾아오므로 소식이 늦다.

37) 戊土가 乙木을 봤는데 가을로 가면, 낙엽과 꽃이 져
전성기가 지나가므로 좋은 일이 없어 마음속에 슬픔이나
우수가 있다.

38) 戊辛戊 이면 첩첩산중에 묻힌 보석이라 캐낼 수 없다.
辛金은 傷官으로 내 행동인데, 행동이 묻혀있어 답답하
여 정신적인 스트레스를 받는다.

39) 戊土는 金과 木이 같이 나타나면 안 좋은데, 庚戊甲 이
거나 甲戊庚 이어야 하는데, 이런 때는 甲戊庚이 말년까
지 나무가 살아있어 더 좋다.
戊甲庚이거나 戊庚甲, 戊庚乙이면 나쁘다.
官은 희망이요, 목표요, 명예인데, 官이 없어져 희망이
없어지기 때문이다.

40) 戊土가 辛金을 보면 보석광산이고,
戊土가 戌대운이 오면 戌은 火의 庫藏이므로 戊土의
할 일이 끝났으므로 운이 없다.
이듬해 봄을 기다려야 한다.
그래서, 이런 운을 만나면 매사 의욕상실이 왔으므로
이듬해 봄까지 봉사하는 마음으로 살아야 좋다.
또, 홀로 冥想, 修道, 기도하는 것이 좋다.
물질을 기대하지 말아라. 끝났다.

41) 土多金埋 사주는 독신사주다. 답답하다.
　　辛 戊 戊
　　未 午 申 이면, 土多金埋라 가정이 안 좋다.

5. 戊土 氣象論(총론)

독신이다.
土多金埋는 답답하게 산다.

42) 사주에 年柱는 조상의 음덕이고,
月柱는 계절과 환경, 장소를 보는 것이며,
日主는 본인의 의지인데, 日支를 보아 길흉을 봐서
흉신이 앉아 있으면, 의지는 있는데 행동이
부자연스럽다.
時柱는 때와 시간이다.

43) 戊庚丁이면, 개간하거나 보석을 캐야한다.
이럴 때는 火가 많아야 좋다.
무조건 날이 맑아야 좋다.
水가 오면 안좋다.
조후가 필요없다.
분주하고, 바쁘게 사는 사람이다.

44) 戊癸合火이면, 癸水의 뿌리가 튼튼해 丙火를 剋하면,
눈물의 死神이라서 태양을 버려야 할 환경이 온다.
여기서, 태양(丙火)는 즐거움이고 기쁨이다.
맨날 마음속에만 사랑하는 사람인데,
그 사랑이 눈물로 변했다.
사랑이 넘쳐 눈물이 앞을 가린다.

45) 戊癸庚이면, 하늘에서 비를 내리는 쓸모없는 산이라
努力之生이다.
날품팔이, 賤한 사람, 운이 없는 사람이다.

46) 庚戌로 돌산을 개간해야 할 경우 庚戌丁壬하여 丁火를
壬水가 합하면, 돌산을 개간 할 수 없다.

戊 丙 己
○ 子 丑으로 地支에 子丑合土하면, 解冬할 때까지
기다려야 한다.
봉사정신으로 살아야 한다.

5. 戊土 氣象論(총론)

47) 戊土는 庚金이나 辛金이 뜨면, 丁火가 있어야 鑛山의
    보석을 캘 수 있다.
    戊 庚 丁, 丁 戊 庚이면,
    만약, 丁火를 보지 못하면, 연장이 없어 金을 못캐므로
    쓸모없는 산이다.
    이런 구조에 壬癸가 나타나면, 돌산에 비가 내리므로
    丙丁火가 힘을 못써 쓸모없는 산이다.
    그래서, 깡패, 남의 신세지고 사는 사람, 해결사다.

48) 戊土의 가장 큰 조건은 나무를 키우는 것이다.
    戊土는 나무를 기르거나 저수지를 막거나 金을 캐는
    광산의 구조를 가져야 좋다.

49) 乙 戊 癸 丙이면, 戊土가 나무를 키우려는 믿음과 희망
    을 가지고 있는데, 희망인 丙火를 癸水가 가려버려 기쁨
    속에서 슬픔의 눈물을 흘리며 사는 사람이다.

50) 만약, 癸戊庚辛이면, 돌산에 비가 내려 쓸모없는 산이라
    서 賤한 직업 갖고 산다.
    막노동꾼, 일당 직업.

51) 戊乙이면, 戊土가 산은 높은데 乙木을 보면,
    높은 산에 봄이면 잔디이고, 가을이면 억세풀이다.
    봄, 여름으로 가야 꽃이 피어 좋다.
    가을, 겨울로 가면 나쁘다.

52) 庚戊丁壬이면, 丁火로 돌산을 캐야하는데 壬水가
    와서 丁壬合으로 丁火를 묶으면 빛 좋은 개살구다.
    또, 戊丁癸 구조이면, 丁癸沖으로 비가 내려 연장인
    丁火가 식어버렸다.

53) ○ 戊 ○ ○
    ○ 子 丑 ○   戊土일주가, 丑子月이면 얼어있는 땅이라
    봄이 와서 녹여야 쓸모있어 일복 많게 때를 기다리며 사
    는 사람이다 : 맏며느리 팔자.

5. 戊土 氣象論(총론)

54) 戊庚甲, 甲戊甲庚 구조로 돌산에 나무가 있으면 庚金 때문에 나무도 못키우고, 丁火가 없어 광산을 캐지 못하면 나쁘다.

55) ○ 戊 ○ ○
    ○ 寅 卯 辰 戊土 일주가, 月에 태어나면, 싹이 기지개를 켜고 올라오므로 생명을 키우기 위해 굉장히 부지런히 움직인다.
    이런 사주는 생명이 자라므로 사람들이 많이 모여들어 분주하고 바쁘다.
    시끄럽고 요란하다.

56) 戊土가 戌月에 태어나면, 戊土는 丙丁火의 무덤인데, 丙丁火가 무덤에 들어가므로 생명이 자라는 시대는 끝났으므로 無生物시대가 시작되어 정신세계가 발달한다.
    여기서, 정신세계는 空, 虛, 道를 뜻한다.
    寅卯辰月이면, 有生物시대로 부지런하고 활동력이 강하다.

57) 가을, 겨울에 戊寅일주로 태어나면, 寅時는 3 : 30 ~ 5 ; 30분까지로 새벽 별이므로 굉장히 부지런하다.
    그런데, 寅木옆에 戊土 큰산이 있어 그늘이 져서 나무가 잘 자라지 않는다.
    戊寅 일주는 새벽에 일찍 일어나 활동하므로 새벽잠이 없다.

58) 戊土가 또 戊土를 보면, 높은 산에 또 높은 산이므로 첩첩산중이라 고독하고 외로이 사는 사람이다.
    잡소리를 들을 수 없어 식견이 좁다.
    산이 높아 그늘이 일찍 져 사람들이 안 찾아온다.
    사람은 순박하나 妻가 떠나버리므로 처자 궁은 불길하다.

59) 戊土가 己土를 보면, 땅이 넓어 가는 길이 멀므로

5. 戊土 氣象論(총론)

일복이 많은 팔자다. 여로가 길다.

60) 戊 己 己이면, 논길, 들길이므로 진흙구덩이를 밟고
가다보니까 상처투성이라 수술수가 있거나 상처가 많다.

61) 乙 戊 己 乙이면, 작은 꽃을 기르므로 노력에 비해
댓가가 적어 불평불만을 한다.

62) 여자 사주에 庚戊辛이면, 자식인 庚辛金을 낳은 후
남편이 작아 보여 무시하므로, 부부궁이 나쁘다.
특히, 土金 傷官格은 생명을 거부하므로 가장 나빠서
부부궁이 좋은 사람이 없다.

63) 戊
午 일주는 말이 달리는 넓은 대지이기 때문에 군인,
법관, 경찰 같은 무관이 많은데, 부지런히 활동하는
사람이다.
조후가 되어야 말이 달리는 좋은 구조이고,
조후가 안되면 메마른 들판이라 깡패가 되거나
남을 등치고 사는 사람이다.

64) 戊丙乙, 丙乙戊이면, 높은 산에 태양이 떠서 화초가
만발하여 벌, 나비가 많이 오므로,
봄, 여름에 이런 구조면, 한 때 영화가 있는데,
운동선수, 예술가가 많고,
만약 가을, 겨울로 가면, 갈초라서 향기가 없다.
또, 가을, 겨울에 이런 구조이고 불을 보아 乙木이
살아있으면 약초라서 값이 나간다.

65) 戊丙甲이면 千年木을 키우므로 그릇이 크다.
棟樑木이라서 역사의 큰 획을 긋는다.
산세에 맞는 아람드리 나무다.

66) 戊丁丁이면, 白夜로 생명이 생식을 못하여 나쁘다.
지지에 조후가 되면 밤과 낮이 있어 좋다.

5. 戊土 氣象論(총론)

　　　　백야가 되면 생식불능이라 열매가 없다.
　　　　백야 구조이면 아무 소득이 없다 : 일용직.
　　　　노력지생으로 이렇게 되면, 수입증가가 물가를
　　　　따라잡지 못한다.

67) 土 일주가 생명을 키울 수 없는 구조이거나, 생명이
　　　있어도 火局이 되어 태워버리면, 말년에 고독하게 산다.
　　　말년대비를 잘해야 한다.
　　　말년에 빨리 늙는 이유는 고독하기 때문이다.

68) 土가 대운에서 등장하여 길신이면, 믿음이 있어 좋고,
　　　土가 흉신이면, 사람과의 신용이 없어져 나쁘다.
　　　그래서, 대운에서 土가 오면, 반드시 신용문제를 살펴
　　　라.

69) 사주의 지지에 辰戌丑未이면, 설령 稼穡格이라도 지진이
　　　나서 파격이라 나쁘고,
　　　戌未辰丑이면, 지진이 없어서 땅이 안정이 되어 괜찮다.
　　　또, 辰土가 없으면, 稼穡格이라도 파격이다.
　　　乙木이 살아 있어야 하기 때문이다.
　　　未土에도 乙木이 있기 있으나 亥, 子水가 와야 나무가
　　　산다.

70) 土가 地支에 刑沖이 있는데 木이 있으면, 木이 뿌리를
　　　못내려 나쁘다.
　　　단, 나무가 바로 위 干上에 없고, 丑月에 丑未沖은
　　　개간을 하는 격이라 좋다.
　　　그러나, 나무가 바로 위에 있는데 丑未沖하면 안좋다.

71) 戊土가 丙을 보아 길신이면, 교육자, 학자이고,
　　　甲까지 보면 대국이다.
　　　그런데, 甲이 없다하더라도 戊土에 丙火가 떴는데
　　　길신이면 沃土라서 좋다.

72) 戊土가 신약한데 壬癸水가 干上에 나타나면, 평생 돈

5. 戊土 氣象論(총론)

걱정 떠나지 않는다.
만약, 壬水가 나타났는데 丁壬合하면, 잡싹이라서
남 보기는 좋아도 말년이 허망하다.

73) 戊
午 일주가 地支에 火局으로 너무 조열하면, 불이 난
높은 산과 같다.
생명은 조후가 안되면 호흡을 할 수 없어 살 수 없다.
土가 너무 조열하면 위장기능이 약하다.
또, 몸이 아프고, 삶이 고달프고, 배우자 궁이 나쁘고,
특히, 死別이 많다.

74) 戊土가 신약한데 戊丙己, 戊己丙이면, 劫財이며
濕土인 己土가 열기를 빨아먹어 버려 생명을 잘
못 키우게 되므로 일을 많이 해도 수확이 없다.
수확을 해도 겁재가 뺏어간다.

75) 戊土가 봄에는 초목이 잘 자라므로 초목을 키우는
것이 기본인데, 이 때   戊辛辛
　　　　　　　　　　寅卯丑이면, 나무에 열매가
맺지 못하게 자르므로 남자들은 막노동꾼이 많고,
여자들은 우유배달, 요구르트 배달하는 사람이다.

76) 甲戊庚乙. 甲戊乙庚이면, 乙木은 못키워도 甲木은
키울 수 있어 좋다.

77) 戊辛이면, 丙火가 뜨면, 丙辛合水하므로 옥토로
만들지 못해서 수확이 없어 값없는 土라 힘들게 산다.

78)　戊 辛 丙
　　　○ ○ 申이면, 보석산에 물이 많아 못쓴다.

79) 겨울에 戊壬癸이고 신약하면, 하늘에서 비가 내려
財多身弱이 되는데, 여기서 비는 돈, 여자,
마누라이므로 부인궁이 악처이고, 여자도 돈이 없다.

5. 戊土 氣象論(총론)

만날 돈 돈 하면서 산다.
財多身弱은 일생 빚지고 산다.
남자는 돈 때문에 마누라와 싸움하다나 세월 다 간다.
일생 불행하다.
겨울생이 財多身弱이면 특히 나쁘다.
겨울에 필요한 丙丁火의 반대글자인 壬癸가 나타나
부모, 조상의 음덕이 없다.
생명을 사랑하지 않는 업이다.

80) 戊土를 용신으로 쓰는 자는 신의를 지키고, 화목하는 자다.
중매역할하면 좋다.
戊土는 地支에 刑冲되는 것을 싫어한다.
특히, 용신글자가 刑冲되면 가는 길이 시비, 곡절이 많다.

81) 戊 = 甲 : 官으로 貴다.
戊 = 丙 : 印으로 富다.
戊丙 이면, 사람은 똑똑하고 영민한데 富는 적고,
戊甲 이면, 甲은 곡식이라 부자다.
어떤 일주라도 木이 살아 있으면 돈이 있다.
戊丙이면, 땅에서 생명을 기르는 식견은 있는데,
木이 없으면 돈이 없다.

82) 戊土가 年月에 乙木을 보면, 예술적인 소질이 많고,
또, 木이 살아 있으면 꽃동산이라서 예술적 감각이
뛰어나 크면서 감성적인 성품을 가져서 연애박사다.
局이 좋으면 탈렌트 같은 배우가 된다.

83) 가을 戊土가 金이 왕하면, 丁火가 있어 金을
다스려줘야 좋다.
만약, 金이 많은데, 丙丁火가 없으면, 賤格이라 힘들게
산다.

84) 戊 庚 乙, 戊 辛 丙으로 土에 도움이 안된다면,

5. 戊土 氣象論(총론)

계절을 잘못태어나 가난함을 면키 어렵다.

85) 巳午未 月에 戊土가 壬水가 나와서 壬水의 뿌리인 金이 없고, 지지에 辰土나 丑土가 있으면 창고에 있는 물을 길러다 써야 하므로 힘들게 돈 번다.
   : 연탄장사, 야채장사 등.

86) 戊土 일주가 대부는 甲을 본 사람이다.
   만약, 戊 일주가 겨울에 섣불리 木이 나타나면,
   기를 수 없고 木剋土당하여 제습을 방해하므로 오히려 病이 된다.
   겨울 戊土가 甲子月에 태어나면, 木剋土당하므로 건강이 나쁘다.

87) 여름 戊土가 火가 많아 바짝 말라있으면, 생명을 기를 수 없어 구걸신세로 사는 자가 많다.
   노숙자, 수도하는 사람이다.

88) 여름 戊土가 乙木이 살아있으면 청춘사업에 발달하여 바람을 피우거나 결혼을 두 번하는 경우가 많다.

89) 戊 일주가 木이 있으면, 金이 안나타나야 좋은데,
   만약, 나타나면 갑자기 재난이 생긴다.
   戊 甲 庚 : 남자는 자식궁이 나쁘다.
             여자는 남편궁이 나쁘다.

90) 보편적으로 陽일주가 合을 이루면, 흉한 경우가 많고,
   陰 일주가 合하면, 官으로 따라가는 경우가 있어 길한 경우가 많다.

91) 戊土 일주가 가을, 겨울에 태어나면, 생명을 기를 계절이 아니므로 귀격이 어렵다.
   봄, 여름에 귀격이 많다.
   戊土는 생명을 기를 때 귀하다.
   겨울에 조후가 잘되어 있으면 편히 산다.

5. 戊土 氣象論(총론)

92) 戊
    午 일주가 바로 옆에 寅이 있거나 戌이 있어 생명을
    태우면 처자궁이 나쁘다.
    그렇지 않으면 건강이 나쁘다.

93) 戊   戊
    辰 일주나 申 일주는 습토라서 둑을 막기 어렵다.

94) 戊土는 모든 생명의 뿌리를 내려 크게 하는 인자라서
    중요한 위치를 차지하고 있다.
    그래서, 하늘에서는 비가 내릴 때 戊土가 바람과 같아
    비를 쫓아내고,
    지상에서는 단단한 土로 固土(단단한 토),
    重土(겹겹이 쌓여있는 土)와 같고, 높은 산 또는
    큰 산의 흙과 같다.

95) 土는 사주 五行의 중앙에 있어 모두 끌어 모으는
    기질이 있는데, 子午卯酉를 만나면 흩어진다.

96) 水 일주가 火의 財를 가진 사람은 남한테 돈을
    빌려주지 말아라.
    왜냐하면, 火는 有形無體라서 불꽃이 없어진다.
    특히, 比劫이 왕한 水 일주가 돈 빌려주면 돈 빌려간
    사람이 망한다.

97) 戊土의 근본정신은 높은 산이다.
    그래서, 산에는 나무를 심어야 먹을 게 있다.
    나무가 울창하면 식객이 많다.

98) 戊丙이면, 태양이 떠서 얼굴이 화사하고, 밝다.
    그런데, 戊癸壬이면, 어둡고 충충하고, 얼굴이 검다.
    수심이 많다.
    밝지 많다.

5. 戊土 氣象論(총론)

99) 戊土 일주가 金이 없는데, 財만 있으면,
    劫財가 돈을 뺏어가므로 돈이 모이지 않는다.

    壬 戊 丙 己
    子 子 丑 ○이면, 劫財인 己土가 丙火의 기운을
    빼가므로 나쁘다.
    돈이 들어와도 金이 없으면, 土剋水 당해 돈이 없다.
    실속없이 일 복만 많다.

100) 戊甲이면, 甲이 하나만 있으면 균형이 맞아 좋은데,
     즉, 甲이 2개 이상으로 종살이 되면 괜찮은데,
     종살이 안되면 키울 수도 없어 욕심만 많다.
     그래서, 좋은 나무가 아니다.
     그늘이 져서 값이 안나간다.
     자기 욕심 때문에 자멸해 버린다.

101) 戊甲인데, 戊甲己로 己土가 甲木을 썩히면 아주 나쁘다.

102) 土가 너무 많아 두터워서 土多木折되면, 金으로 설기
     시켜야 좋다.
     만약, 洩氣가 안되고, 어설프게 木이 오면, 土多木折된다.

103) 土가 너무 말라있으면, 金을 生할 수 없어 폐, 대장
     기능이 나쁘다.
     土는 피부라 피부병이 있다.
     여자는 土生金이 안되면, 식상은 자궁인데 자궁에
     이상이 오거나 자식 낳은 후 자식에 이상이 온다.
     또, 土가 냉한데 火가 없으면, 3不룫라 자식, 남편,
     財가 모두 안된다. 火가 없는 土는 생기가 없다.
     자식을 낳아도 자식덕이 없다.
     자식이 土의 기운을 빼기 때문이다.
     水가 너무 많아 떠내려가면 단명하다.
     木이 너무 많으면, 단명하거나 불구자다.

5. 戊土 氣象論(총론)

104) 戊土가 癸水와 合하여 火가 길신이면, 돈이 생기면서
힘이 생겨 財生官하므로 명예도 얻는다.

105) 旺土가 되면 庚金으로 설기해야 하는데,
辛金은 보석이라서 잘못하면 아예 안 나타나는 것이
좋다.
辛金은 보석이라서 잘못하면 기스난다.
만약, 財가 있을 때 辛金으로 통관길신으로 쓸 수
있다.

106) 戊土는 극약해도 戊土는 쓰는데, 己土는 안쓴다.
己土는 오히려 기운을 뺏어가므로 망쪼든다.
己土가 옆에 있으면 丙火가 오지 않는다.

107) 戊土가 亥水를 보면 財인데, 亥中 壬水는 쓰지 않고,
亥中 甲木을 쓴다.
壬水가 왕하면 왕할수록 해동이 늦어진다.
또, 생명을 길러야 하므로.
그러나, 여름에는 조후로 亥水를 쓴다.

108) 戊土는 乙木을 쓸 수는 있는데, 결국 좋아하지
않으며, 나중에 허망하기 때문에 실증을 느낀다.

戊土 氣象論 (寅卯辰月)

1) 戊土는 나무를 키우는 것이 가장 행복하다.
   戊甲丙이면, 큰 나무를 기르므로 가장 좋고,
   戊乙丙이면, 格이 떨어진다.
   이때 중요한 것은 지지가 조후가 되어야 좋다.
   地支가 火局이 되거나 水局이 되면 안좋다.
   또, 地支에 辰土가 있어 甲木이 잘 자라면 천하일품인데
   대운에서 戌土가 와서 辰戌沖이 되면, 자갈땅인 丑土로
   변하므로 나무가 크지 않는다.
   그래서, 地支의 토질과 계절을 보고 그 나무의 값을
   메긴다.

2) 1, 2월 달에 戊土가 甲을 보고 丙을 보면, 운치가 아름답다.
   운치가 아름답다는 것은 인물이 잘 났다.
   이 때 태양인 丙火가 길신이면, 좋은 소리 듣는데,
   흉신이면 안좋은 소리 듣는다.
   또, 흉신이면, 나무뿌리를 다 말려버리므로 오나가나
   머리를 반대로 쓰므로 떠난 자리에 악평이 남는다.

3) 봄에 丙火도 없고 甲도 없는데, 寅이나 巳도 있으면,
   나무를 키울 수 있는데,
   만약, 두 글자 모두 없으면 값없는 산이다.

4) 寅月에 태어났는데, 옆에 午나 戌이 있어 寅木을 태우면
   운이 없다.
   한 때 운이 있다해도 생명인 나무를 태우면 결국 戊土를
   태우는 것과 같아 황무지가 된다.

5) 寅卯月에 태어났는데 丙火는 없고, 戊庚丁, 戊丁庚
   이면, 丁火가 金(서리)을 녹여 나무를 기를 수
   있으므로 약신이다.

戊土 氣象論 (寅卯辰月)

이런 구조면, 丁火가 서리를 녹이므로 불난 산이라 하지 않는다.

6) 봄 木旺節에 寅卯辰 木局이 되었거나 乙木 같은 木이 너무 많아 나무를 기를 수 없으면, 밀림지대처럼 가치없으므로 金이 와서 간벌을 해줘야 좋다.
   만약, 안솎아주면 속이 떠서 나무가 썩는다.
   욕심이 많아 땅까지 망가뜨린다.

7) 봄에 戊庚甲, 戊甲庚이면,
   나무를 기를 수 없어 나쁘기 때문에 火가 와서 金을 녹여 줘야 한다.
   만약, 金과 木의 뿌리가 왕해 金木相爭이 되면 깡패다.
   싸움만 하고 다닌 사람이다.

8) 봄에 木旺節에 金이 많아 木이 잘리면 성격이 난폭하여 暴徒之命이다.
   향기를 자르는 사람은 官災가 자주 생긴다.
   구설이 꼬리를 물고 다닌다.

9) 戊 丙이면, 생명이 잘 자랄 수 있는 조건을 잘 갖춰 사람의 됨됨이가 되어 순수하고 성실하다.
   만약, 甲乙木이 없으면, 곡식이 없어 가난하다.

10) 봄에 戊 壬 癸이면, 나무에 물을 주므로 사람은 착하나 태양빛을 가려 소득이 없다.
    봄에 자라는 木을 돌봐주는 것은 좋아 사람은 착하나 날씨가 비가 내려 열매가 없어 소득이 없다.

11) 土 일주가 木을 기를 때는 반드시 辰土를 가져 나무뿌리를 튼튼하게 해줘야 좋은데 辰土가 없으면, 未土가 있고, 子水가 있어 沃土가 되면 좋다.
    未子 = 辰土가 된다.
    그러나, 丑土가 오면, 丑土는 돌자갈이 많아 값없는 땅이다.

戊土 氣象論 (寅卯辰月)

나무를 기를 때인 봄에 戊土도 廢土라 값이 나가지
않으나 겨울 조후에만 쓴다.

12) 사주에 木이 나오면 반드시 木을 키워야 하는데,
木이 나타났는데 키우지 못할 구조면,
세상을 거역하는 사람이라 운이 없는 사람이다.

13) 3월 봄에 戊土가 干上에 庚辛金이 나타나면,
金이 생명을 자르므로 나쁘다.
봄에는 丁火가 와서 불바다를 만들거나 金이 와서
木을 자르면 값이 안나간다.

14) 戊土 일주는 甲木이 뿌리를 내려 튼튼하면 인물이 잘
생기고, 값나가는 산이다.
丙火까지 뜨면 기름진 산이고 인물이 좋다.

15) 戊 일주가 봄에 나무가 자라야 하는데, 丙이 떠
있으면 일사천리로 좋은데, 태양이 없으면 나무가
안자라므로 나쁘다.
봄, 여름에 태양이 뜰 때는 나무가 잘 자라다가,
가을, 겨울이 되어 태양이 없으면 안자라므로 기복이
심하여 운이 없다.

16) 나무는 날씨가 좋아 태양을 봐야 좋은데, 날씨가 흐려
태양을 보지 못하면 수확이 없다.

17) 戊土 일주가 가을, 겨울로 갔을 때 甲을 보아 살아있으
면 부자인데, 地支에 辰土가 있으면 더 부자이고, 丑土
나 戌土를 보면 덜 부자다.

18) 戊土가 甲乙木이 없는데 庚金을 보면 석산, 광산인데,
辛金을 보면, 캘 수 없어 광산이라 하지 않는다.
辛金은 주옥이라서 건드리면 탈난다.

19) 戊 일주가 乙木이 투간되어 있으면, 乙木이 뿌리가

戊土 氣象論（寅卯辰月）

튼튼하고 태양이 떠 있으면 향기인데,
만약, 뿌리가 없는 향기를 가지면, 향기가 바람에
날리는 것과 같아서 소인배와 같아서 지조가 없어
꽃밭에서 연애만 거는 사람이라 향락에 빠지거나
외도에 빠져 젊었을 때는 즐거우나 노후가 허망하다.

20) 戊土는 높은 산의 土를 의미하므로 戊己壬이면,
己土가 물을 탁하게 하여 己土濁壬이 되어 꾸정물을
만들어 생명이 살 수 없어 나쁘고,
또, 甲이 운에서 오면, 己土가 甲己合시켜 甲을 못쓰게
하므로 戊土는 己土가 나타나는 것을 제일 싫어한다.

　　　甲 戊 ○ ○
　　　寅 辰 丑 ○이면,
辰土는 丑土를 가장 싫어한다.
戊土는 未土를 가장 싫어한다.
沃土가 돌 자갈밭이 되므로 나쁘다.
구조가 이렇게 되면 여자 말 듣다가 망한다.

　　　甲 戊 丙 甲
　　　寅 辰 申 ○이면,
나무를 기르고 있는데, 申辰水局하여
水生木해주므로 좋은 마누라 만나,
장가가면서부터 대부대귀격이다. 원국이 좋다.

　　　庚 戊 甲 戊
　　　申 子 寅 戌이면,
金生水, 水生木하여 나무를 안 자르므로 좋다.

20) 봄에 戊土는 丙火가 正用神이다.
正用神이 떠서 유력하면 자기 갈 길 간다.
반대 용신이면 반대로 가는데,
만약, 반대 반대용신이라도 구조가 좋으면, 돌아가거나
고통을 겪으면서 간다.

戊土 氣象論 (寅卯辰月)

21) 봄에 水가 많으면, 水生木하여 사람은 선한데,
    꽃이 안 피어 열매가 없어 일을 해도 돈이 없다.

22) 戊土는 己土를 보면, 산이 낮아져 값없는 산이다.

23) 戊土가 나무를 심어 기르고 있으면 부지런하고,
    壬癸를 태양이 안 떠 할 일이 없어 게으르다.
    생명을 기르는 것 자체가 큰 자비고 사랑이다.

24) 戊乙辛이면, 향기를 가진 나무를 자르고 있어 德을
    쌓을 수 없는 사람이다.
    德은 사람과 더불어 사는 것이다.
    생명을 아끼고 사랑하는 사람한테서 덕이 나온다.

25) 戊土는 산이기 때문에 大農 또는 大路이고,
    己土는 小農 또는 小路다.

    여자 丁 戊 甲 癸   궁합   남자 丁 壬 乙 甲
          巳 申 寅 卯   未 申 亥 辰
    회사의 사장 비서였다.
    이 여자의 사주가 金木相爭이 되어 있는데,
    이 남자의 사주에 水를 가져 통관시켜 주어 궁합이
    좋다.
    남자가 애처가다.
    공처가다.
    이 여자는 대학 나오고, 남자는 고등학교 나왔다.
    04 甲申年, 05 乙酉年에 과부됐다.
    누구든 배우자 자리에 病을 깔고 앉아 있으면 중년에
    이혼하여 반토막 인생이다.

戊土 氣象論 (巳午未月)

1) 戊土의 가장 큰 임무는 生命인 木을 기르는 것인데,
   木을 키우면 자기의 할 일을 다하는 것이다.
   甲木을 키우면 大貴가 나오고,
   乙木을 키우면 小貴다.
   戊土가 나무를 키우지 않으면 민둥산이다.
   민둥산이 된 가장 원인은 조후가 안되면 민둥산이 되는데
   민둥산이 되면 가정이 안된다.
   고진과숙살과 같다.
   그래서, 조후가 안되면 修道를 해야 한다.
   만약 조후가 안된 사람이 사회생활을 한다면, 남의 신세를 지고 살아야 한다.
   자기 땅은 廢土와 같아 곡식이 안자라기 때문이다.
   그래서, 막노동꾼 또는 천한 일하고 산다.

2) 만약, 戊土가 생명인 木이 있다 해도 地支가 巳午未火局이 되어 태우면, 생명이 타서 없어지므로 培養(배양)의 功이 없어 열매가 없어서 반드시 말년에 저양하게 산다.
   그래서, 자식을 키워도 말년에 자식이 외국으로
   가버리거나 마누라는 죽어버려 결국 말년에 노숙자 신세가 된다.

3) 戊土가 지지에 丑未冲 刑이 되어 偏枯되어 있으면, 官災가 걸린다.
   刑은 송사시비, 돈 손실, 말썽소지가 생긴다.
   刑은 冲보다 더 무섭다.

4) 戊土 일주가 여름에 조후를 하는 용신이 刑이 되면, 官災, 是非걸린다.

5) 여름에 戊土 일주에 癸水가 나타났는데 癸水와
   戊癸合이 되면, 자신만 좋고 남을 모두 말려 죽이므로

戊土 氣象論 (巳午未月)

이익을 자기혼자 독식한다.
이런 구조면 남을 생각하지 않으므로 이기적이다.
그래서, 남의 손가락질 받는다.
만약, 戊癸合하더라도 지지에 물이 충분하다면 하늘의 무지개와 같은 藝術의 神이다.
예술의 극치라서 그림, 시에 능하다.
戊土는 생명을 기르는 임무인데, 戊癸合火하여 培養(배양)의 德을 상실했을 때는 스스로 나쁜 곳으로 사람을 유도하기 위해 태어난 사람이다.
사기꾼이 많다.
또, 술주정뱅이, 밀수꾼, 도박 같은 짓을 해서 세상을 괴롭히는 사람과 같다.
이렇게 되면 음덕을 쌓지못하여 자손이 안된다.

6) 戊土가 생명이 나타나면 생명을 길러야 하는데, 戊乙辛이면, 辛金이 향기를 자르므로 오나가나 구설을 듣는 사람이다.
권력을 가진 사람들은 자손이 안된다.
권력은 꼭 사람을 억압하기 때문이다.
권력가 3대면 자손이 쫌씨가 난다.
그래서, 자식이 잘 안되면 음덕이 없는 것으로 알아라.

7) 여름에 戊土가 丁火가 나타나 태왕하면 사막과 같아서 초목이 안 자라므로 못쓸 땅이라 먹을 양식이 없다.
丁火는 겨울에만 필요하다.
특히 여름에 丁火가 나타나 너무 마르면, 생명이 클 수 없어 먹을 양식이 없다.
노동자나 기술자 사주다.
그래서, 丁火가 있다고 해서 상생이라 하지 말아라.

8) 丁火가 나타날 때는 金이 木을 자르려 할 때 金을 녹이는 약신작용을 하므로 응급처치를 하는 격이다.

9) 여름에 戊土는 조후가 잘되면 돈이 많다.
水가 돈이기 때문이다.

戊土 氣象論 (巳午未月)

조후만 잘되면 木이 없어도 자동적으로 나무를 기르는 것과 같아 좋다.

10) 여름에 戊土가 지지에 寅午戌이나 巳午未가 있고, 干上에 丙丁火가 나타났다면 가난뱅이다.

11) 여름에 戊土가 있는데, 金이 있어 金을 용신으로 쓸 경우 戊辛, 戊庚이면, 木이 들어올 수 없으므로, 官은 官으로 혈통인데, 혈통이 뿌리를 내릴 수 없어서 절대로 가정과 혈육관계가 편치 않기 때문에 마음고생을 많이 하고 산다.

12) 여름에 戊土가 庚壬을 보면, 제방을 쌓아 저수지를 만들어 농사를 짓는다면, 여름 물은 쓰임새가 많은데 이럴 때 木이 나타나 木剋土하여 제방을 뚫으면 물이 새 버려 나쁘므로 木이 나타나면 안좋다.
이렇게, 戊土가 물을 가두고 있다면 세상 사람들을 위해서 물을 가두고 있어 적덕가, 활인자다.
蔭德은 자기 자신도 몰라야 한다.
다른 사람이 알게 행하는 것은 음덕이 아니다.
댓가를 바라지 않아야 한다.
음덕은 대상이 없다. 잣대가 없다.

13) 만약에 戊土가 나타났는데, 辛金이 뿌리를 갖고 나타나면, 戊 辛
　　　　　戊 酉이면, 보석을 묻는 사람으로, 값나간 것을 값어치 없이 만드므로 퇴보시킨다.
辛 일주는 땅에 보석이 떨어져 볼품없는 보석이 되어 자기 스스로 비하한다.

14) 여름에 더운데 丑土 하나만 있어도 조후가 되므로 남한테 손 안벌리고 먹고 살 수 있다.
辰土라면 말 할 것도 없이 더욱 좋다.
辰 중 乙木, 癸水가 있어 菜根之木이라 잎도 먹고 뿌리도 먹는다 = 감자나 고구마와 같은 것.

戊土 氣象論 (巳午未月)

15) 戊土가 甲을 보면, 富를 형성한다.
    戊甲이면, 농사를 짓고 있어 富다.
    戊土가 財인 水를 보는 것보다 생명인 木을 보는 것이
    더 부자다.
    왜냐하면, 水는 현실에서 얻어지는 것으로 상업으로
    얻는 것이고, 木은 음덕이며 향기의 값이라서 그렇다.
    戊土가 甲을 보면, 富를 형성하고,
    戊土가 丙을 보면, 丙火는 문화와 인격이라서 貴다.
    丙火가 있는 사람은 문화의 神이라서 안배워도 상식이
    뛰어나 많이 안다. 교직이 가장 좋다.
    戊乙丙이면, 즐겁긴 해도 큰 부자가 아니다.
    乙木은 美를 창조하는 神이라서 즐겁게 산다.

16) 戊土가 생명이 없으면, 민둥산이라서 게으르다.
    그래서, 土로 태어나 木이 없으면, 할 일이 없어 가난하다.
    노동의 댓가 받고 살아야 하므로 貴가 없다.
    또, 아무리 노력해도 나무가 없어 생산이 없다.

17) 어떤 오행이든지 戊土가 辛金을 묻으면 빛이 안난다.
    보석은 태양을 보고 물로 씻어줘야 빛이 난다.
    보석을 용신으로 쓴 자는 貴格이 아니다.
    보석을 건드리면 안된다.
    단, 보석은 傷官制殺로 病을 제거할 때만 쓴다.
    그래서, 辛金 일주가 성격이 까다롭고, 예민하다.

18) 辛酉 일주는 물이 없어 金生水가 안되어 쓸 수 없으므로
    가용신으로 많이 쓴다.
    그래서, 土 일주가 金을 가용신으로 쓰는 자는 남편을
    剋하고, 자식을 묻고 있어 가정이 편치 않다.

19) 戊土가 신왕하면, 뿌리에 辰土가 있어 조후가 되면
    좋은데, 辰土를 보지 못하면 貴가 없다.
    그래서, 보편적으로 辰土를 못 보면 局이 떨어진다.

戊土 氣象論 (巳午未月)

20) 戊土가 天干에 乙戊甲인데,
    地支에 申酉戌이 나타나면 나무뿌리를 자르는데,
    이 때 地支에 寅卯木이 나타나면 뿌리를 잘라버리므로
    못쓰는 木이다.
    地支에 巳酉丑과 寅卯辰, 亥卯未 글자가 있으면,
    金木相爭이라서 전쟁이 일어나므로 변화가 많다.

21) 戊土가 干上에 庚이 나타나면, 戊庚, 庚戊이면,
    官을 거부하므로 고집이 쎄다.
    國法을 거역하므로 감옥간다.
    傷官은 法을 무시한다.
    이 때 庚金이 용신이나 길신이 되면 깡패를 잡아넣는 사
    람이다.
    법을 수호하는 사람이다.
    반대로 庚金이 흉신이면,
    나쁜 놈과 야합하므로 사회를 파괴하므로 자손이 안 된
    다.
    그러나, 庚金이 길신이 되면 혁명가가 많다.

22) 懸針殺은 庚辛丁卯酉午로 양기덩어리다.
    사주에 戊 일주가 이런 현침살이 많이 있는 사람은
    침놓는 사람, 의사가 많고,
    여자는 바느질하는 사람이 많다.

23) 여름철 戊土가 조열한데 水國을 가진 여자를 만나면,
    여자가 매력적으로 보이므로 강간을 해서라도 자기 욕구
    를 채우고 싶은 충동을 가진다.

24) 여름에 水가 하나도 없는데, 火局이 되면, 불이 난 산이
    라서 동식물이 못 사므로 쌀독에 아무것도 없어 貧賤之
    象이다.

25) 戊土 일주가 여름에 丑戌刑을 하는데, 火가 너무 많으면
    丑중 申金과 癸水가 흩어지면 官災가 많아 감옥간다.
    刑이 있어 길신이 흩어지면 官災가 많다.

戊土 氣象論 (巳午未月)

26) 戊土 일주는 자기가 깔고 앉은자리에 冲이 오는 것을
    싫어한다.
    그래서, 土 일주에 일지가 辰戌冲이 있는 사람은 돈
    있는 사람이 없다.
    나무를 기를 수 있는 땅이 아니라서 곡간에 곡식을
    저장할 수 없다.

27) 여름에 辰土는 沃土인데, 辰이 없을 때 未土에 子水가
    오면 辰土로 변하므로 沃土가 된다.

28) 여름에 戊土가 아무리 燥해도 癸水를 쓰지 않는다.
    여름에 비가 내리면 써 먹을 수 있는 것은 地支가
    巳午未일 때만 응급 처치로 써 먹는다.
    그래서, 응급처치로 쓸 때면 좋은 局이 아니다.

29) 여름에 戊土가 조후가 안 되면 노숙자, 걸인이 많고,
    僧徒之命이다.
    바람둥이라 女難이 많다.
    여름 戊土가 너무 조열하면 여자를 너무 탐하므로 여자
    가 지쳐서 도망간다.
    그래서, 자주 다른 여자로 바꾼다.

30) 검사, 형사, 도둑은 사주가 비슷한데,
    어느 것이 강하냐에 따라 임무가 달라진다.

31) 戊 일주가 地支에 辰戌冲이 있으면, 교통사고나
    사고 사 같은 흉액사가 많다.

32) 사주에 戊土가 甲丙이 있으면 질 좋은 나무를 기르고
    있는데, 地支에 寅午戌火局이 되면 생명이 불타서
    결국, 내 재산 다 없어진다.

33) 여름 戊土가 丑戌未三刑이 있으면,
    자기 아집이 강해서 조직세계에 적응이 잘 안된다.

戊土 氣象論 (申酉戌月)

1) 戊土(땅)는 木을 키우는 것이 가장 큰 영광이다.
   그래서, 나무를 키울 조건이 되어 있느냐 없느냐를 봐서 富貴貧賤을 본다.
   土에는 우선 태양이 떠야하고, 생명인 木이 있어야 하는데, 이런 구조를 가지면 A급지로 장관급이라 중요한 임무를 띠고 나타났다.
   만약, 甲木은 없고, 乙木이 나타나 있다면,
   乙木은 1년 초라서 1년 동안이라도 榮華가 있다.
   1년생 화초라도 가을, 겨울에는 약초라서 장관도 나온다.

2) 가을에 地支에 寅卯글자가 있으면, 木의 뿌리를 치므로 흉한데, 地支에 午戌未 火가 있으면 木을 치지 못하므로 괜찮다.
   그러나, 地支에 申酉金이 있으면, 火가 옆에 있어 金을 견제해 줘야 괜찮다.

3) 戊土에 火가 없으면 융통성이 없어 가난하고, 木이 없으면 부자가 안된다.

4) 木의 뿌리가 잘리면 노동의 댓가가 안나오므로 결과가 허망하여 가난하다.

5) 酉月에 태어났어도 寅午戌火局이 되거나, 戌月에 태어났어도 午卯戌이면, 생명의 뿌리가 타버려 지탄의 대상이 된다.

6) 가을에 戊庚辛이면, 木이 클 수 없는 돌산이므로, 丁火로 광산개발을 하면 거부가 많다.

7) 가을에 戊辛丁이면, 상관패인격이라 보석을 녹이면 흉악한 일이 생겨 나쁘다.

戊土 氣象論 (申酉戌月)

8) 戊庚으로 火가 없어 金을 제거하지 못하면,
   신왕하면, 깡패, 해결사, 도박업, 공갈협박꾼이고,
   신약하면, 하수구 청소, 자동차 수리공 등 어려운 일하고 산다.

9) 만약, 戊 辛 辛 戊
          ○ 酉 酉 ○이면, 보석을 묻으므로 성격이 더럽다.
   나쁜 짓만 하고 살므로 어디가도 남한테 원망듣는다.
   이런 사람은 건드리면 상처를 낸다.
   이렇게, 보석을 묻는 구조가 되면, 장남으로 유산상속을 많이 받아도 곧 다 까먹어 버린다.

10) 가을 戊土가 신왕하면, 풍년농사라 財福이 있고,
    木이 살아있으면 아름다운 향기가 있어 대우받는다.

11) 가을에 戊辛庚으로 無木 從兒는 괜찮은데,
    戊庚辛甲으로 木이 나타나있는 상태에서 從兒로 가면,
    木을 잘라야 하니 官인 혈통을 거부하므로 외국유학을 가거나 하고 남자는 자식이 안된다.
    仁은 ㅅㅅ으로 사람과 더불어 사는 것이다.
    혈통을 극하면 아들이 귀하다.

12) 가을 戊土가 從兒로 가도 지지에 조그만 불이라도 있어야 융통성이 있다.
    金이 얼어버리면 가치가 없다.

13) 만약, 가을 戊土가 戊庚丁이면, 광맥을 캐는 것이 원칙인데, 戊庚壬癸이면 광맥을 못캐므로 남의 신세지고 산다.
    가을 농토에 비가 내리면 우수라서 근심만 갖다 주는 비다.
    항상, 지나간 날을 보고 자기 신세 한탄하고 사는 사람이다.

戊土 氣象論 (申酉戌月)

14) 戊土가 戌月에 태어나면, 우선 甲을 봐야 한다.
    土는 停止의 神이라서 건드려 줘야 가치가 있다.
    또, 庚金이 와서 보석을 캐야 가치가 있다.

15) 丁火가 없이 庚辛金만 나타나면,
    아무리 공부를 많이 해도 쓸모가 없다.

16) 가을 戊土가 부자가 되는 게 2가지인데, 하나는 나무를 키워서 부자가 되고,
    두 번째로는 광맥을 캐서 부자가 된다.

17) 가을에는 저수지를 막아도 봄이 너무 멀리있어 오래 기다려야 하므로 반기지 않는다.

18) 戊土가 丙火를 보면 사람이 똑똑하다.
    선비, 교육자, 학자가 많다.
    단, 甲木이 없으면 열매가 없어서 富가 없다.
    사람은 똑똑한데 돈이 없다.

19) 여자 土 일주가 比肩, 劫財를 용신으로 쓴 자는,
    자기와 똑 같은 글자를 쓰므로 妾이나 後妻之命이다.
    만약, 사기가 본 부인이 되어 살고 있는데,
    남편이 바람을 피워 이혼하면 자기가 妾으로 들어간다.

20) 만약, 土 일주 남자가 비견겁재가 용신이면,
    남한테 의지해서 산다 : 남한테 의타지명이다.

21) 土는 건드려 줘야 生土라 한다.
    土는 그냥 두면 死土, 황무지다.

22) 天干에 戊 甲 丙
            寅 申 ○이면, 나무뿌리를 자르므로 흉하다.
    차라리 뿌리가 없는 것이 더 좋다.

23) 土(산야)가 아름답다는 것은 나무가 자라고 있어
    기름지고, 값나가는 산이다.

戊土 氣象論 (申酉戌月)

24) 같은 戊 일주라도 戊
　　　　　　　　　　辰이면, 寅午戌 申子辰 時가 되어
　　大局이고,

　　戊
　　午 일이면, 甲을 키우지 못해 局이 작다.
　　나무뿌리를 태워 아무 실속이 없어 노후가 허망하다.
　　농사를 지어 잘 놓았는데 곡간에 불이 나서 타버렸다.

25) 우주의 주인이며 생명인 寅卯木을 키울 구조에서,
　　酉金을 보면, 잔혹한 도끼나 연장으로 본다.
　　酉金은 타협하지 않는다.
　　酉金은 완성된 보석이라서 타협할 가치를 못 느끼기
　　때문이다.
　　그래서, 酉金이 흉신이면, 몸에 수술자욱이나 흉터가
　　있다.
　　酉金이 겁내는 것이 오직 하나가 있는데, 그것은 金을
　　녹이는 丁火다.
　　그래서, 未土, 戌土는 丁火를 갖고 있어 六害殺이다.

26) 만약, 戊 일주가 나무를 키워야 하는데 卯酉冲이 되면
　　폭삭 내려 앉는다 ; 관재, 시비, 송사가 따른다.

27) 가을에 태어난 土 일주가 地支에 三刑이 있으면,
　　관재, 시비가 걸린다.
　　또, 용신이 삼형이 되면, 반드시 관재송사가 생긴다.
　　土는 꼼짝 못하게 하는 감옥과 같다.

28) 戊土가 戌月에 태어나면, 뿌리로 보지 말아라.
　　왜냐하면, 戌月은 丙火와, 戊土가 무덤에 들어가기
　　때문이다.
　　태양이 무덤에 들어가면 땅이 할 일도 없고,
　　힘이 없어서 가치가 없다.

戊土 氣象論 (申酉戌月)

29) 가을 戊土가 甲木(나무), 庚金(광맥), 丙火(태양)이
    없다면, 할 일이 없어 노동의 댓가 받고 산다.
    노력지생이다.
    남 밑에서 하수인 생활한다.

30) 음덕을 쌓는 것은 자기의 몸을 움직여 남을 즐겁게
    해 주어야 쌓인다.

31) 寅卯木은 戊土를 만나면, 타버리므로 戊土는 생명은
    거부한다. 寅戌, 卯戌, 辰戌冲한다.
    酉金도 마찬가지로 생명을 거부한다.

32) 木은 金이 나타나면 싸움이 되므로, 木의 뿌리가 나타나
    는 것을 좋아하지 않는다.
    木의 뿌리를 자르면 향기를 잘라 먹고사는 노숙자다.

33) 가을에 土가 庚이 나타나고, 丁火가 나타나면,
    부자가 많다.
    庚金은 丙丁火를 보지 못하면 다듬어지지 않아서
    아름답지 못하다.
    金은 土를 보면 투박하고 못생겼다.

34) 사주에 寅午戌을 가지면, 정신세계가 발달하고,
    申子辰을 가지면, 물질세계가 발달한다.
    이것이 음양의 법칙이다.

35) 戌亥를 가진 사람은 정신세계가 발달해서 종교인이나
    마음공부를 하는 修道人이 많다.
    戌은 생명을 태워 없애는 자리이고,
    亥는 새로운 세계를 개척하는 자리인데,
    생명을 갖고는 있으나 현상세계가 아닌 1세대가 아닌
    다음세대로 본다.

36) 같은 土라도 丑土와 戌土는 辛金을 암장하여 그릇이
    작고, 辰土와 未土는 생명을 수용하는 土라서 그릇이

戊土 氣象論 (申酉戌月)

크다.
사주 地支에 戌丑丑戌이면, 稼穡이 안된다.
생명이 없기 때문이다.
稼穡格은 생명이 암장해 있는 辰土가 있어야 좋고,
하다못해 未土라도 있어야 좋다.

37) 사주에 戌, 丑土가 있는 사람은 辛金이 암장해 있어
돈을 벌어도 남한테 욕먹고 번다.
그러나, 辰, 未土는 순리로 돈을 번다.

38) 戊土가 木을 키우는 구조에서 가을, 겨울에는 벌,
나비가 없기 때문에 향기가 없어 바람을 안 피우는데,
봄, 여름에는 향기가 있어 바람을 피운다.

39) 가을에는 丙火가 쇠퇴기에 접어들기 때문에 戊土도
같이 쇠퇴기다.
土는 태양과 더불어 생노병사를 같이 한다.

40) 가을, 겨울에 土 일주가 지지에 火氣가 없으면 생기가
없어서 死土나 황무지라서 먹을 게 없다.
온돌방에 불 땔 돈이 없다.
삶이 고달프고 돈에 허덕인다.

41) 만약, 土 일주에 戊丙이면, 겉치레가 심하여 과장이나
허풍이 심하다.
또, 戊丁이면, 실속이 있다.
내성적이다.
丙火가 길신이면, 눈이 크다.
잘생겼다.
겁이 많다.
丁火는 소심하고, 정확하다.
실속있다.

42) 戊土 일주가 申酉戌 가을로 가면 洩氣가 심하기
때문에 우선 태양을 봐야 한다.

戊土 氣象論 (亥子丑月)

43) 가을 戊土가 壬癸水가 많으면 장마비가 내려 곡식이
안 여물어 가난하다.
戊 일주가 가을에 火가 많으면 활인지명이고,
戊 일주가 가을에 金水가 많으면 남에게 피해를
주거나 의지하고 산다.

조후가 안되면 남한테 신세지거나 의지해서 산다.

戊土 氣象論 (亥子丑月)

1) 10(亥月) = 丙戊
   11(子월) = 戊丙
   12(丑월) = 甲乙丙

2) 겨울에 戊土가 火氣가 있어야 생기가 있어 생명을 기를 준비를 하는데, 木이 나타나면 제습할 土를 剋하므로 나쁘다.
   만약, 火가 많을 때는 木이 나타나도 괜찮다.

3) 제습이 되어 있을 때는 먹을 복이 있다.
   丙火가 있으면 똑똑하다.
   戊土가 있으면 밥걱정 안하고 사는데, 戊土가 없으면 춥고 배고프다.

4) 겨울에는 丙戊가 같이 있으면 좋다.
   丙火만 있으면 힘들게 산다.
   겨울에는 丁火보다 戊土가 더 좋다.
   겨울에 丁火가 있는 사람들은 편하고 배부르게 산다.

5) 겨울에 丙戊甲이 모두 있으면 부자다.

6) 겨울에 키우지 못할 木이 나타나면 말썽꾸러기다.

7) 地支에 亥卯未木局으로 뿌리가 튼튼하면 튼튼할수록 힘들게 산다.
   官은 희망과 꿈인데, 官이 病되면 망상이다.
   木이 너무 많으면 官災가 많다.

8) 겨울에 丙火만 유력해도 부자가 된다.
   戊土가 있어 剋을 안받고, 제습해 주면 편하게 산다.

戊土 氣象論 (亥子丑月)

9) 겨울에 丙火가 유력하고 甲木도 유력하면 장관급이다.
   天干에 甲이 나타나고 寅中 丙火를 쓰면 小富이고,
   天干에 甲丙이 뜨면 대부다.

10) 地支에 寅卯辰이 나타나면 온기가 있어야 한다.

11) 항상, 지구는 陰이 많기 때문에 여자의 숫자가 많게 되어 있다.
    그런데, 지금은 전쟁이 없어 남자가 더 많다.

    사주에서도   巳 寅 未 戌 午
                丙 丙 丁 丁 丁 으로 陰이 많다.
    陰이 많아야 하는데 陽이 많으면 가치가 없다.
    그래서, 남자가 많아서 남자가 가치가 없다.

12) 地支에 寅卯辰이 있으면 未戌午 글자가 있어야 한다.
    겨울에는 戌土하나만 있어도 7글자를 책임지고,
    여름에는 辰土하나만 있어도 7글자를 책임진다.
    단, 沖이 안되어야 한다.
    겨울에 戌土하나만 있어도 조후제습하므로 밥걱정 안하고 산다.

13) 겨울에 천간에 甲이 있어도 천간에 壬癸水가 많이 있으면 寅木뿌리가 얼어있는데, 巳午未로 갈 때 녹으면 더 나쁠 수가 있다.
    얼어 있을 때는 모르는데, 녹으면 진물이 나므로 運이 들자 죽는 수가 있다.

14) 戊土 일주가 지지에 火氣가 없으면 10(亥月) 寒,
    11월(子月)은 冷하여 戌丙으로 조후제습을 해야 한다.

15) 戊土 일주가 지지에 火氣가 없으면 자식덕이 없다.
    왜냐하면, 金이 부모인 戊土로부터 土生金하므로 자식이 등골빼먹는다.
    또, 내가 냉하면 남편이 집에 들어오지 않는다.

戊土 氣象論 (亥子丑月)

사주 원국에 불이 없으면 대운에서 운이 와도 크게 받지 못한다.
그래도, 南方으로 갈 때는 그 때는 괜찮다.

16) 겨울에 戊土 일주로 태어나면 財月에 태어나 경제관념이 강하여 알뜰하다.
그런데, 火가 없으면 힘든 일 하고 살아야 하므로 돈이 안 모인다.

17) 만약에 火氣가 없으면, 좋은 자리에 갈 수 없다.
그래서, 그만큼 능력이 떨어졌다는 뜻이다.

18) 地支에 申子辰水局이나 亥子丑方合이 있으면 별 볼일 없는 사람이다.
有病無藥이라 일생 눈물로 살다가 간다.

19) 겨울에 간상에 丙이 떠 있어도 지지에 戌土나 未土만도 못하다.
丙이 뿌리가 없으면 虛火다.
그래서, 겨울 丙火는 실속이 없다.
단, 丙이 있으면 지지에 寅木이 있어 동남방으로 갈 때 꽃피고 열매맺어 좋다.

20) 戊癸合火, 癸戊合火해도 흉신과 合을 하여 木을 키울 수 있는 운동을 하지 않고 연애만하고 있어 잡국이다.
정신이 딴데 있다.
그러나, 火氣가 있어 길신이라면 촌장정도는 된다.

21) 겨울은 조후가 되어야 만물이 살 수 있기 때문에 현실에 어두운 사람이다.
여름에 시원하면 현실에 밝은 사람이다.
현실에 어두우면 재물을 보는 안목이 없다.

22) 겨울에 癸水가 戊土와 合火하면 천한 몸이 官인 戊土가 와서 제습해 주므로 현실에 밝고, 늙은 老郞을 만나 편

戊土 氣象論 (亥子丑月)

히 사는 격이다.
그러나, 반대로 겨울에 戊 일주가 癸水와 合하면 안 좋다.

23) 가을에 역용신 사주

　　戊 癸 戊 壬
　　午 巳 申 寅

戊癸合火되어 현실에 밝은 사람이다.
가을에 불이 많아 역용신을 쓴다.
역용신을 쓰면 보통사람과 사는 방법이 다르다.
25살 위의 남자와 산다.
현실을 감안하여 실속있게 산다.

24) 자기 사주를 이끌어 가는 것이 용신이다.
그래서, 용신은 자식에 비유한다.
용신을 낳은 자는 부인이다 = 用子生妻.

25) 日支와 용신과의 관계에서 日支가 흉신이면, 배우자 德이 없다.

26) 겨울에 戊庚壬이면 비 내리는 못쓰는 돌산인데, 돌산을 개발하려면 丁火를 써야하는데, 亥子丑月은 물기가 많아 丁火를 쓸 수 없어 나쁜 구조다.
안되는 일만 골라 엉뚱한 일만한다.
사람한테 유익한 일을 하지 않는다.

27) 겨울에 戊癸壬이면 겨울에 눈보라가 내려 조상음덕이 끊어졌다.
클 때 고아처럼 사랑 없이 사는 사람이다.
부모가 버렸거나 가정이 깨져 환경이 나빠서 고생을 많이 한다.

28) 戊土가 亥月에 태어나 木이 많으면 庚金이 木을 쳐줘야 戊土가 살 수 있다.

戊土 氣象論 (亥子丑月)

29) 겨울에 戊土가 火가 넉넉하게 있으면 경제에 밝아 재물이 많다.

30) 사람은 財官을 위해서 산다 = 돈과 벼슬이다.

31) 戊 일주가 己土를 보면 도둑질해 가는 친구다.
왜냐하면, 운에서 甲이 오면 甲己合하여 甲木을 달고 가버리므로 친구를 너무 믿으면 낭패를 본다.
만약, 己일주가 戊土를 보면 농토를 넓혀 얻는 게 많다.

32) 戊 일주가 亥月에 가면 亥中 甲木이 있는데, 甲木은 씨앗으로 亥水보다 아래세대인데, 겨울에 亥未, 亥卯이면 亥水속에 있는 甲木이 乙木과 合되어 잡목인 乙木으로 가버리므로 나쁘다.

33) 특히, 戊土보다 己土는 더 나쁘다.
己土는 甲乙木을 키울 수 없기 때문이다.
키우지 못할 꿈이다 = 官은 꿈, 희망, 영광이다.

34) 겨울 子月, 丑月은 冬氷寒雪인데,
지지에 丁火가 많으면 情이 굉장히 많은 사람이다.
심사숙고하고, 매사에 빈틈이 없다 = 현실적이라서.
그런데, 丙火를 가지고 있으면 과장되고, 큰소리만 잘 친다 = 현실적이지 못하기 때문이다.
겨울 丁火는 매력적인 사람이다.

35) 겨울에 寅卯辰이 있는 사람은 봄, 여름이 오면 대부가 된다.

36) 겨울에 子卯刑이 되어 있는 사람은 나무가 子水에 얼어 있어 봄이 되면 녹아서 진물이 나므로 병이 온다.

37) 戊 일주가 干上에 壬癸가 나타나면 制水해 줘야 하는데, 제수해주지 못하면 돈 돈하다가 세월 다 간다.

38) 戊 壬 癸이면, 맨날 돈타령한다.

戊土 氣象論 (亥子丑月)

壬癸를 감당못하여 돈 걱정한다.
남자는 여자 때문이다.
이런 구조는 가난을 면치 못하고, 너무 財多身弱하면 사기꾼이 된다.

39) 겨울에 戊土가 甲丙이 나타나면 좋은데, 干上에 壬癸가 하나만 있어도 태양이 힘을 못쓰므로 무용지물이다.
아무 실속이 없다.

40) 겨울에 火氣가 하나도 없으면 허명뿐이다.
火氣가 있어야 땅이 생기가 있는데, 봄, 여름이 되면 그때만 반짝 좋다.

41) 나무뿌리가 너무 차면 냉해를 입는데, 봄이 오면 녹아서 썩어버린다.

42) 겨울에 冷寒을 해결못하는 사주는 궁색하게 산다.
조후가 안되면 현실에 버림받은 사람이다.
일생 운이 없다.
생명을 키울 생기가 없어 생명으로부터 버림받은 사람이다.
이런 사람은 몸이 아프거나 남의 신세지고 산다.
남의 신세지고 살면 성질이 나쁘다.
조후가 안되면 이기적이다.
편고되면 생각이 기울어서 자기 잣대대로 생각한다.

43) 겨울에는 濕土가 많으면 건강이 나쁘다.
日支에 濕土가 있으면 배우자궁이 나쁘다.
火氣를 흡수해 버리기 때문이다.
조후가 안된 사람은 사람들이 싫어한다.

44) 丑月은 土月이라서 甲乙이 나타나 건드려줘야 살아있는 土다.
土는 丙火와 같이 장생하는데, 불이 없는 土는 休土 또는 死土다.

戊土 氣象論 (亥子丑月)

45) 겨울 戊土가 火氣를 많이 보면, 사람은 똑똑한데 木이 없으면 부자가 아니다.

46) 土 일주는 丑戌未三刑을 가장 싫어한다.

   戊 ○ ○ ○
   ○ 丑 戌 未이면, 戊土의 뿌리가 싸움을 하여
   시끄럽기 때문이다.

47) 小福은 在勤하고, 大福은 在天이다.

48) 戊土는 甲乙木으로 官殺이 혼잡하면 싫어한다.
   雜木이 되면 값이 안가므로. 甲甲이면 괜찮다.

49) 戊土는 高山裕谷으로 번식력이 강한데, 地支에 沃土인 辰土나 未土를 가져야 좋다.

6. 己土 氣象論(총론)

1) 己土는 陰土이기 때문에 內皮土(裏面土)이며, 陰圈地土로 싹을 보존하는 土다.
   生地인 陽圈地에 태어나면 생명이 열매맺고 꽃피는데, 戊土가 관장하고, 陰圈地는 己土가 관장한다.

2) 己土는 불을 보지 못하면 木을 키울 수 없다.
   己土는 丙火가 있어 戊土로 바꿔줘야 한다.
   그래서, 己土는 陽圈地에 태어나면, 생명이 키울 수 없는 땅이라서 삶이 고달프다.

3) 己土가 陽圈地에서 甲이 나타나 甲己合되면 凶하고, 木이 자라지 않는 陰圈地에서는 甲己合되면 좋은 경우가 많다.

4) 己土가 乙木을 보면, 땅이 그늘이 져서 습해지므로 싫어한다.

5) 己土가 陽圈地에서 乙木을 기르면, 木이 잘자라므로 木剋土 당하여 정신적 고통이 많다.
   불구자, 단명한다.
   己土는 밟혀 다니는 땅이라 눌려 있어서 12띠 중에서 인내력이 가장 강하다 : 열려, 충신, 효부가 많다.

6) 己土는 剋과 剋을 달리므로 좋으면 아주 좋은데, 좋은 국이 잘 안나온다.
   己土는 생명을 잘 못 키우므로 賤하게 사는 사람이 많다.

7) 己土 일주가 나무를 못키우기 때문에 亥卯未, 巳酉丑되어도 나쁘다.

6. 己土 氣象論(총론)

8) 己土가 丙을 보면, 戊土로 되어 밭과 논으로 본다.
   태양이 떠 있어도 뿌리가 없으면 廢土가 된다.

9) 己土에는 丙火가 떠야 좋은데, 壬癸가 뜨면, 철천지 원수라서 못쓴다 : 壬癸는 조후로만 쓴다.

10) 己土가 丁火를 보고 지지에 巳午未, 寅午戌火局이면, 불이 난 산이라 값없는 땅이다.

11) 己土가 태양이 뜨면, 비옥한 땅이다.
    丁火가 너무 많으면, 사막화가 되어 찾아오는 사람이 없다.
    물이 없어서 사람들이 내 곁을 떠나므로 외롭게 산다.
    이렇게 말라 있으면, 사람들과 헤어질 때 다투거나 돈 문제 등으로 나쁘게 헤어진다.

12) 己土 일주에 壬水가 돈인데, 壬水가 오면 습해지므로 돈과 여자 때문에 고통 받는다.
    己土는 돈 거래를 명백하게 해야 한다.
    또, 己土 일주는 마누라와 관계가 나쁜 사람이 많다.

13) 己土는 戊土를 보면 짱이다.
    己土는 戊土 때문에 출세한다.
    己土가 戊土를 보면, 陽土로 변하므로 값있는 土다.
    그래서, 己土가 戊土를 보면, 큰 형님이 나를 도와 준 격이다. 德을 많이 본다.

14) 己土가 己土를 보면, 陰圈이니 가을, 겨울에는 괜찮은데, 陽圈地인 봄, 여름에는 사기꾼이 많다.
    濕土가 너무 많아 군겁쟁재하므로.

15) 己土는 수장권의 땅속에 있는 土인데, 陽圈地에 태어나면 이상한 성격이다.
    뛰어난 아이디어가 있거나 특이한 짓을 하는 경우가 있다.

6. 己土 氣象論(총론)

16) 己土가 태양을 보면, 학자나 연구직이 좋다.

17) 己土가 木이 있으면 木을 키울 수 있느냐를 봐야하는데, 金이 없으면 木을 못키우므로 火가 와서 金을 눌러줘야 좋다.

18) 己 일주는 지지에 巳酉丑을 깔고 있으면, 남편인 木이 들어오지 못하므로 남편덕이 없다.

19) 己土가 丙을 보면, 농사지을 수 있는 조건을 갖추었는데, 과대망상적인 기질이 있다.
己土가 丙을 보면, 농토가 넓고, 농사가 잘된 것으로 보고 丁火를 보면, 농토가 좁고, 농사가 덜된 것으로 본다.

20) 丁火는 庚辛金이 있을 때 약신으로 쓸 수 있다.

21) 己 일주가 木과 金이 등장하면, 둘 다 다 안되므로 천한 사람이 많다.

22) 사주팔자는 命理(명의 이치)다.
자기한테 주어진 삶을 肯定的인 사고를 갖기 위해 배운다.

23) 己土가 庚金을 보면, 돌박힌 산으로 보므로 좋은 農土가 아니다.
광산구조면 丁火로 돌을 캐야 한다.
丁火가 없으면 기계가 없어 캘 수 없어 엉거주춤하게 산다.
만약에 庚金이 있으면, 돌산인데, 壬癸水가 있으면 돌산에 비가 내려 丁火로 돌산을 캘 수 없으므로 무위도식하는 사람이거나 노동자 또는 처한테 얹혀산다.
건달, 사기꾼이 많다.
무당이 많다. 한탕주의 사고에 젖어있다.

6. 己土 氣象論(총론)

24) 　　庚 己 丁 庚
　　　巳 午 ○ ○이면, 보이지 않는 것을 캐므로 난세에 혁명가나 장군이 많다.
남들이 하지 못하는 모험적인 성공을 하는 사람이 많다.

25) 광산구조이면, 丁火가 없으면 못쓴다.
다만, 金이 많아 從兒나 水가 많아 從財로 가면 좋다.
이렇게 돌산구조이면 조후를 안본다.
농사를 안 짓기 때문에 물이 없어야 좋다.

26) 己土가 辛金을 보면, 땅에 묻힌 보석인데, 자갈밭과 같아 보석을 건드리면 못쓰므로 자갈밭과 같다.
忌神이면 가치없는 土다.
또, 辛金이 뿌리가 없으면, 값없는 보석이라 큰 운이 없다.

27) 己土가 癸水를 보면, 농토에 비가 내려 쓸모없는 土다.
己癸이면 습해서 못쓴다.
癸水가 뿌리가 없으면 안개로 보고, 地支에 뿌리가 있으면 비로 본다.
己土가 癸水를 보면, 태양을 가려 가정, 직업 변화가 많다 = 폐농이다.
남한테 사기치고, 의지하고 산다.

28) 만약, 己土가 癸水를 보고 陰圈이면 눈(雪)으로 본다.
겨울 癸水는 사기를 치거나 돈 때문에 남한테 골탕 먹인다.
가을, 겨울 癸水가 흉신이면, 사람들한테 유익한 일을 하지 않는다.

29) 己土가 火를 보지 못하면, 木을 키울 수 없는데, 여자는 火가 없이 木을 보면, 남편덕이 없고, 남자도 火가 없이 木을 보면, 자식덕이 없다.
陰土 자체가 건전한 사고를 못하게 된다.

6. 己土 氣象論(총론)

火가 약한데 木이 왕하면, 남편한테 매맞고 산다.
매를 맞아도 맨땅보다는 官인 남편이 있는 것이 좋으므로 매 맞으면서 신세타령하고 산다.
己土에 金이 자식인데 자식이 크기만 기다린다.

30) 己土는 土가 너무왕하면, 비만체구가 많다.
己土가 조열하면, 생명을 못키워서 돈이 안따르므로 종교인이 많다.
바짝 마른 사람이 사기꾼이 많다.

```
己 己 己 己
巳 巳 巳 巳  사기 巳다.
```

바짝 말라서 대머리가 일찍 벗겨졌다.
水(財)가 필요하므로 여자를 좋아한다.
조후가 안되어 동서남북 사기꾼이다.

31) 己土 일주가 火가 왕하면 밭으로 보는데, 밭보다 논이어야 수확이 더 많다.

32) 己土 일주가 甲乙木이 많으면 신약하므로 객사하는데, 官이 鬼로 변하여 가문(혈통)에 죽은 귀신(객사)이 들락날락한다. 乙己甲이면 木이 鬼다.
객사가 많다.
특히, 木이 많이 나타나 있는데,
불이 없어 木이 썩으면 여자는 자궁病이 온다.
또, 木이 너무 왕하면 신경성 病이 생기고,
정신병이 되어 헛소리 잘한다.

33) 己土가 신약하면 남한테 밟히는 땅과 같아서 자기의 개성을 피력하지 못하므로 창녀다.
賤한 직업, 행상이 많고, 신약하면 배신을 잘한다.
己土는 남한테 눌려 사는 특성이 있어 처세에 능하다.
己土는 기록할 記에서 나왔으므로 꼼꼼하고, 글씨를 잘 쓰는 사람이 많다.

6. 己土 氣象論(총론)

34) 己土는 己 ○   己 ○   己 ○
　　　　未 亥,　卯 亥,　未 卯이면,
슬픈사연으로 헤어질 확률이 80%이상이다.
특히 己 ○
　　未 亥이면, 地支에 官인 甲乙木이 木剋土하므로
사랑해선 안될 사랑이다.
내 한테 상처주고 떠난다.
겨울에는 100%다.
봄, 여름에는 고통속에서 살수도 있다.
키울 수 없는 나무를 고통속에서 사랑했건만 정주고 헤어진다.

　　辛 己 辛 丁
　　未 未 亥 亥이면, 지지에 合이 들어있어 헤어질 때
木剋土하므로 상처주고 떠난다.

35) 생명을 수용하기 힘든 己土는 풍진세상을 한 많게 산다.
수도인, 종교인, 참선자가 많다.

36) 己土 일주가 봄, 여름에 태어나 신왕하여 생명을 수용할 수 있으면, 중화적인 기질이 있어 교제에 뛰어나므로 외교관, 비즈니스맨이 많다.

37) 여자 사주에 己土용신인 사람은 용신이 유력하면 괜찮은데, 신약하면 정상적인 가정을 지키기 어렵다.

38) 여름생이 戊己土가 많으면 戊土는 큰 길, 己土는 小路인데, 己 戊 戊이면 산길 들길을 가므로 갈 길이 멀다는 뜻이므로 운이 늦게 열린다.

39) 己 일주가 丙을 보면 사는데 재미가 있다.
丙己乙이면 木을 키우고 굉장히 행복하게 산다.
己土는 땅속에 있다가 세상을 보기 때문에 특이하고 열렬한 사랑을 한다.

6. 己土 氣象論(총론)

40) 己土가 癸水를 보면 己土가 왕하고 癸水가 약해서 己土가 눌러줄 수 있으면 개울물로 보므로 좋은 경우도 있다.

41) 土가 사주에 많으면, 己癸己己이면, 가는 길이 험난하게 길다는 뜻으로 고통이 많고 운이 안따른다.

42) 여름 己土가 壬水를 보면, 己土濁壬으로 꾸정물인데, 己土가 木이 나타나 木剋土해야 탁임이 안된다.
己壬乙이면 탁임이 안되어 좋다.
겨울은 얼어버려 己土濁壬이 안된다.
濁壬되면 남자는 여자와 돈 때문에 일생 고통받는다.
己土는 水가 흉신이면 물에 떠나려가므로 돈 때문에 고통받는다.
己土 일주가 水가 많아 재다신약하면 죽을 때 빚을 많이 남기고 죽는다.

43) 己土가 많으면 남이 밟고 다니므로 흉신이 되면 나쁘고, 길신이 되도 좋지 않다.

44) 己己이면, 남한테 밟히고, 밟힌 세월이 길고 길므로 길고 긴 고난을 지나야 되고, 己 己 己이면, 끝없는 고난이고, 戊 己 戊이면, 고난 끝인데, 그 궁에 따라 통변을 달리한다.

45) 己壬이면, 물밑에 흙이다.
己壬癸이면, 장마비에 갖힌 흙이다.

46) 丁, 己는 午火에 祿(록), 丙, 戊는 巳火에 祿, 己土가 午를 보면 偏印(편인)인데, 己일주는 偏印(편인)과 인연으로 고모, 이모이다.

47) 己 일주가 己 己
　　　　　　未 丑이면, 陰土인 땅을 갈아엎으므로 좋은 沖이다. 사철 부지런하다. 잘산다.

6. 己土 氣象論(총론)

48) 己 己
    卯 酉이면, 생명을 자르므로 나쁘다.

    己 己
    巳 亥는 불을 끄므로 나쁜 沖이다.

49) 己土는 田園土라서 갈아엎어야 좋다.

50) 己土는 농사짓는 田園土라서 가만히 두면 죽은 土라 쓸모가 없으므로,

    己 庚 丁   己 己
    ○ ○ ○,   丑 未라야 좋다.
    火가 없으면 死土다.
    土는 停止의 神이라 廢土로 쓸모가 없다.
    사주가 할 일이 없는 사람은 남의 농사짓는데, 거들어주고 얻어먹고 살므로 돈이 안모인다.

51) 土는 火가 너무 많으면, 불능생금이라서 돈이 필요없기 때문에 낭만의 기질을 갖는다.
    불능생금이면 食傷은 자기의 노력인데 土生金못하므로 생산을 할 수 있는 노력을 할 수 없어서 종교인이나 초자연적인 삶을 산다.

52) 생명을 키울 구조를 갖춘 己土는 귀하게 사는 사람이 많고, 생명을 못 키울 구조이면 초자연적인 삶을 산다.

53) 己土가 너무 음습해서 생명을 키울 수 없으면 응큼하다.
    사고방식이 건전하지 못하여 비밀스런 직업이 많다.
    사기꾼, 도둑놈, 밀수꾼, 마약하는 사람.

54) 土가 火가 있어 마르면, 성격이 급하고, 地支에 濕이 많으면 남한테 말못할 비밀이 많다.

55) 己土가 농사철에 庚辛金이 많이 나타나면 우박이나

6. 己土 氣象論(총론)

서리로 나무를 죽이므로 丁火가 없으면 농사가 안된다.

56) 己土가 辰戌沖이 있는데, 木이 없으면 辰戌沖도 좋다.
 개간하는 것과 같다.

```
己 己
丑 未
```
는 부지런하고 가정도 안깨지므로 좋고,

```
己 甲 甲
○ 辰 戌
```
이면, 생명인 木이 있을 때 지지 沖은 나쁘다.
他 五行은 沖이 거의 안좋은데, 土만은 좋은 沖이 많다.

```
己 己
未 丑
```
은 부부가 화목하게 산다.
부동산해서 돈 벌었다.

57) 己土가 乙木을 보면 화초를 기르므로 실속이 없다.
 요령꾼이 많다.
 乙木이 나타났는데, 지지가 습하면 나무뿌리가 썩으므로
 남자는 성병, 여자는 자궁병이 생긴다.

58) 己土가 戊土를 보고 甲을 키우면 남의 덕을 본다.
 火가 없어 木이 썩으면 金으로 잘라야 좋다.
 戊土는 나무를 베는 경우가 적은데,
 己土는 火를 못보면 나무가 뿌리가 썩으므로 나무를
 베는 경우가 많다.
 그런데, 木을 자르면 남자는 자식덕이 없고, 여자가 木
 을 자르면 남편덕이 없다.
 만약, 金이 와서 木을 잘라내야 하는데, 木이 너무 왕해
 자르지 못하고 金木相爭이 되면 정신병이 온다.
 己土는 戊土가 있으면 陽土로 되므로 큰 약이 된다.

59) 사주팔자는 그 사람이 가야 할 과업이다.

60) 土 일주는 己土라도 지지에 辰土가 있어야 土의 구실을
 잘한다.

6. 己土 氣象論(총론)

辰土는 辰中 乙木과 癸水가 있어 菜根之命(채근지명)이라서 먹을 게 있다.
만약, 稼(농사지을 가) 穡(농사거둘 색)이므로 辰土가 없는 稼穡은 쓸모가 없다.

61) 己土 일주가 甲乙木이 있으면 丙이 떠야 하고,
己土 일주가 庚辛이 있으면 丁이 떠야하고,
己土 일주가 壬癸가 뜨면 戊土가 있어야 좋다.
地支가 너무 조열하거나 너무 습하면 비밀이 많고, 좋은 직업이 아니다.

62) 가을에 己土가 己庚癸이면, 土生金, 金生水하여 官印相生이라고 좋다고 보지마라.

63) 甲癸庚이면 관인상생으로 보지마라.
비가 내려 나쁘다.

64) 庚辛金이 있어 쓸 수 있으면, 개척정신이 강하다.

65) 丁火는 地熱이므로 가공해 주는 불인데,
丁火가 金을 보면 金을 다루는 연장으로 본다.
만약, 辛金이 있는데, 丁火를 보면 완성된 보석을 불로 녹이므로 재산을 갖다 버린 사람이다.
꼭 辛金을 녹일 경우는 辛金이 나무를 자를 때 丁火로 약신작용으로 쓸 수 있다.

66) 土가 稼穡格이 됐을 때 지지에 金이 하나쯤 있는 것이 더 좋다.
土는 자갈이 있어야 산소를 공급해 주므로 좋다.
金이 있으면 金生水하여 水原이 된다.

67) 己土가 壬水를 보고 壬水를 제거 할 己壬이면, 壬水 때문에 己土의 임무가 상실되는데, 戊土가 와서 객토를 해 줘야 값나가는 土로 된다.
만약, 壬水를 제거치 못하면 財(돈)에 고통 받는다.

6. 己土 氣象論(총론)

癸 己 壬
○ 巳 午이면, 지지에 火가 있어 괜찮은데,
만약, 火가 없으면 비가 내려 농사를 못지으므로 財가 흉신이라서 살맛이 안난다.

68) 己
丑 일주가 火를 보지 못하면, 丑土는 1년 동안의 모든 것이 썩어 새로운 생명을 탄생시키기 위한 土라서 썩어 냄새나는 흙으로 賤한 직업가지고 사는데, 중년에 건강이 나쁘다.

69) 己
丑 일주에 土를 피부로 보는데, 乙木은 인체의 털이나 수염으로도 보므로 火를 보지 못하고 乙木을 보면 木이 크지 못하므로 남자는 자식덕이 없다.
己土 일주가 亥卯未이면, 키우지 못할 木을 키우려하므로, 남자는 자식덕이 없고, 여자는 남편덕이 없다.

70) 己 일주가 甲己合되면, 농사지을 철이라 나뭇가지가 땅에 닿아 썩히므로 수확이 없다.
돈 복이 없다.
土로 따라가야 한다.

71) 丁火가 용신인 자는 대게 담배를 좋아하고, 壬癸가 용신인 자는 술을 좋아하는 사람이 많다.

72) 己土는 火를 못보면 힘이 없어서 나무를 못기르므로 신약한 土로 본다.
稼穡格은 말랐으면 水用神을 쓰고, 濕하면 火를 용신으로 쓴다.

73) 己土는 壬水쪽에서는 己土가 濁壬시키고, 己土 일주에서 보면 壬水가 가라앉게 만들어 싫어하고, 癸水도 싫어한다.

6. 己土 氣象論(총론)

74) 己土가 木을 키우는 구조이면 가장 좋고, 火를 보지 못하고 木을 키우려 하면 빛 좋은 개살구 된다 : 木을 키우려면 火를 봐야 한다.

75) 己土는 木이 많은 것(亥卯未, 寅卯辰)을 가장 싫어한다. 키우지 못하면 정신병자다.

76) 己癸戊이면, 戊癸合火인데, 옆에 丙火나 丁火가 있어 發火가 되어야 火로 본다.

77) 사주가 己庚壬이면, 제방을 쌓아야 하므로 火가 많아야 흙이 단단해서 제방을 쌓을 수 있다.
그래서. 庚金이 나오면 丁火로 캐줘야 좋은데, 壬癸가 나오면 丁火가 꺼져 건달이다.

78) 己土가 甲丙을 보아 살아 있으면 대부대귀격이다.
丙己甲癸이면, 癸水가 태양을 가려 값어치 없다.
丙火와 癸水는 떨어져 있어야 좋다.

79) 丙火가 뜨고 甲이 있으면 좋은데, 卯木은 한때 반짝좋다.

80) 사주에 丁火가 너무 많아 조열하여 바짝 말라 생명을 기를 수 없는 구조이면 살아도 남한테 원성 듣거나 남에게 피해를 준다.

81) 己土는 木이 있고, 태양이 있어야 값나가는 농토인데, 木만 있고 태양이 없어 못 키우면 안좋고, 태양은 있는데 木이 없어도 안좋다.

82) 己土 일주에 庚辛金이 있으면, 從格이면 좋은데, 從格이 안되면 가정이 안좋다.

83) 己土는 기록을 잘하므로 대서소, 복덕방, 교제, 관광, 국제관계, 法을 다루는 직업이 많고,

6. 己土 氣象論(총론)

己土는 위장, 창자, 배 부위에 질병이 있고, 대서소, 도장, 인쇄소, 군인, 혁명가 모험가, 특수한 기능자가 많다.

84) 己土는 陰土이기 때문에 裏面土이고 內皮土다.
그래서, 이면토로 태어나면 생명을 기를 수 있는가, 없는가의 조건을 봐야 한다.
己土는 생명을 기르기 위해서는 戊土로 客土해야 하고, 丙丁火가 와서 말려줘야 한다.

85) 戊土는 높은 산의 양이 많은 흙이고, 己土는 낮은 산의 양이 적은 흙이며, 습한 土다.

86) 戊土는 뿌리만 튼튼하면 겨울이라도 제습을 잘해주는데, 己土는 壬水를 만나면 물이 출렁거려 막아주지 못하고, 己土濁壬이 되어 떠내려가거나 흙탕물이 된다.
봄, 여름에는 濁壬이 되고, 겨울은 얼어 있어 탁임이 안된다 : 기토탁임이 있으면 귀격이 안나온다.

87) 己土는 壬水를, 壬水는 己土를 물이 구정물이 되므로 서로가 가장 싫어한다.

88) 己土가 물에 침식당해 쓸 수 없으면 요령꾼, 수완꾼이다.
己土濁壬이 되면 잔머리꾼, 요령꾼이다.
또, 기토탁임이 되어 있는데, 己土가 허약하면, 남의 눈치만 보고 산다.
남자는 여자의 눈치보며 살고, 여자는 돈 때문에 고심하게 된다.
그래서, 돈만주면 oK 하는 줏대없는 사람이다.

89) 己土는 丙火를 좋아하는데, 癸水가 나타나면, 습한 농토에 장마비가 와서 영원히 생명을 못키우므로 생명을 죽이는 일을 한다.

6. 己土 氣象論(총론)

90) 태양이 뜨지 못하는 비온 날과 같아 쭉정이 농사다.
가는 길이 깜깜하다. 방향감각을 모른다.
그래서, 남을 함정에 빠뜨릴 수 있다.

91) 己土에 정용신은 丙火다.
땅이 습하므로 우선 태양이 떠야 한다.
그래서, 己土가 丙火를 보면, 똑똑하고, 사리분별이
분명하다.
또, 己土에 戊土로 객토해 주면 남의 덕으로 잘 산다.
그러나, 戊土입장에서는 己土를 싫어한다.
아무리 신약해도 戊土는 己土를 쓰지 않고,
아무리 신약해도 丁火는 丙火를 쓰지 않고,
아무리 신약해도 乙木은 甲木을 쓰지 않고,
아무리 신약해도 壬水는 癸水를 쓰지 않는다.

92) 己土는 태양이 떠 땅이 말라야 자신만만한 土다.
태양이 없는 땅이라 나무를 심어도 불생이다.
그래서, 자식을 두기가 어렵거나 둔다해도 기르기
어렵다.
대운에서 火가 들어와 木을 기르다가 그 대운이 가면,
자식이 외국가거나 이별한다.

93) 己 일주 여자는 불이 없는데, 나무가 나타나면, 불이 없
으면 나무를 못키운데, 키우지 못할 나무를 키우므로 남
편이 애를 먹인다.
남녀모두 자식궁이나 남편궁이 나쁘다.

94) 만약, 甲이 있는데, 己土가 있어 서로 힘이 비슷해서 合
이 안되면 복상사한다.

95) 陰의 본질이 바뀌면 陽이 되고, 陽의 본질이 바뀌면 陰
이 된다.
合은 변화의 본질을 갖고 있기 때문이다.
甲己 = 己土, 乙庚 = 庚, 丙辛 = 癸水가 된다.
이때 일주 기준하여 陰과 陽으로 구분한다.

6. 己土 氣象論(총론)

96) 己土가 봄, 여름에 태어나 나무를 기르면 정신고통이 대단히 많고, 가을, 겨울에 태어나야 편하다.

97) 己土는 火가 없으면, 생명이 안자라므로 쓸모없는 죽은 흙과 같다.
生氣를 잃으면 여자는 임신이 안된다.
애를 낳더라도 火運이 가면 기르기가 어렵다.

98) 己土에 乙木은 잘 안쓴다.
왜냐하면 乙木은 습해서 밑뿌리가 썩기 때문이다.
그러나, 土가 왕할 때는 乙木을 藥神으로 쓸 수 있다.

99) 己土가 乙木을 보면, 신약해서 자기가 살기 위해 간사하다.
주체성이 미약하다. 큰 일할 때 나쁘다.

100) 己土는 하늘에 丙火가 뜨고, 지지가 축축해야 좋다.

101) 癸己己癸이면 東家食, 西家宿으로 떠돌이다.
정처없는 사람이다. 남의 신세지고 산다.
그래서 이런 사람이 떠돌아다니다 보니까 이상한 것을 배워 시, 그림, 등을 잘하는 사람이 있다.

102) 원래, 木은 바람풍(風)이다.
壬癸가 많으면 유랑하는 사람이나 이사를 자주하거나 직업전환이 많다.
木과 癸水가 많으면 연애를 많이 한다.

103) 己土가 庚辛이 투간하면 자갈밭이라 수확이 적다.
이럴 때는 丁火로 돌을 캐내야 한다.
만약, 丁火가 없어 캐내지 못하면 깡패나 남한테 신세지고 산다.
그래서, 이럴 때는 從하는 것이 좋다.

104) 己土를 丁火가 있어 옥토로 만들면 혁명가나 개혁하는

6. 己土 氣象論(총론)

사람이다.
局이 좋으면 성공하는데, 局이 나쁘면 깡패다.

105) 己土가 지지에 亥卯未, 寅卯辰이 있어 木이 태왕하면,
己土가 좁은 땅에 나무만 많은 격으로 못키우면 과욕을
가지고 살므로 결과가 없다.
이런 사람은 망상속에 산다. 자아도취에 산다.

106) 만약, 己土가 甲을 보아 合이 되면 나쁘기 때문에
떨어져 살아야 하는데, 己土가 甲을 키우면
大富이고,
己土가 乙木을 키우면 꽃이 필 때만 화려하고 열매가
없어 말년이 허망하므로 小富이다.

107) 乙木은 젊을 때 돈, 마누라관리를 잘해야 한다.
己 일주가 乙木이 나타나면 자식덕이 없어 아들이 없거
나 자식덕이 없다.

108) 己土가 겨울에 얼어있어 凍土가 되면, 돈복이 없다.
(삼수변은 흐르는 물이고, 氷(얼음빙)은 얼어있다는
뜻)

109) 土 일주로 태어나면,
첫째, 土가 陽地에서 태어났느냐,
혹은 陰地에서 태어났느냐를 봐야한다.
寅月에서 未月까지는 陽地,
申月에서 丑月까지는 陰地.
둘째, 燥하냐 濕하냐를 봐야한다 : 調候.
셋째, 剋하는 글자와 洩氣하는 글자 중 어느 것이
많은지 봐야한다.
내가 剋을 받거나 剋을 하면 성격이 급하고,
설기하면 순세다.

110) 陽 일주는 낮으로 밝고, 陰 일주는 밤으로 어둡다.
그래서, 陽 일간은 보기가 쉬운데, 陰 일간은 보기가

6. 己土 氣象論(총론)

까다롭다.

111) 戊土 일주가 癸水가 옆에 있어 戊癸合火하는 경우, 내가 木이 말라 물이 필요한데, 戊土가 먼저 물을 마셔버린다 : 己戊癸, 己癸戊.

112) 戊癸合火格은 천간에 丙丁火가 있어야 火의 작용을 한다.
단, 丙丁火가 없으면 끌어안고 있는 것과 같다.
만약, 火용신으로 불이 필요한데 戊癸合火되면, 희망사항이 살아 있어 부지런하다.

113) 己庚壬이면, 土가 물을 가두지 못하여 물이 새는 것과 같아서 제방을 쌓지못하면 마음만 급하지 되는 것이 하나도 없다.
개망나니 짓을 하거나, 건달이다.
또, 남의 흉내만 내고 큰소리만 뻥뻥치는 사람이다.

114) 己土가 왕한 壬水를 가지면, 壬水가 바닷물, 호수물인데, 己壬壬 으로 壬水가 흉신이면, 바닷물로 파도로 본다.
바닷물이 출렁거려 壬水에 己土가 씻겨 없어지므로 돈과 여자 때문에 인생을 망친다. 蕩兒다.
水는 玄武(현무)로 水가 많아 흉신이면, 어둡고 시컴해서 도둑의 심보다.
그래서, 결국 사기꾼이 된다.
이럴 때는 戊土가 와서 제방을 쌓아줘야 한다.
法은 천(川), 거(去)의 합성어로 물이 흘러가는 것이다.

115) 己土 일주가 壬水가 흉신으로 己土濁壬이 되면, 도둑질한다.

116) 己土가 水가 많아 財多身弱하면 죽을 때 빚을 많이 지고 죽는다.

6. 己土 氣象論(총론)

　　己土는 물밑에 가라앉은 흙이라서 財가 나를
　　누르고, 지나가기 때문이다.

117) 己土 일주가 火가 없어 얼어 있어 생명을 기를 생기가
　　 없으면 머리가 안 돌아간다. 사고가 천하다.
　　 남녀 모두 사고가 천하면 힘들게 산다.

118) 己丑 일주는 겨울에 얼어있는 土다.
　　 丑중에는 여기 癸水가 10분의 3, 중기 申金이 10분의
　　 1, 정기 己土가 10분의 6이 들어있기 때문이다.

119) 己 일주가 壬水가 年에 있으면, 조상 때 망했고, 時에
　　 있으면 말년에 망한다.
　　 己土가 壬水가 있어 흉신이면 폐농이라서 그 위치(宮)
　　 에서 반드시 망한다.

120) 己 일주가 신약한데 壬대운이 나타나면, 가정에 돈 때
　　 문에 문제가 일어난다.

121) 이른 봄에 己土가 간상에 壬癸水가 많으면, 농토에 한
　　 기가 들어 한냉해져 싹이 크지 못하여 고질병이나 신체
　　 에 이상이 온다.
　　 크다가 病者가 된다.

122) 己土가 봄에 庚辛金이 나타나면, 己庚辛이면, 초목을
　　 키울 조건이 아니므로 庚辛金이 말썽꾸러기다.
　　 생명을 자르고 있으므로 조상의 음덕이 없다.
　　 봄에는 丙丁火가 나타나야 좋다.

123) 봄에 己壬癸이면 쭉정이 농사다.
　　 己 己 己 癸
　　 巳 未 未 丑 이면, 여기서 癸水는 여름의 癸水라서 조후
　　 로는 쓰는데, 丙火가 못뜨므로 귀국이 아니다.
　　 그러나 조후가 되어 있어 먹고사는 것은 괜찮다.
　　 丑未冲이 있어 초년에 공부잘했다.

6. 己土 氣象論(총론)   - 239 -

　　　己 戊 ○
　　　○ 申 酉로 가을이면, 가을에 己土가 戊土를 보아 땅은
　　　넓어져서 좋으나 가을, 겨울은 나무가 자라지 않으므로
　　　아무 소용이 없다.
　　　운이 봄, 여름으로 가야한다.
　　　땅은 넓은데 초목이 없으면 쓸데없는 일을 하므로 실속
　　　없이 살다 간다.

124) 가을에 己土는 甲丙이 투간하면, 부귀격이다.
　　　벼슬, 명예, 곡식이 많다. 대풍이다.

125) 가을에 己丙乙이면 화초를 기르고 있어 소부격이다.
　　　가을, 겨울에 乙木이 뿌리가 있어 살아 있으면 약초다.

126) 己壬癸이면, 가을에 수확을 할 수 없어 먹을 게 없다.

127) 己庚辛이면, 가을에 구름이 잔뜩 끼어 수심만 가득하
　　　다.

128) 가을, 겨울에 己土가 戊土가 나오면, 劫財가 비도 막아
　　　주고 땅도 넓혀주므로 님의 덕으로 질된다.
　　　그래서, 부지런하다.
　　　역마성이라 한다.
　　　戊己沖이 되면 부지런하다.

129) 겨울 己土가 壬癸水가 눈보라인데, 눈보라가 많으면
　　　많을수록 사람들과 멀어지므로 쓰임새가 없다.
　　　고독한 팔자라서 賤格이다.
　　　賤하면 천할수록 남이 안하는 직업을 하고 산다.
　　　밀수, 아편, 색시장사, 해결사, 포주, 생명 죽이는 일.
　　　또, 壬癸水가 겨울에 많으면 명함을 내밀 수 없다.
　　　염라대왕이 사람죽이라고 내려 보낸 사람이다.

130) 己土가 火가 없을 때 乙木 화초를 보면 火가 없어
　　　어둠만 있으므로 밝음이 없다는 뜻이므로 어두운 곳에

6. 己土 氣象論(총론)

피는 화초다.

己 乙이면,
밤에만 움직이는 화초다. 홍등가 몸 파는 사람. 술집.
火가 없으면 가식적으로 산다.
웃음을 파는 술집여인네의 사주다.

131) 土는 結集의 神이라서 모든 것을 쌓아 놓기를 좋아한다.
泰山은 한방울의 먼지도 싫어하지 않는다.
土가 많은 사람이 沖이 없으면 쌓아놓기를 좋아하므로 인색하다.

132) 己土는 耕作土라서 쟁기질을 해줘야 좋다.
단 木이 나타났는데, 沖하면 안좋다.
土는 多耕多作하면 좋다. 수확이 많다.
己土는 辰戌丑未가 좋다.

133) 己 乙이면, 화초를 기르므로 사치와 낭비가 많고, 노는데 끝내준다. 연애박사다.

134) 午月 己土가　己 庚 辛
　　　　　　　　○ 午 未이면, 庚辛金이 조후를 시켜주긴
하므로 봉사를 많이 하는데, 혼자만 바빴지 木을 못 키우므로 열매가 없어 가난하고, 헛고생을 하다가 간다.

135) 丁己丁丙이면, 산불이 난 격이다.
地支에 巳午未를 가지고 있으면 모든 생명이 타서 죽어 버리므로 부모가 재산을 아무리 많이 물려주어도 다 까먹어 버린다. 만사 虛妄之像이다.
첩첩산중에 구도하는 정신으로 살아야 한다.
조상의 악업을 받은 자손이다.
조후를 못시켰다는 것은 음덕이 너무 없다는 뜻으로 음덕이 너무 없으면 사람들이 내 곁을 모두 떠난다.

6. 己土 氣象論(총론)

136) 己
亥이면 亥중에 壬甲으로 正財와 正官이 들어있는데, 正財, 正官이 흉신이 되면, 자기 마음속이 도둑놈 심보가 있다.

137) 己土는 어느 계절이라도 丙火가 따라다녀야 한다.
己土는 축축하기 때문에 丙火로 말려야 하므로. 壬癸가 뜨면, 태양이 못들어 온다.
그래서, 己土는 壬癸를 눌러야 하므로 戊土를 좋아한다.

138) 巳午未月에 己土가 壬水가 많으면, 여름에 물에 잠긴 농토라서 물밑에 가라앉은 土이므로 持病을 가졌다.
농사지을 계절에 壬癸가 많아 하늘에서 비가 오면 사람이 게으르다.

139) 만약 己土가 寅이나 巳가 있어 丙火로 나무를 키워야 좋은데, 未午戌이 있어 암장한 지열인 丁火로 나무를 키우려 하므로 싸구려다.

140) 己土는 陰土라서 생명을 기르지는 않지만 가을, 겨울 己土가 木을 보면, 木을 뽑아내는 경우가 많고,
봄, 여름 己土가 木을 보아 키우려고 하면 마음고생이 많다.

141) 어떤 사주든 合多不貴인데, 己庚辛 이면, 자갈이 많아 薄土(엷은 흙)라서 운이 없다.

142) 己土가 木이 나타나도 合이 되면, 안나타나는 것보다 못하다.
合하면 나무가 썩으므로 안좋은 일만 하다가 간다.

143) 사주에 濕土가 많으면, 폐가 습해서 기침을 많이 하거나 심하면 비염같은 고질병이 많다.

己土 氣象論 (寅卯辰月)

1) 己土는 봄에는 날씨가 차기 때문에 丙火로 따뜻하게
   해서 戊土化 해 주거나 戊土로 객토를 해줘야 한다.
   그러나, 丙火가 나타났어도 壬癸가 나타나든지, 戊土가
   나타났어도 甲乙木이 나타나면 나쁘다.

2) 봄에 己丙甲이면, 대국이다. 장차관급이다.
   봄에 己戊己이면, 戊土化되어 중급이다.
   봄에 己甲乙이면, 가정도 깨지고 망상이다.

3) 己甲庚辛이면, 金이 木을 자르므로 나쁘다.
   또, 己土에 甲이 나타나 甲己합하면 나무가 흙에 닿아
   썩으면 土로 변하므로 열매가 없어 허송세월이다.

4) 己土가 12월에 태어나 甲丙을 보면 부지런하다.
   생명을 기르는 구조이면 부지런하고, 향기가 있어 사람들
   이 모여든다.

5) 己土가 丙火를 보지 못하면, 힘이 없다.
   그래서, 己土가 丙을 보지 못하고 甲을 보면, 힘이 없어
   열매가 여물지 않고, 바람만 불면 꺽어져버리므로 빛 좋
   은 개살구다.
   태양은 나무를 보면 향기, 꽃, 아름다움으로 본다.
   그래서, 木 일주가 丙火를 보면, 인물이 잘생겼다.
   甲이 있으면 내 농토가 넓으나, 丙이 없으면 큰 局이
   안된다.

6) 사주가 봄에 甲木이 있어 살아 있으면 부지런하고,
   丙火를 보면 날씨가 맑아 활동이 자유로워 항상 밤이
   없다.
   甲이 있으면 곡식이 있어 부자이고, 甲이 없으면 곡식이
   없어 가난하다.

己土 氣象論 (寅卯辰月)

7) 봄에 己土가 壬癸가 떠서 丙火를 못오게 하면,
   利敵神이 등장했으므로 戊土가 壬癸水를 눌러줘야 좋다.
   壬癸가 나타나면 열매가 없다.
   봄에 태어난 己土 일주가 壬癸가 많으면 요절하는 사람이 많다.
   또, 질병에 시달리고, 고통속에 살다가 간다.
   戊土로 눌러줘야 한다.

8) 봄에 庚辛金이 나타나면, 봄은 봄인데, 하늘에 구름이 잔뜩 끼어 수확이 없어 헛일하고 다니므로 돈이 없다.
   사회에 유익한 일 하는 사람이 아니라 가엾은 사람이다.

9) 己 庚 辛
   ○ 寅 卯 月이면, 조상으로부터 惡業이 떨어졌으므로 命이 짧아 자손이 자라다가 죽거나 사람한테 유익한 일 못한다.
   허망한 말년이다.

10) 봄에 丁 己 丁
        寅 午 戌이나 巳 午 未 이면, 산에 불이 난 格이라 볼품 없는 민둥산이다.
    초목(생명)이 봄에 화상을 입은 것과 같아서 남한테 신세지고 살거나 방해꾼이다.

11) 사주에 庚
          申 卯이면, 卯申暗合(乙庚暗合)되어 정력이 쎈 사람이다.

12) 己土 일주가 月上이나 時上에 甲이 있어 甲己合되면,
    생명을 기를 조건이 아니므로 일생에 좋은 호기가 없다.

13) 己土는 땅에 가라앉은 땅이라서 濕土이고 裏面土라서 항상, 눌려서 살기 때문에 참고 견디는 힘이 강하여 효녀, 충신, 열사가 많다.
    신약하면, 군중심리에 휩쌓인다.

己土 氣象論 (寅卯辰月)

사리판단이 안되어 중임을 맡길 수 없고, 중요한 약속 같은 것을 못한다.
그러나, 신왕하여 사리판단이 확실하면, 충신, 열녀, 경찰, 외교분야에 탁월한 사람이 나오고,
만약, 신약한데 沖이 되거나 하면 음성적 비밀직업을 가진다.
사체놀이, 암표장사, 마약.

14) 己土는 물밑에 가라앉은 흙인데 신약하면, 돈 유혹에 약하다.
그래서, 己土는 貴하게 되면 아주 貴하고, 賤하면 아주 賤하다.
그래서, 己土는 가라앉은 土라서 貴格이 안나온다.
陰 일주인 己, 癸, 辛은 용신잡기가 어렵다.

15) 신약하고, 己土가 壬癸水를 많이 보면, 재다신약이라 일생 빚에 쪼들려 죽는다.
己 일주는 신약하면, 청렴하게 살아야 한다.
그렇지 않으면, 돈 때문에 고생하다가 간다.

16) 合은 陰과 陽의 배합이다.
陰 일주가 합하는 것은 官이다.
乙庚, 丁壬, 癸戊, 己甲, 辛丙
陰 일주가 官과 합하면 억압을 당하는 느낌을 받아 의기소침하여 눈치를 살핀다.

17) 陽 일주는 財와 합하는데 합이 되면, 자유가 없다.
마누라가 안 놓아주기 때문이다.

18) 己土가 丙火을 보고 乙木을 키우면, 풍치는 아름답고 좋으나 화초이므로 화초가 언제 질지 모르므로 말년 대비를 잘해야 한다.
예술성을 갖고 있어 인기는 좋으나 낭비벽이 많고, 연애를 많이 하고, 소비성이 많다.

己土 氣象論 (寅卯辰月)

19) 己 일주가 봄에 태어나 年에 乙木을 보면,
    올된 화초를 기르므로, 꽃잔치속에 재미있게 산다.
    그래서, 봄에 피는 꽃은 나무가 뿌리가 있으면 튼튼한
    나무이고, 뿌리가 없으면 연약한 나무다.

20) 己 丙 乙인데 火氣가 허약하면, 乙木이 허약하게 자라서
    질병에 시달린다. 잔병이 많다.
    乙 일주는 몸이 날씬하여 운동선수가 많다.
    乙 일주는 날씬하나 건강이 약해서 출산시 애로가 많다.
    만약, 己土가 乙木을 봤는데 乙木이 흉신이면, 乙木이
    바람 부는 대로 흔들리므로 간교한데가 있다.

21) 乙 일주가 길신이 된 사람은, 여자는 미용사, 외교관,
    국제관계, 영화감독, 방송인이 많다.
    또, 乙木은 화려한 직업인데, 乙木이 길신이면, 여자는
    비행기 안내원, 남자는 비행기 조종사가 많다.

22) 만약, 봄에 己土가 火가 하나도 없으면 쭉정이 농사다.
    노동의 댓가를 받고 살므로 밥은 먹으나 늙으면 허망하다.
    태양을 못 본 나무는 잡풀이다.

23) 辰月(3월)은 항상 甲을 먼저 써야한다.
    땅은 움직여줘야 살아있는 土이다.
    甲이 없으면 乙木이라도 있어야 값나가는 土다.
    庚이 있으면 광산으로 쓸모있다.
    땅은 가만히 있으면 영원한 공터라서 값없는 土다.
    생명을 못기르면 값이 없다.
    모래사장과 같다.

24) 己土가 辰月에 태어나면, 辰중 癸水와 乙木이 숨어
    있는데, 癸水라는 마누라가 화초를 기르고 있어 예쁜
    마누라다.
    향기를 가진 마누라인데, 미모의 여인과 사는 남자는
    바람을 많이 핀다.

己土 氣象論 (寅卯辰月)

25) 己 일주가 辰土 劫財를 보면, 향기 덩어리의 매력적인 부인과 산다.
또, 부인이 손재주가 있거나 여성미가 발달하여 남성을 끌어들이는 매력을 가졌다.

26) 己土가 卯나 未가 있으면 남녀 모두 인물이 곱다.
땅에 화초가 있어 쓸만한 땅이다.

27) 만약, 己 일주가 癸水가 있으면, 亥중 甲木과 甲己合하므로 만났다가 헤어질 운명이다.
이런 사람들은 부인을 두고 두 가정생활한다.
亥卯未는 木의 합으로 생명의 合인데, 亥에서 태어나 卯에서 자라 未에서 무덤에 들어간다.
3代 차가 나므로 나이 차가 많은 자식같은 부인을 만난다.

28) 만약에 봄에 태어난 己土가 巳酉丑을 가지면, 생명을 거부하는 마음을 갖고 태어났고,
그런데, 己 일주가 亥卯未를 가지면, 긍정적인 사고를 가지고 태어나 대중속에서 귀염받는다.
만약에 巳酉丑을 가지고 있는데 火를 보지 못하면, 좋은 때를 만나지 못하고 죽는 사람이 많다.

29) 대체로, 陽 일주는 陽干을 용신으로 취용하고,
陰 일주도 陽干을 용신으로 취용한다.
단, 庚金만은 陰 일간인 丁火를 쓴다.
庚金은 巳에서 長生하기 때문에 불을 좋아하는데,
庚金은 곡식과 열매로도 보기 때문에 木이 자랄 때는 열매로 본다.
다른 五行은 偏印 몸에서 태어나는데, 庚金만은 官인 殺 속에서 태어난다.
庚金은 丁火를 보면, 완성품으로 태어났기 때문에 태어나면서부터 아름답다.

30) 己土가 卯木을 보고 火를 못 보면, 辰土라도 봐서 때를

己土 氣象論 (寅卯辰月)

기다려야 하고, 寅月에는 寅중에 丙戊가 있어 금상첨화다.

31) 天干에 喜神이 있으면, 조상의 음덕이 있는 사람이고, 地支에 喜神이 있으면, 자신의 노력으로 살으라는 것이다.
    대운에서 用神이 오면, 환경에서 오는 友德이다.

己土 氣象論 (巳午未月)

1) 己土는 물이 많으면 논으로 보고, 물이 없으면 밭으로 보므로 통틀어 전답으로 본다.

2) 여름에 己土는 태양과 甲木을 봐야 좋다.
   여름 己土는 생명을 기르기 때문에 바쁘고 분주하다.
   여름 己土는 인기가 좋아서 찾는 자가 많다.
   여름에 己土가 초목을 키워도 그 功은 戊土에게 돌아간다.

3) 己土가 여름에 태어나 甲丙이 있고 吉神이면, 大局이 될 것인데, 없으면 대국이 아니다.

4) 己土가 乙木만 있고, 凶神이면, 사기꾼이거나 바람꾼 풍류객이다.

5) 己土가 丙火는 떴는데, 木이 없으면 씨앗이 없어 수확이 없다.
   명예와 돈이 적다.
   甲이 있고, 丙火가 없으면 자질이 부족하고, 丙이 있고, 甲이 없으면 씨앗이 없어 게으르다.

6) 만약, 午月에 己土가 丙火가 떠서 조후가 잘되면 대국이다.
   여름이라도 丙火 태양은 떠야 좋다.
   壬癸가 많아서 뿌리가 있으면 별 볼일 없다.

7) 己土가 봄, 여름에 金을 용신으로 쓰면, 생명인 官을 자르므로 벼슬이 높지 않고, 남한테 지탄대상으로 산다.

8) 己土는 甲丙을 잘 키워야 대국인데, 이 때 조후가 잘

己土 氣象論 (巳午未月)

되어야 귀격이다.
甲丙이 있는데 조후가 되지 않으면, 영악하나 남이 알아주지 않으므로, 사람은 똑똑하고, 인물도 잘생겼는데, 공부를 많이 해도 노는 사람이다.

9) 만약, 火土가 많아 己土가 마르면, 화토중탁(火土重濁)이라 하는데, 화토중탁이 되면 의리가 없고, 인정이 없다.
눈앞의 이익만 챙기는 사람이다.

10) 만약, 己土가 丁火가 나타나고, 지지에 寅午戌, 巳午未 火局이 되면, 땅이 말라서 사막화가 되어 산불이 난 산과 같아서 토양이 못쓰게 되어 산에 풀 한포기 없어 모두 타버리므로 부모재산을 상속받아도 다 태워버려 부모 속을 썩인다.
印星이 病이면 어릴 때 내가 부모속을 썩이고, 어른이 된 후에는 부모가 내 속을 썩인다.
청개구리 심사다.

11) 만약, 여름 己土에 庚辛金이 있어 丁火로 녹이면 사람을 살리는 활인업한다.
길신이면, 경찰, 검사, 수사기관이다.
흉신이면, 깡패나 해결사다.
己 庚 丁이면, 의사 같은 활인업한다.
庚 己 癸 丁이면, 木을 자르므로 깡패, 해결사다.
사람들의 지탄대상이 된다.

12) 病이 중한데 藥이 있어 活人之命이 되면, 藥神이 유력하면 활동을 많이 하고, 인기가 좋다.
그러나, 자기 영화는 없다.
만약, 藥神보다 病이 重하면 나쁜짓하고 사는 깡패다.

13) 壬己, 己壬으로 己土 바로 옆에 壬水가 있으면
己土濁壬인데, 기토탁임이 되면 물이 꾸정물이 되어 마실 수 없으므로 의식이 지저분하고, 피부병이 생긴다.

己土 氣象論 (巳午未月)

남자가 기토탁임이 강하게 되면 연애만 하는 건달이고, 여자는 기생이거나 창녀생활한다.
기토탁임이 되어도 戊土가 나타나 土剋水해버리면 기토탁임이 안된다.

14) 여름 巳午未月 己土 일주가 申子辰水局이 되면 물밑에 가라앉은 土라서 수확이 없어 남의 신세지고 산다.
홍수가 난 것이다.
또, 신왕하고 재왕하면 돈이 많은데, 반드시 戊土로 客土(객토)를 해줘야 좋다.

15) 己土가 木이 나타났을 때 생명을 기르지 못하면 남에게 피해를 주거나 주정뱅이로 산다.

16) 己庚壬이면, 기토탁임은 안되나 水가 旺해 농사를 지을 수 없다.

17) 己土가 신왕하고 壬水가 있으면, 부지런하고, 癸水를 보면 비가 내려 게으르다.
그래서, 남의 덕으로 산다. 남 등쳐먹고 산다.

18) 己土는 항상 戊土가 옆에 있어야 좋다.
戊土가 은인이다.

19) 己土가 戊土를 보면, 재산이 저절로 불어난다.
그러나, 戊土가 己土 劫財를 보아 좋아질 경우는 항상 골치아픈 일이 생긴다.

20) 여름에 己土일주가 甲乙丙丁이 있어 木을 기르면 좋고, 庚辛金이 있어 광산을 개발하면 사업가로 좋다.
만약, 局이 더 좋으면 법관, 개혁가, 혁명가다.

21) 己土가 木을 못키울 구조이면, 金으로 따라 가는 것이 좋다.

己土 氣象論 (巳午未月)

22) 만약, 己土일주에 金이 있는데, 金이 木을 지나치게
    많이 자르면 생명을 죽이면서 이익을 취하므로 도둑놈,
    사기꾼, 밀수꾼, 마약을 한다.
    그래서, 己土가 庚金이 나타나면, 丙丁이 나타나 金을
    눌러주어 木을 못 자르게 해야 좋다.

23) 여름에 己土가 巳酉丑을 뿌리로 가지면, 생명의 뿌리를
    자르므로 수확이 없다.
    巳酉丑이 나타날 때 午戌未가 있어 金을 눌러줘야 탈선
    하지 않는다.

24) 己土가 천간에 甲丙이 나타나 길신이면 좋은데, 庚辛이
    나타나 木을 자르면 능력은 있는데, 능력발휘를 할 수
    없다.

    己 丙 甲이면 대국인데,
    丙 己 庚 甲이면 金剋木하므로 나쁘고,
    甲 己 癸 丙이면, 癸水가 丙火를 가리므로 구조가 나쁘
    다.

25) 己土가 壬水를 보아 己土濁壬이 심하면, 질병이 생긴다.

26) 己土라도 여름에는 반드시 조후가 되어야 한다.
    조후가 안되면 생산능력이 상실된다.

27) 여름에 날이 더울 때 己土가 辰土만 있어도 밥걱정은
    안한다.
              己
         辰〇午이면, 辰中에 乙木이 있다.
    乙木은 봄, 여름에는 화초라 하고, 가을, 겨울에는 약초
    로 본다.
    그래나, 봄, 여름 농사철에 辰土가 있으면, 辰中 乙木은
    뿌리식물, 잎파리식물, 즉, 菜根之命(채근지명)이다.

28) 여름에 己土는 巳午未火局을 가장 싫어한다.

己土 氣象論 (巳午未月)

亥水가 오면 巳亥沖, 子水가 오면 子午沖,
丑土가 오면 丑未沖이 되어 조후가 안되어 나쁘다.

29) 여름에 己土가 甲乙木이 있고 丙火가 있으면, 생명이 자라고 있어 부지런하다.
만약 생명이 흉신이면, 역행하고 산다.

30) 己土가 여름에 태어나면,
己 辛 己
未 未 丑 이면, 食福이 많다. 丑未沖하여 부지런하다.
그러나, 干上에 木이 있으면, 沖이 나쁘다.

31) 여름에 날이 더울 때 시원하려고 壬癸를 바라면 안좋다.
비가 오면 농사를 못짓기 때문에 水는 지지에 있어야 좋다.
干上에 壬癸가 많으면 쭉정이 농사다.
돈이 없다.

    癸 己 己 癸
    酉 丑 未 巳 地支에 巳酉丑金局.
여름 농토에 비가 내려 쭉정이 농사다.
여름이라도 비가 오면, 3不른다.
① 남자라면 官인 木이 못자라므로 자식이 안된다.
② 여자라면 官인 木이 못자라므로 남편이 안된다.
③ 木이 없으면 돈(財)가 없어 빈 털털이다.
④ 官이 없어 명예가 없다.(망상)

32) 己土에 甲丙이 나타나 길신이면, 막중한 임무를 가지고 태어난 사람이다.

33) 月支 : 내가 태어난 가정, 태어난 집인데, 月支가 좋으면 환경이 좋아 고생하지 않고 산다.
그러나, 月支가 흉신이면, 운이 와도 고생한다.

34) 사주에 合은 연애, 사랑, 아낀다, 좋아하는 것,

己土 氣象論 (巳午未月)

매력적인 것, 보고 싶은 것, 칭찬하는 것, 달랜다라는 뜻이다.

35) 沖은 훼한다. 반대한다. 미워한다. 때린다. 따진다.
방해한다.
의식을 부정한다.

36) 사랑하고 싶은 사람은 용신이 같은 사람이고, 매력적인 사람은 자기가 필요한 오행을 상대방이 많이 갖고 있는 사람이다.

己土 氣象論 (申酉戌月)

1) 가을 申酉戌月에 己土는 木火가 활동을 멈춘다.
   守藏(거두어 감추는 것)하는 시기다. 결실의 시기다.

2) 日柱가 절대적인 주인은 아니므로 사주 8글자를 모두 살펴야 한다.

3) 가을에 己土가 곡식을 익히기 위해서는 丙火가 必善이다.
   多多益善이다.
   火가 많고, 甲乙木까지 있으면 풍작이다.

4) 사주 원국에 있는 것은 영원히 자기 것이고, 대운에서 오는 것은 환경에서 오므로 그 때만 있는 것이다.

5) 丙火는 巳火를 뿌리로 잘 쓰지 않는다.
   왜냐하면, 巳火가 배반하는 경우가 많기 때문이다 :
   巳申合水, 巳酉丑合金.

6) 만약, 가을 己土가 날씨가 추워져 干上에 壬癸가 많으면 비가 내려 쭉정이 농사라서 남의 下手人이므로 기술자 사주다.
   地支에 火가 넉넉해야 좋다.

7) 가을 己土 일주에 庚辛金이 透干하면 丁火로 돌산을 캐줘야 좋은데, 庚辛金을 캐주지 못하면 가치없는 산이다.
   그래서, 가을 己土는 正偏印을 가리지 않고 모두 좋아한다.
   곡식이 없는 가을 돌산이라서 가치가 없다.
   이런 때는 丁火가 藥神作用을 한다.

8) 가을 己土가 壬癸가 나타나 가을 장마가 들면,

己土 氣象論 (申酉戌月)

쭉정이 농사라서 살만하면 돈이 떠내려가 없어진다.
己 壬 癸이면, 戊土가 壬癸를 막아주고, 또 생명을 기를 때 객토를 해주어 든든한 후견자가 있어 밥 걱정하지 않는다.
특히, 추울 때는 戊土가 제습도 해준다.
그러나 戊土 일주에 己土가 뜨면 귀찮은 친구가 피곤하게 하는 격이다.
己土 일주가 戊土를 보아 객토해 주고 있을 때, 地支에 丑未沖이 있으면 좋다.

9) 생명은 사랑과 자비인데, 木이 나타났는데 자르면, 잔혹하다.
木은 생명의 원천이고, 우주의 주인이기 때문에 자르면 자식이 안된다. 자식을 낳아도 병신이다.

10) 土의 가장 큰 임무는 木을 키우는 것이다.
土는 木을 길러야 한다.

11) 가을(申酉戌月)에는 金氣가 있기 때문에 地支에 寅卯木이 나타나면, 자기 스스로 자멸하므로 나쁘다.
생명을 자르면 노동의 댓가 받고 산다.

12) 만약, 신왕하고 木을 자르면, 파란만장한 곡절을 겪고 산다.
사람한테 공갈, 협박하며 살므로 자손이 불구자가 나온다.
공무원 사주에 木을 자르는 구조이면, 민원인한테 공갈 쳐서 돈 먹는다.

13) 寅 = 申, 卯 = 酉, 辰 = 戌 이면, 金木相戰인데, 생명인 木은 한번 꺾어지면 복구가 안된다.
사주에서 자라는 것은 木과 金 뿐이다.

14) 土는 入墓시키는 墓이므로 다음 생명을 태어나게 하므로 만물의 어머니와 같다.

己土 氣象論（申酉戌月）

15) 가을 己土는 寒氣가 오므로 丙火를 봐야 좋고,
    또, 甲을 보아 木生火 해줘야 곡간에 곡식이 있다.

16) 己 丙 甲
    ○ 寅 ○이면, 조상의 음덕이 크다.
    年月에 丙甲木이 뿌리가 있고 길신이면, 조상의 유산이 있고,
    또, 年에 乙木이 있으면 유산이 넘어 올 수도 있고
    안넘어 오는 경우도 있다.
    時에 甲木이 있으면, 자식한테 유산 물려준다.

17) 己土가 가을에 甲丙이 있어 용신이나 길신이면, 곡식이 있어 식복이 있다.

18) 가을에는 모든 백과를 수확하는 계절인데, 甲木이 사주에 나타나 있지 않으면, 농사를 지은 게 없어 가난하고, 丙火가 있으면, 사람은 똑똑한데 재물은 많지 않아 노동의 댓가받고 산다.

19) 만약에 己土가 戊土가 있어 신왕해지면, 劫財를 이용했으므로 기술자, 노동의 댓가받고 산다.

20) 가을은 날씨가 차지는데, 己土가 또 己土를 보면, 게으르고 사고가 답답하다.
    또, 답답한 친구를 사귄다.

21) 만약, 甲丙이 있으면 거부인데, 丙甲이 없고,
    己 丙 乙이면, 예술감각이 발달했다.
    가을단풍이 물들은 격이다.

22) 己 丙 甲이면, 생명을 기르므로 좋다.

23) 만약, 가을 己土가 약신이 뜨면,
    예를 들어, 己庚丁이면, 활인업하는 자가 많은데, 가을은 생명이 자랄 때가 아니므로 활인업을 해도 局이 크지

己土 氣象論 (申酉戌月)

작아 실속이 적다.
봄, 여름 생명이 자랄 때 활인업을 해야 局이 크다.
가을, 겨울에도 활인업하면 덕을 쌓는 것이다.

24) 사람을 살리는 자, 흉신을 제거하는 자는 음덕을 쌓는 것이고, 病이 重한데 藥도 重하면 굉장히 바쁜 사람이다.
이런 사람은 자기 영화는 없고, 장수하지 못한다.
有病有藥하여 藥이 旺하면, 이름을 명진사해한다.

25) 만약에 病이 重하고, 藥이 弱하면, 자기 양심껏 살지 못한다.
病을 제복하지 못하기 때문에 편법으로 사는 사람이다.

26) 甲木이 사주의 어디에 있든 간에 만물의 紀元이라서 長 字, 우두머리 글자다.
만약, 甲이 있고, 지지에 寅木 뿌리가 있으면 좋다.
사주에 甲丙이 있으면, 반드시 장남 구실한다.

27) 金은 水가 왕한 것을 가장 싫어한다.

28) 申月에 己土가 地支에 申子辰水局이나 亥子丑水局이고, 天干에 壬癸가 뜨면, 물이 범람하므로 戊土로 제방 해 줘야 법을 지키고 사는 사람이다.
만약, 물이 범람하면, 무법자로 유랑자, 바다(물)에 빠져 죽는 사람이 많다.
또, 火가 凶神이면, 비행기 조심해야 한다.

29) 木은 육지전이고, 水는 海戰, 寅午戌火局은 공중전인데, 火는 정신세계라서 종교전쟁으로 인하여 망한다.

30) 가을 己土가 丙丁火가 너무 약하면, 바람에 흔들리는 갈대와 같은 운명이라서 90%이상 과부나 홀아비 팔자다.
運에서 辰土나 丑土가 오면 가정이 깨진다.
그렇지 않으면 한 때 가정이 뒤집어진다.

己土 氣象論 (申酉戌月)

그래서, 己土는 寅時를 가장 좋아한다.
寅中 丙戊. 午未時를 만나면 괜찮아진다.

```
庚 己 己 癸    정치인사주.
午 卯 未 巳    己土는 寅未時가 좋다.
```

31) 日과 時가 희신인 자는, 자수성가한 사람이고,
    年月에 길신이면, 조상의 음덕 또는 하늘의 복덕이
    있다.
    또, 日과 時에 흉신이면, 자기 노력이 있어도 복이 없어
    하늘이 복을 주지 않아서 남의 신세지고 살거나 고통받
    고 산다.

32) 사주를 볼 때 반드시 용신을 찾고 사주를 봐야 한다.
    용신은 사주를 이끌어 가는 의식이기 때문이다.

33) 만약에 가을에 태어나 寅卯木이 있는데, 天干에 甲乙木
    이 있고 地支에 木이 살아 있으면, 봄, 여름이 오면 부
    자가 된다.

34) 여자 甲 일주가 庚金이 있어 甲庚沖이 되면, 남자한테
    매맞고 산다. 그러나, 丙丁火가 있으면 괜찮다.

35) 官은 여자에게는 夫星이고, 가문인데, 일반적인 사회
    관념으로 보면, 官은 명예, 영광, 희망이다.

36) 寅木은 寅申沖이 대단히 무서운데, 寅이 酉를 보면, 飛
    刃(비인)이라서 酉가 무섭다.
    飛刃은 보통 沖하는 뒷 글자를 말하는데, 酉金만은 申金
    의 앞 글자다.

```
    壬 辛 辛 癸
    辰 巳 酉 未
57 47 37 27 17  7
    丁 丙 乙 甲 癸 壬
    卯 寅 丑 子 亥 戌
```

己土 氣象論 (申酉戌月)

未中 丁火用神. 水病神. 土藥神. 木吉神.
사주가 습하다. 용신무력이다.
자식궁에 濕土가 있어 자식 끝났다.
가을 金이 냉하여 건강이 나쁘다.
남편이 용신인데 허약하여 술주정뱅이다.
官이 흉신이라 희망, 영광, 소망, 모두 끝났다.
가을에 壬癸가 旺해 냉해져서 뿌리가 썩을 수 있다.
몸이 냉하여 중풍, 신경통 등 건강이 나쁘고,
환경이 나쁘다.

己土 氣象論 (亥子丑月)

1) 己土는 겨울에 天地가 한냉하여 자기 힘만으로는 생명을 못키운다.
   그래서, 己土가 겨울에 태어나면,
   ① 己土는 태양인 丙火가 따라 다녀야 한다.
      土는 나무를 길러야 생기가 있고, 가치가 있다.
   ② 겨울에 甲木이 살아있으면, 大局이다.
   ③ 겨울에 火氣가 넉넉하면 가정이 부유하고,
      火氣가 없으면, 냉골이라 가난한 집안 출신이다.
      그래서, 火가 많으면 밥걱정 안하고 편히 산다.
      불이 없으면, 형편이 어려워 무언가 부족한 가운데 산다. 클 때부터 하고 싶은 것 못하고 마음 고생하면서 산다.

2) 사주에 寅卯辰이 있으면, 봄, 여름에 꽃피고 열매를 맺으므로 좋은데, 申酉戌, 亥子丑으로 가면 늦게 꽃핀다.

3) 겨울에 불이 없어 냉골에서 태어난 사람은 조상의 陰德이 너무 없는 사람이다.
   그래서, 불이 없는 사람은 부모가 아무 도움이 안되므로 부모 원망하면서 산다. 태어나면서부터 고통 시작이다.

4) 용신이 무력하면, 힘든 일 하고 살아야 한다.
   땀 흘려 번 돈이라야 그것이 내 돈이다.
   조후가 안되면 남들이 안한 일을 하고 살아야 한다.
   겨울에 丁火를 가지면 등 따숩고, 편하게 사는데,
   丙火를 보면 태양을 보고 살아야 하므로 밖에 나가 어렵게 일하며 살아야 한다.

5) 己土가 亥月에 태어나면, 亥중 壬水 正財와 甲木 正官이 들어 있어 길신이면, 조상이 잘살았었다.

己土 氣象論 (亥子丑月)

예 : 己 ○
     ○ 亥 月이면 조상이 잘 살았었다.

6) 세상에서 가장 나쁜 것이 생명을 짓밟는 것이다.

7) 만약, 10월에 태어난 己土가 合을 하면, 백년해로가 안된다.
    己 ○
    ○ 亥 月이면, 亥卯未合木이 되는데, 겨울에는 나무(생명)를 키울 수 없기 때문이다.
    그래서, 이혼을 하지 않으면 반드시 풍파를 겪고 넘어 간다.

8) 겨울에는 午 戌 未중 한 글자라도 있어야 좋은데,
   이중에서 戌土가 가장 좋은데 그 이유는 戌土는 겨울을 넘기기 위해서 태어난 土이다.
   반면에 辰土는 여름을 견디기 위해서 존재한다.

9) 地支에 불이 넉넉하면 온실안에 있는 것과 같아 안정된 생활을 하는 사람이고, 또 불이 있긴 있는데, 冲을 주면, 변화가 많아 불안한 삶이다.
   또, 地支에 불이 있어도 日支에 있어야 가장 좋다.
   地支에 불이 없으면, 가족이 흩어져 버린다.

10) 동절기에는 木이 많으면 못 키울 나무를 키우려하므로 망상이고, 과욕이다.
    木이 三合이 되면 키울 수 없어 그렇고, 木이 있어도 키울 수 있는 만큼만 있어야 좋다.
    겨울에는 木이 있어도 얼어버린다.
    子卯刑은 물이 얼어 나무를 얼려버리는데,
    火가 오면 얼었던 물이 녹아 진물이 나므로 운들자 죽는다.
    그래서, 이런 경우는 어려웠을 때가 가장 행복했다.

己土 氣象論 (亥子丑月)

11) 겨울에 己土는 火가 生氣다.
    불이 필요한 계절에 壬癸가 나타나면, 천지를 얼려버리는데, 이때는 戊土가 제습하고, 찬바람을 막아주면 밥걱정은 안한다.

    己 壬 癸
    ○ 亥 子 月에는 눈보라다. 삭풍이다.
    태양을 가려버리므로 고생한다.
    또, 己庚辛壬 이나 癸水가 있어 金水가 흉신이면,
    庚辛金은 食傷이므로 말과 행동이기 때문에 입이 더럽다
    = 세상 사람을 죽이는 말을 한다.
    그래서, 겨울에 庚辛金이 나타나면, 불이 있어 녹여줘야 좋은데, 녹여주지 못하면 말과 행동이 나쁘다.
    이런 사주는 자손이 안된다.
    겨울에 己 일주 여자가 庚辛金을 보면, 자식이 빵점이다.
    겨울에 壬癸는 염라대왕이 보낸 死神이다.
    이런 구조가 되면 그 사람은 반드시 그 길을 가야한다.
    사주는 우주의 氣이기 때문이다.
    이런 사람들은 나쁜 생각을 벗어 던져야 한다.
    사주에 病이 있으면 약신이 나타나야 제대로 살려고 노력한다.
    겨울에 火가 넉넉한 사람은 의식이 넉넉하다.
    겨울에 불이 없는 사람은 냉정하다.
    자기 입에 들어갈 것도 없기 때문이다.

12) 겨울에 壬癸가 나타나면, 戊土가 제지해 줘야 좋고,
    庚辛金이 나타나면, 火가 제지해 줘야 좋다.
    사주에 善용신이 있어야 좋고,
    不善용신이 많으면, 나쁘다.

13) 己土에 戊土는 劫財인데, 원래 劫財는 나쁜데,
    己土는 劫財인 戊土가 있으면 배경이 있어 든든하다.
    戊土가 貴人작용하여 인덕이 많다.
    반대로 戊土가 己土를 보면 안좋다.

己土 氣象論 (亥子丑月)

14) 겨울에 己土는 甲乙木이 나타나면, 制濕하는 戊土를
    剋하여 제습을 방해하면 돈이 안모인다.
    그래서, 木이 나타나 土를 剋하면 나쁘다.
    또, 겨울에 나무가 나타났는데, 金이 와서 자르면, 적군
    이 승리하는 격이라 운이 없다.
    사주에서 木이 한번 꺽이면 다시 살아나지 않는다.

15) 겨울에 金木이 싸우는데, 火가 와서 金을 쳐주면, 아군
    이 이기는 것이고,
    만약, 木이 꺽어지면, 적군이 이기는 것과 같다.
    그래서, 金木相爭에서 火을 못 보면 운이 안 따른다.

16) 사주가 희귀하면, 그 사람의 삶도 희귀하게 산다.
    이름도 희한한 이름을 가지면 삶도 희한하게 산다.

17) 己土가 甲己合이 되면, 키워야 할 나무를 썩히므로
    남한테 원망 듣고 산다.
    그러나, 稼穡格이나 外格이 되면 괜찮다.
    甲己合되어 썩히면, 씨앗을 썩히는 것과 같아 남한테
    원망 듣고 산다.

18) 亥子月에 태어난 己土 일주 여자는, 官을 쓸 수 없어
    남편복이 없다. 이혼이 가장 많다.
    그러나, 불이 많으면 쓸 수 있다.
    火가 없으면 格이 안선다.
    이런 사주가 남자이면, 두집살림하는 경우가 많고, 여자
    는 妾이 많다.

19) 五行중에서 己土가 가장 욕심이 많다.
    濕土인 己土는 財인 물에 가라앉은 土이기 때문이다.
    그래서, 일수, 달러놀이, 사채업을 많이 한다.

20) 亥月에 寅卯辰이 있으면, 寅卯辰은 같은 세대의 나무
    인데, 亥중 甲木은 아랫대에서 水生木해서 나왔으므로
    다음세대다.

己土 氣象論 (亥子丑月)

그래서, 亥水와 合이 되면, 바람을 많이 피우므로
배다른 형제가 많이 나온다.
또, 己土가 亥水 財가 있어 合을 하면, 한세대를 20년
으로 보므로 처와의 나이가 20살 차이가 나면 땜을 하고
넘어간다.

21) 甲은 하늘에서 太始, 우두머리인데, 子는 甲이 땅에
내려 왔을 때, 가장 먼저 만나므로 甲이나 子가 있는
사주는 장남, 우두머리다.
그래서, 子水 앞에 亥水가 있으므로, 亥水는 늙은 글자
인데, 亥水가 흉신이면, 흠 있는 배우자를 만난다.
겨울에 亥水가 合이 되면, 가정이 삼각관계가 된다.
또, 亥水는 甲木을 낳아도 키울 수 없는 잡싹이므로 버
려버린다.

22) 겨울에 水가 왕하면, 봄이 늦게 온다.
일찍 싹이 나오면 값이 안나간다.

23) 사주에 辰字나 亥字가 있는 사람은 辰중 乙木은 菜根之
命으로 뿌리 식물이고,
亥중 甲木은 대들보, 동량목인데, 섞여있으면, 중년에
직업 변화가 많다.
겨울에는 변화가 없는데, 여름으로 갈 때 나무가 자라면
변화가 많다.

24) 地支 12글자 중에서 겨울에 木은 亥에서 長生하는데,
해는 木만 보면, 끌어안기 때문에 己土가 亥水를 보면
불길하고, 또 겨울에 巳火는 아주 나쁘다.
巳火는 변덕이 심한 글자이기 때문이다.

25) 겨울에 木의 뿌리인 寅卯辰을 갖고 있으면, 밭을 손질하
는 격이라 부지런하다.
己土 일주가 丑未沖이 있는 사람도 부지런하다.
寅卯辰이 있으면, 봄 농사준비를 하므로 새벽잠이 없이
부지런히 움직인다.

己土 氣象論 (亥子丑月)

만약, 사주에 씨앗이 없으면, 게으르다.

26) 만약, 겨울에 卯戌火, 寅戌火가 있어 木을 태우면,
임시방편으로 곡식더미를 태워 난방을 하고 있는 격이라
노후가 허망하다.
겨울에는 냉기가 가장 큰 독소이고, 여름에는 열기가
독소인데 겨울에 냉기가 많거나 여름에 열기가 많으면
독이 많은 경우와 같다.

27) 子月의 己土는 木을 키울 수 없으므로 귀격이 아니다.
火가 많으면, 그냥 밥걱정 안하고 산다.

28) 겨울에 戊己 일주는 己 己 己
　　　　　　　　　　　未 卯 亥로 木을 갖고 있어 좋고,

戊 戊
寅 辰도 좋다.
그런데, 만약, 己土가 己 己 己
　　　　　　　　　　 巳, 酉, 丑이 되면, 생명을 자르
는 글자이므로 귀격이 아니다.

29) 겨울에 己土 일주가 癸 ○
　　　　　　　　　　　○ 丑 月이면, 賤한 일 하고 산다.

30) 丑土는 汚水(고철)인데, 亥水는 늙은 물이다.

31) 겨울에 癸水가 나타나면, 봄이 늦게 오므로 나쁘다.

32) 丑月은 土이므로 木이 있어야 부지런하며 남방으로
가면 잘산다.
辰土가 있으면 辰중 乙木이 있어 항상 노력하며 산다.
혁신적으로 산다.

戌土가 있으면, 생명을 못키우므로 안정적인 것을
좋아하고, 편하게 사는 것을 좋아한다 = 보수적.

己土 氣象論 (亥子丑月)

33) 겨울에 丁火는 丁火대로, 丙火는 丙火대로 己土를 따뜻하게 해줘야 좋은데, 丁壬合, 丙辛合되면, 능력이 상실되어 나쁘다.

34) 己土는 壬癸가 왕하게 나타나면, 賤하고 힘든 밤에 술장사 많이 한다.

35) 己土濁壬이 되면, 물이 꾸정물이 되어 음식맛이 없다.

36) 壬癸 일주는 항상 丙火 태양을 좋아한다.
동경의 대상이 불이다.
그래서, 壬癸 일주가 丙火를 보면, 女難이 많고,
丁 일주가 庚金을 보면 부자가 많다.
어진 여자가 들어온다.

37) 용신은 자기의 꿈과 희망이다.
또, 용신은 자기를 이끌어 가는 지표다.
그래서, 용신이 원국에서 入墓된 것은 괜찮으나, 運에서 入墓되면 죽는 경우가 있다.
또, 喜神이 入墓되면 활동이 불능이 되어 마비가 되거나 나를 돕는 후원자가 배반하여 다른 데로 가버린다.

38) 入墓중에서 水 入墓가 가장 무섭다.
水는 入墓되면 물보가 터져 천지가 물천지가 되기 때문이다.

39) 水 일주가 너무 왕해 土가 떠내려가면 조상의 무덤도 팔아먹는다.

40) 己 일주가 土가 없는 申子辰은 물에 빠져 시신도 못찾는다.
水旺하면 자기 형체가 없다.

7. 庚金 氣象論(총론)

1) 庚金은 木을 자르려고 나타났기 때문에 사주 조립이 간단치 않다.

2) 庚 甲 이면, 棟樑木을 잘라서 땔감으로 만들어 버린다.
生木(동량목)일 때는 나쁘나, 死木일 때는 좋다.
生木을 잘랐을 경우 庚金 자신이 나무를 잘라놓고 후회한다.
생명인 木은 한번 잘리면 다시 살아나지 않으므로 말년에 빈 털털이가 된다.

3) 庚乙이면, 乙庚合하여 金이 자라야할 화초를 묶어버려 연애를 좋아하고, 자기 향락 때문에 가산을 탕진한다.
재물과 여자로 인해서 망신당한다.
봄에 乙庚合이 잘못되면, 여자를 한번 맛보는 순간 乙木(화초)의 향기에 취해서 헤어나지 못한다.

4) 庚 丙이면, 丙火는 태양이지만 물건에 비유하면, 완성의 뜻을 갖고 있어 庚金이 丙火를 보면, 완성품으로 본다.
金이 완성이 되면, ① 소리가 나고, ② 빛이 난다.
그래서, 庚丙 이면, 특이하고 좋은 소리를 내므로 鍾에 비유한다.
음성이 좋아 아나운서, 웅변가가 많다.
봄에는 크는 金이라 미완성의 金이다.
여름에는 성질이 급하고,
가을에는 소리가 웅장하고, 완성된 金이다.
또, 庚丙 이면, 둥글다, 아름답다, 훤하다라는 뜻이기 때문에 인물이 잘났다.
겨울에는 庚金이 얼어버려 쓸 수 없으므로 불이 있어 얼지 않게 해야 한다.

5) 庚 丁이면, 봄에 庚金이 丁火를 보면 성질이 괴팍하다.

7. 庚金 氣象論(총론)

金이 자라야 할 시기인데도 火剋金하므로 성질이 포악하다. 눈치가 빠르다. 영리하다.
그래서, 봄에 庚金이 丁火를 보면, 본질이 변해서 정신 또라이 된다.
여름에 庚金이 丁火를 왕하게 보면, 金이 녹아 물이 되므로, 官인 조상이 病이므로, 성질이 포악해서 말썽꾸러기로 크는데,
① 조상의 재산을 팔아먹는다.
② 官(혈통)이 病이라 官(혈토)을 부정하므로 자식을 낳아 버려버리는 경우가 많아 자기 姓氏를 모르고 산다. 우리나라에서 1년에 약 5천명 이상의 애들이 버려진다.
그래서, 여름에 火가 많으면 자기 씨앗이 아니고, 官廳의 귀신인 官鬼가 붙어서 官災가 생긴다.
가을, 겨울에 庚金이 완성되었을 때 丁火를 봐야 용금성기하므로 좋다.
이 때 庚金의 크기가 크면 丁火의 크기도 커야한다.

6) 여자 庚金 일주가 6월~9월까지 태어나 身旺官旺하여 丁火가 용신이면, 시집가는 날부터 미꾸라지 龍된다.
남편인 火가 용금성기 해 주기 때문이다.

7) 여름에 庚金이 丁火가 너무 왕하면, 바람피워서 데려왔으므로 씨가 다르다.
또, 官이 病이라서 자기를 낳자마자 부모가 헤어져 부모를 잘 모르는 경우가 많다.
또는 기형아로 태어난다.

8) 겨울에 庚金이 丁火를 보면, 자기의 추운 몸을 덮혀주는 것이 남편이라 밤에 남편이 집에 안 들어오면 잠을 안 잔다.
이런 여자는 밤에 잠자리(성생활)만은 끝내준다.
남편이 옆에 있으면, 온돌불이다.
이런 사주는 살면서 애정이 좋아진다.

7. 庚金 氣象論(총론)

이런 사주는 부부관계를 하면 할수록 金이 다듬어지므로 좋다. 항상 손을 잡고 다닌다.

9) 庚 戌이면, 높은 산에 묻혀있는 돌인데, 丁火가 있어 캐거나, 甲木이 흙을 걷어주어 쓸 수 있으면 좋다.
庚金은 印星인 土가 오면 土多金埋되기 때문에 土를 싫어한다.
金나라인 미국(서방)은 土多金埋를 싫어하므로 인성인 부모를 싫어해서 일찍 독립한다.

10) 庚 己이면, 길바닥에 있는 잡석이다.
그러나, 봄에 신약할 때는 己土를 官印相生으로 써 먹는데, 가을에 金이 다 컸을 때 己土를 보면, 땅 바닥에 떨어진 보석이라서 가치가 없다.
庚己이면, 사람들이 밟고 다니는 賤한 金이라 팔자가 貴하지 않다.
庚金은 土가 있으면, 土多金埋되므로 부모의 사랑을 받지 못한다.

11) 庚 庚이면, 庚金이 비겁을 보면, 싫어한다.
庚金은 가장 강한 글자라서 강한 것끼리 부딪히면 싸움, 시비가 많다.
庚金은 하늘에 떠 있는 달이나 별빛으로도 본다.

12) 庚 辛이면, 보석에 기스를 내므로 내가 보석을 망가뜨리므로 재산을 까먹는다.
현실을 잘 모르는 사람이다.
또, 보석인 辛金을 기스를 내어 고철로 만드므로 값없는 자기를 만들어 버린다.

13) 庚金은 광채나는 보석이 아니고, 辛金은 광채나는 보석이기 때문에 빛이 난다.
辛金은 壬水로 씻어주면 좋기 때문에 값이 크게 나간다.

14) 庚金은 壬癸水를 보고 구름으로 보고, 물이 없고 火가

7. 庚金 氣象論(총론)

있으면 달이나 별로 보므로 깨끗해서 학자가 많다.
사주가 맑고 깨끗하면 심성이 맑고 깨끗하고, 사주가 탁하면 賤하다.

15) 庚 癸이면,
여름에는 癸水가 비가 되어 庚金의 윗 부문만을 씻고 밑에는 녹이 쓸므로 폐가 나쁘고,
만약 癸水가 용신이 되고 유력하다면, 비로 깨끗이 씻었다고 착각하며 살고,
또, 癸水가 조후용신이면, 남을 위해 봉사하는 눈물이지만, 농사는 실폐작이라 댓가가 없다.
겨울에 庚癸 이면, 자기 신세를 자탄하는 눈물이다.
그래서, 죽을 때 가슴에 한을 안고 죽는다.
庚癸이면 비가 내려 씻겨주기만을 바라므로 편하게 살기를 좋아해서 게으르다.
이런 구조이면, 妾으로 살거나 적당히 살려고 한다.

16) 癸水가 흉신이면, 자기의 행동 때문에 구설만 따른다.
그래서, 겨울에는 癸水가 흉신이 되면, 성격이 냉정하다.

17) 8월부터 12월까지 태어난 癸水가 흉신이면,
金을 녹슬게 하므로 오나가나 천대받고 산다.
그래서, 癸水는 용신으로 잘 쓰지 않는다.

18) 傷官은 조상의 부정적인 생각 때문에 나타난 것이므로 조상의 업보의 산물이다.

19) 겨울에 癸水가 있어 눈비가 오면, 세상을 해롭게 하는 害神이라서 陰地에서 살므로 애인데리고 살거나 첩이거나 삐기, 술값 바가지 씌우며, 주먹세계나 비밀을 안고 있는 곳에서 독버섯처럼 산다.

```
庚 癸 庚
子 未 子
```

7. 庚金 氣象論(총론)

여름에 傷官인 水가 길신이라서 活人業인 지압하면서
남을 도우면서 산다. 조상의 업보다.
어머니가 4번째 부인인데, 아버지가 판사로, 妾을 많이
얻어 재산을 탕진했다.
癸水는 여름에 조후로 쓰긴 써도 태양을 가려 헛농사 지
으므로 허망하다.

20) 庚辛金이 태왕하면, 財가 안 나타나야 한다.
財가 나타나면, 군겁쟁재하여 財가 상처하거나 여자
등쳐먹는 사기꾼이 된다.

21) 봄 寅卯月에 庚丁이면, 위험스런 성격이다.
포악한 성격이라 물건을 던지거나 사고를 많이 친다.
연한 金을 불로 지지면 물로 녹아내리므로 운이 없어
허송세월 보낸다.
철부지 성격이라서 좌충우돌하여 官災가 있어 영창간다.

22) 庚金이 태약하면, 아예 從하는 것이 좋다.
從하면 숙살기가 없어지고, 물질운이 좋다.

23) 金이 나무를 자르는 구조가 되면, 반드시 돈이 없다.
한 때 돈을 벌었다 해도 없어져 버린다.
水가 金과 木 사이를 通關시키거나 火가 눌러줄 때만
돈을 번다.

24) 春 庚申 일주는 四廢日이다.
夏 壬子 일주는   "
秋 甲寅 일주는   "
冬 丙午 일주는   "

25) 庚金이 亥子月에 태어나면, 추운계절에 하늘에 떠 있는
달빛이나 별빛과 같다.

丙 庚 丙 己
子 子 子 丑   身旺格이다. 金水를 쓴다.

7. 庚金 氣象論(총론)

26) 여름에 庚金은 낮보다 밤에 별빛으로 태어나야 좋다.

27) 庚金은 하늘에서 별로 보며, 여름에 나무를 보면 과일로 보고, 가을에는 완숙된 열매에 비유하며, 庚金이 불을 보면, 고철로 용금성기로 본다.
또, 겨울에 나무가 있는데 庚金을 보면, 우박이나 서리로 본다.

28) 申金 : 미완성품. 미숙과일. 빛이 안 나는 보석.
酉金 : 왕성품. 숙과일. 빛나는 보석.

29) 庚金은 木을 보면, 여름에 열매로 본다.
가을, 겨울에 庚金이 木을 보면 과일이 풍성하고, 從殺이 되면 거부사주다.

30) 辛金은 씨(종자)를 뜻한다.
辛金은 씨앗이기 때문에 물로 씻는 것을 좋아하고, 어는 것을 싫어하여 불을 좋아한다.
그래서, 辛金은 성격이 까다롭다.
그러나, 土가 있으면 덜 까다롭다.

31) 庚金이 寅卯辰, 巳午未月에는 생명이 자랄 때이므로 태우면 안 좋지만, 겨울에는 생명이 자랄 계절이 아니므로 寅午戌이 있어도 좋다.

32) 庚金 일주가 신약한데 火가 많으면, 金이 녹아 물이 되므로 신체불구나 고질병자다.
그렇지 않으면, 그런 病의 위험에서 산다.

33) 金은 土多金埋되면, 土는 당분이 많아서 金이 일찍 상하므로 치아가 일찍 상하고,
또, 土多金埋되면, 반드시 초년에는 내가 부모 애먹이고, 말년에는 부모가 나를 애먹인다.
이런 사주는 부모와 떨어져 살아야 한다.
그래서, 외국가야 좋은데, 같이 살면 자주 다툰다.

7. 庚金 氣象論(총론)

34) 庚金 일주가 火를 보아 火가 용신이 되어 잘 다듬어
주면 法官이 많다.
생명을 다루는 법관, 경찰, 교도관이거나 또는 殺權을
가졌거나 발언권을 갖는다.

35) 庚金은 丙火나 丁火를 모두 수용할 수 있는데, 庚丙이
조화를 잘 이루면, 폐가 튼튼하다.

36) 庚金 일주는 乙庚合을 하는데, 어느 계절이든 생명을
合하면 안좋다 : 잡길로 간다. 제 갈길 못간다.

37) 庚金 일주가 殺權을 갖는데, 戊土가 나타나 길신이
되면, 印星이 좋은 작용을 했으므로, 사람의 품성이
도덕적으로 흘러 종교인이 많다.
偏印이 길신이 되면, 종교인이 많고, 그렇지 않으면
종교와 비슷한 심리를 다루는 학자이거나 외국어에
능통한 자가 많다.
또, 외국에 나가 종교를 전파하는 목사나 선교사가
많다.

38) 庚金 일주가 庚戌丙丁으로 金을 잘 키우고 있는 사주는
官印相生되어 金을 키우고 있으면, 머리가 영리해서 자
기분야에서 명성을 얻는다.

39) 庚金 일주가 庚 庚   壬 壬
               辰 戌 이 괴강이고, 辰 戌 이 괴강이라서
殺氣가 강하다.
그래서, 이런 괴강 가진 사람은 건드리면 殺氣가
나오기 때문에 여자 괴강 일주는 부부궁이 나쁘다.
이런 여자는 괴강 가진 남자를 만나야 좋다.
또, 남자 괴강 사주도 괴강 가진 여자를 만나야 좋다.
그러나, 괴강은 똑똑하다.

40) 괴강을 가진 여자는 직업여성이 많다.

7. 庚金 氣象論(총론)

41) 庚辰 일주 여자는 제 갈길 못 간다.
    日支 濕土때문에 火가 못 들어오기 때문이다.
    그러나, 남자 괴강은 괜찮다.

42) 가을 庚金으로 태어나면, 비록 내 몸은 살기를 갖고
    태어났다 해도 木火가 많으면, 순해진다.

43) 庚金은 인성인 戊己土가 많으면, 아무 쓸모없어 게으르다.

44) 庚金 일주가 태왕하면, 조후나 설기가 되어야 좋은데,
    ① 多 比劫 태왕.
    ② 多 印綬 태왕하면, 가문을 망가트린다.
    이런 여자가 그 집안에 시집가면 집안이 망해버리므로
    결혼하면 안 좋다.

45) 겨울에 庚金이 태왕하면, 부러지기 쉽고, 火가 너무 많
    으면 庚金이 녹으면 정신병자가 많다.

46) 완성된 金은 壬水가 씻어주는 것이 좋고, 金이 둔하면,
    丁火로 녹여줘야 좋고, 金이 어리면 丙火로 키워야 좋다.

47) 왕한 金 일주 庚辰, 庚戌괴강은 冲을 하여 왕기를 빼줘
    야 귀격이 나온다.

48) 사주에 甲庚이 있는데, 金이 생명을 자르면 흉폭한 성질
    이 나온다.

49) 庚金이 신약하면, 印星을 쓰는 것이 좋고, 比劫을 쓰면
    기스가 나므로 좋지 않다.

50) 庚金이 財를 剋하면, 돈과 여자를 극하여 풍파가
    나므로 나쁘다. 구조가 나쁘면 돈이 안 모인다.

7. 庚金 氣象論(총론)

51) 庚金일주가 신왕하면, 부모와 인연이 박하다.
    印星인 土가 많아도 부모와 인연이 박해서 외국나간다.
    印星이 흉신이면, 부모, 고향과 인연이 없어 외국가거나 공부할 때는 지방학교 가야 좋고, 또, 부모 옆에 있기를 싫어한다.
    왜냐하면, 金은 火로 다뤄야 귀격인데, 土多金埋되면 용금성기를 못하기 때문이다. 그래서 외국간다.

52) 西方 金局에 사는 사람은 부모에 의지하지 않는다.
    토다금매되기 때문이다.
    印星이 많으면, 우둔하고, 어리석고, 옹고집이며, 현실감각이 어둡고, 比劫이 왕해서 신왕하면 현실감각은 있으나 옹고집이다.

53) 庚金이 戊土가 있어 신왕하면, 산 속에 있는 돌과 같아서 외롭다. 고독하다.
    그래서, 능력이 있어도 남이 알아주지 않으므로 등용이 안된다. 남들한테 안보여 사용처가 좋지 못하다.
    그러나, 庚金이 己土를 보면 野地의 돌이라 賤하다.

54) 庚 戊 己이면, 농가주위에 있는 賤한 金이라 귀하지읺다.

55) 庚金은 냉하고 딱딱해서 불(열)을 좋아한다.
    丁 庚 丙이면, 불로 다듬어 본심이 변해야 귀해진다.

56) 庚金은 肅殺의 氣가 강해서, 봄에 庚金으로 태어나면, 木을 자르므로 삶이 불행하다. 사주 조립이 어렵다.
    여름에는 木이 왕하면, 열매로 보기 때문에 불을 보고 木이 왕하면 열매가 많다.
    또, 여름 庚金은 풋과일, 자라나는 과일에 비유하고, 가을 庚金은 완숙된 과일에 비유하고, 겨울 庚金은 눈이나 고드름에 비유한다.
    또, 庚金은 冷한 것을 가장 싫어한다.
    그래서, 金은 巳에 長生, 午에 祿, 未에 冠帶다.

7. 庚金 氣象論(총론)

    金이 冷하면 쓸모없어진다.

57) 金을 가진 사람은 변화하는 것을 좋아하므로 변덕이다.
    항상, 새로운 것을 추구하는 본능을 갖고 있다.

58) 庚金은 하늘에서는 별빛, 丙丁火는 달빛으로 본다.

59) 金의 양이 많고 불이 많으면, 기물이 큰 그릇이고,
    金의 양이 적고 불이 적으면, 기물이 작은 그릇이다.

60) 사주에 正用神이 유력하면, 삶을 긍정적으로 산다.
    순리로 사랑과 자비다.
    후덕한 성품을 갖는다.
    반대용신이 나타나면, 부정적인 생각을 갖는다.
    그래서, 정용신이 있는 자는 바른길로 간다.

61) 金은 土가 많으면, 金이 묻히게 되므로 金埋가 된다.

62) 金은 ① 土旺하면 토다금매가 되어 삶이 답답하다.
       ② 金은 木을 보면, 木을 剋하고,
       ③ 金이 火를 보면, 용금성기시키고,
       ④ 金이 水가 왕하면 水多金沈이 되어 사람구실을 못하여 불구자된다.
       ⑤ 金이 설기 없이 너무 왕하면, 金實無聲이라 濁金이다 : 濁金無聲이 되면, 등치는 큰 데 사람이 어리석기 때문에 대우 못 받으므로 천한 직업을 갖는다.
       思考가 천하다.

63) 金이 丁火를 보면 成物시키고, 丙火를 보면 養金이다.
    庚 丙 丁 이면, 키우는 金이고,
    庚 丁 丙 이면, 成物시키는 金이다.
    庚金 바로 옆에 있는 것이 주 임무다.

64) 가을에 다 자란 金을 더 키우려하면 쓸모없는 金이라

7. 庚金 氣象論(총론)

허송세월 보낸다.

65) 庚金은 ① 자연만물의 성장을 억제시키는 임무다.
　　　　　　알맞게 자라도록 조절한다.
　　　　　② 金은 강권으로 질서를 지키게 한다.
　　　　　③ 金은 木이 있을 때 바란스가 안 맞으면 木을
　　　　　　잘라 향기를 파괴한다.

66) 庚金에 丁火를 용신으로 쓰면, 甲木이 있어 에너지가
　　많아야 좋은데, 乙木은 열량이 부족해서 변화가 많다.
　　또, 丁火가 乙木을 태워 金을 녹이면, 불꽃이 약해서
　　변화가 많아서 직업변화가 많다.

67) 乙木은 가을, 겨울에 말라있으면, 갈초라서 태울 수
　　있는데, 마르지 않으면 습목이라서 丁火 옆에 있으면,
　　부모를 애먹이면서 크거나 내가 부모 때문에 애
　　먹는다.

68) 丁庚甲, 庚丁甲이면, 三朋이라 하는데,
　　싸움을 하면서도 좋아하는 벗이다.
　　그러나, 三朋이 되면 尅으로 성물을 시키므로 평탄하지
　　않다.

69) 庚金은 뿌리가 튼튼하면, 완성된 투박한 보석이고,
　　辛金은 광채나는 보석이다.
　　그런데, 庚金이 壬水를 보면, 충분히 씻어주어 좋은데,
　　庚金이 癸水를 보고 지지에 열이 있으면, 金이 녹이
　　쓸어 폐병, 치질, 대장에 병이 온다.
　　壬水는 호수물, 바닷물로 깨끗한데, 癸水는 비라서 탁수
　　로 본다.
　　그래서, 癸水가 사주에 많이 나타나면 게으르고, 壬水가
　　있으면 부지런하다.
　　癸水를 부정의 神이라 하고, 壬水를 긍정의 神이라 한
　　다.
　　癸水가 年月에 나타나면 조상이 부정적인 사고로

7. 庚金 氣象論(총론)

살아 왔으므로 부정적인 인자가 내려왔으므로 조상이 잘 못살았다.
이런 부정의 글자가 있어 중화를 못시키면, 당대 또는 아랫대까지 내려간다.

70) 甲 = 天干으로 父이고, 영광이며,
    子 = 地支로 母이고, 조상의 음덕이다.

   庚 癸
   ○ 未이면, 癸水가 부정의 神이지만 지지 未土가 土剋水해서 地支에서 정화시키므로 봉사정신이 강하다.

   庚 癸
   ○ 亥이면, 부정의 神이 너무 강해 내 代에서 淨化가 안되어 후대까지 넘어간다.

   庚 ○ 癸
   ○ ○ 巳이면, 癸水가 할아버지궁이므로 조부가 잘 못살았다.
   그래서, 할아버지가 잘못하면 아들이 잘 안되고, 할머니가 잘못하면 딸이 잘 안 된다.

71) 傷官중에는 金水상관이 머리가 뛰어나지만 문장력이 좋은데, 火가 없으면 얼어버려 傷官 구실을 못한다.
    金水双淸이면, 金이 광택이 난다.
    그러나, 조후가 잘되면 청렴한 선비다.

    壬 ○
    ○ 酉 月이면, 金水双淸이 되는데, 庚金보다 辛金을 씻어줘야 더 귀하다.
    이 때 金이 辛庚
              酉申으로 뿌리가 튼튼해야 좋다.

72) 庚金은 성격이 강한데, 金이 길신이면, 강권을 행사하는 직업이 많다.

7. 庚金 氣象論(총론)

法을 다루는 직업, 법조계, 기자, 경찰, 군인이 많다.
만약, 庚金이 흉신이면, 깡패, 해결사로 전쟁시에는
요긴하게 써 먹을 수 있다.

73) 辛金이 土가 왕해 土多金埋되면, 호흡기가 나쁘다.

74) 庚金이 신약한데 火가 많아 녹아 물로 되면, 모양이
변하므로 정신이 변하여 노이로제, 정신병자가 많다.

75) 庚金이 열매라면, 火가 너무 많으면 녹아버리므로 곯아
서 못쓴다.

76) 庚金이 신왕한데 쓸모없으면 날카로운 연장에 비유하므
로 남한테 위협적인 존재라서 다친데가 많아 흉터가 있
다.

77) 庚金이 가을에 숙살(肅殺)의 氣가 많아 나무가 저절로
죽어버린다.
그래서, 가을에 庚金이 신왕하면 무법자다.

78) 가을에 태어난 庚金이 나무를 보면, 곡식으로 보는데,
열매, 과일, 곡식으로 본다.
만약, 庚金이 흉신이 되면 우박으로 본다.

79) 겨울에 庚金이 나무가 옆에 있으면, 고드름으로 보므로
망상으로 꿈만 꾸다가 죽는다.

여자가 乙庚, 庚乙이면, 남편이 메달려 있으므로 건달이
거나 능력 없는 남편이다.
겨울에 乙木에 庚金이 붙어있으면, 남편한테 매 맞고
살거나 골치덩어리다.

80) 庚戌丙 이면, 官印相生으로 키우는 金인데, 地支에 辰土
나 未土 木根이 있어야 庚金이 자라더라도 地支에서 생
명이 자라야 좋은데,

7. 庚金 氣象論(총론)

庚 戊 丙, 庚 己 丙 이면, 官印相生인데, 地支에 辰중 乙木, 未중 乙木이 있어야 좋다.
이런 구조는 寅卯辰月 나무가 자랄 때 가장 좋다.
나무가 없는 열매(金)는 필요가 없다.

81) 庚金은 癸水를 보면 金이 녹이 쓸어 가장 싫어하고,
    木이 있는데 木 뿌리를 자르면 실속없는 사람이다.

82) 봄에 庚乙 이면, 12운성 絶, 胎, 養으로 아직 크지도
    않았는데 연애하므로 어린애가 연애하는 격이다.
    그래서, 일찍부터 정상적으로 못산다.
    철없이 연애한다. 연애박사다. 20세 전에 연애한다.
    애 낳으면 기를 수 없어 버리는 사람이 많다.

83) 庚戊己인데 丙火를 보지 못해 둔금이 되면,
    성격이 모가 났다. 이상한 성격이다.

84) 庚金이 甲乙木이 많아 재다신약이 되면, 말썽을
    피우는 사람이라 폭도지명이다.
    만약, 從財로 가면 괜찮다.

85) 庚金이 壬癸水 食傷이 너무 많아 신약하면, 생각이 너무
    앞서가므로 실속없이 돌아다닌 사람이다.
    수익이 없다. 유랑자다.

7. 庚金 氣象論(총론)

86) 庚金이 劫財를 보면 金은 강하기 때문에 기스가 나므로 성질이 나빠 말썽피우거나 싸움을 자주 하거나 쟁송이 생긴다.

87) 庚辛金이 비겁이 많아도 丁火를 보아 용금성기하면 좋은데, 火가 약해 용금성기 못하면, 꿈은 많은데, 희망이 이루어지지 않는다.
金은 왕한데 火가 약하면 官은 희망과 포부이고 꿈인데 官이 病이면 태어나면서부터 조상이 나의 꿈을 이룰 수 없게 하여 소년, 소녀가장이다.
소년, 소녀가장은 官이 허약해서 그렇게 된다.

88) 庚丙戌, 庚丙甲 으로 庚金이 튼튼한데, 庚金이 용신인 火가 너무 많으면, 즉 用神多者는 바람을 많이 피운다.
특히, 用神多者는 인물이 좋아 남들이 넘보는 사람이 많아 바람둥이가 많거나, 호색하는 사람이 많다.
그래서, 재혼하는 사람이 많다.

89) 庚金 일주가 火 官用 者는 절대 혼자 못산다.

90) 庚金 일주가 水(食傷)가 너무 많으면, 바람둥이다.
바람피우다 재산 다 날린다. 蕩兒다.

91) 巳午未月에 庚金이 신왕하면, 내가 官속에서 자라고 있어 관운이 있으므로 공무원이나 권력가와 인연이다.
국가의 法 속에서 산다.

92) 寅卯辰月이나 庚金이 壬水를 봐서 金生水 水生木해서 木旺節에 木을 키우면 교육자나 공무원이 많고, 여름에 불 속에서 庚金이 잘 자라면, 공사나 공무원이 많다.

93) 가을에 丁甲庚이면, 상격이다.

94) 寅卯辰月에 庚金이 왕하면, 나무를 자르므로 남한테

7. 庚金 氣象論(총론)

못된 짓 많이 한다. 난폭한 성질이다.

95) 辰月 庚金은 土왕절이기 때문에 木이 따라다녀서
木剋土해 줘야 좋다.
土多金埋되면 귀격이 아니기 때문이다.

96) 봄에 庚金을 키워야 할 경우, 丙戊로 官印相生하는데,
이 때 寅卯木 나무를 자르면 나쁘다.

97) 庚金이 未月에 태어나면, 未月에도 土가 왕한 계절인데,
小暑, 大暑까지는 火가 왕해서 물로 씻어줘도 좋다.
大暑 지나 立秋는 火氣가 약해지고 土가 왕해져서
官印相生해도 좋다.
庚金이 土多金埋되면 木이 土를 눌러줘야 좋은데,
만약, 乙木이 나타나 乙庚合이 되면, 연애만하므로
제 갈길 못 가고, 외도로 간다.
그래서, 큰 그릇이 못된다.

98) 庚金이 壬, 甲, 丁, 丙을 용신으로 쓰는 경우가 있는데,
이 4가지 중 1자만 干上에 있어도 賤局은 면한다.

99) 庚金이 寅卯月에 태어났는데, 干上에 甲이나 乙木이 나
타나면, 태어나면서부터 아버지를 치므로 부자지간에 인
연이 없다.
이렇게 되면, 애가 아버지한테 대들거나 불효자식된다.
그렇지 않으면, 애먹이며 큰다.

100) 庚癸이면, 하늘에 비가 내리므로 한가롭게 살거나
남한테 기대어 산다.
또, 여름에 조후로 쓰면 능력이 없다.

101) 庚金이 地支에 巳午未火局이 되어 금이 녹으면
변색이 되므로,   戊 庚 甲 丙
　　　　　　　　寅 寅 午 戌 木을 다 태웠다.
재산 다 까먹었다.

7. 庚金 氣象論(총론)

102) 가을에 庚金이 태왕한데 丙丁火를 보면 숙살기가
    없어져 좋고,
    만약, 가을에 왕한 金이 木만 보고 丙丁火를 못보면
    나무만 잘라버려 가난한 사람이다.

103) 가을 金이 왕하면, 從革格이 되는데, 從革이 되면
    남자는 사회에서 큰 일도 하고 좋은데, 여자는 남자가
    못 들어가므로 나쁘다.
    또, 從革이 되어도 水로 씻어줘야 좋은데, 水가 없으면
    고철과 같다.

104) 가을에 庚金이 壬癸水가 많이 뜨면, 하늘에 구름으로
    비가 내려 쭉정이 농사라 결과가 나빠서 처자궁이 나빠
    서 가족이 흩어지거나 늙으면 무의탁 노인이 되고, 젊
    어서는 노숙자된다.

105) 사주는 가을, 겨울로 갈수록 火가 많아야 좋은데,
    土가 많으면 신왕해져 건달이다.

106) 庚金이 여름에 불속에서 자라는데, 물이 있어야
    조후가 되어 좋은데, 물이 없으면 조후가 안되어
    행동이 나빠 제 살길 못간다.

107) 庚金이 木을 자르면, 성질이 나쁘다. 자비가 없다.
    金이 생명을 자르면 의리가 없다.
    그러나, 봄에 나무 가지를 쳐주는 羊刃合殺이 되면
    나무를 다듬어 주어 좋다.

108) 가을, 겨울에 불을 못 보면 장이나 위장병이 있다.

109) 庚金이 신왕하여 壬水를 보아 잘 씻어주면 귀국이고,
    土가 너무 많으면 고독하고, 외롭게 산다.
    재물풍파가 많다.

110) 庚己己 로 土가 많아 신왕하면, 땅에 굴러다니는

7. 庚金 氣象論(총론)

돌과 같아서 남한테 아무리 좋은 일을 해도 본심이
賤하게 태어났기 때문에 명예가 따르지 않는다.
이를 善無功德이라 한다. 거지 팔자다.

111) 庚 丙
  ○ 子 月이면, 外格인데, 丙은 달빛, 庚은 별빛인데,
  月星双明格으로 운치가 있어 귀격이다.
  寅月에는 丙火가 長生하므로 丁火가 죽고,
  酉月에는 丁火가 長生하므로 丙火가 죽는다.

112) 庚일에 태어나 金이 나무뿌리를 자르면 망해버린다.
  代를 이을 자손도 없어져버리는 경우가 있다.

113) 庚金이 財인 나무가 살아있어 길신이면,
  財가 나타났다는 것은 돈 버는 목적으로 태어났거나
  돈 버는데는 귀재다.
  庚金이 木 財를 가져 길신이면, 돈 버는데 귀재다.

114) 庚 일주가 年月에 財가 나타나 吉神이거나 從財가
  되면, 부자집에서 태어나 성장하고, 剋 財되거나
  木이 안 다치면 상속받는다.

庚金 氣象論 (寅卯辰月)

1) 봄에 庚金은 寅-絶, 卯-胎, 辰-養, 巳-長生이라서 미완성의 金이다.
   그런데, 金이 뿌리를 갖고 나오면 조숙아(난산)인데, 金이 木을 자르면, 지탄대상이 된다.

2) 봄에 태어난 庚金은 나무(財)를 파괴하려 태어난 인자라서 생명에게는 귀찮은 존재다.
   그러나, 생명을 다스리는 일을 할 때는 필요하다.
   예 : 경찰. 법관 등.
   이렇게 태어난 것은 가정이 불우할 때 태어나거나 그렇지 않으면 자기가 크면서 망해버린다.

   　　○ 辛 戊 庚
   　　○ 酉 寅 申
   이 사람이 태어나면서 부모가 모두 죽어 고아신세가 되었다.
   이런 사람은 자수성가해야 한다.

   　　○ 庚 甲 戊
   　　○ 申 寅 子
   金이 木을 잘라버려 조상의 재산을 다 망해먹었다.
   이런 사람은 자수성가해야 한다.

3) 어떤 오행이든 봄에 金을 많이 가지고 나오거나, 또는 月令을 자르면, 불우한 환경에서 태어났거나 크면서 망해버린다.

4) 初春에는 연한 金이므로 미완성의 金이라서 丁火로 녹여 熔金成器를 하면 안된다.
   그래서, 丙火로 키워야 한다. 養生金이다.

庚金 氣象論 (寅卯辰月)

5) 丁庚丁이면, 미완성의 金을 녹이므로 성질이 굉장히 나쁘다.
   이런 구조가 되면, 金이 자기가 살기 위해서 성격이 표독해진다.

6) 初春에는 나무를 기르기 때문에 金이 왕하면,
   자기 마음대로 木을 자르므로 성격이 사납다. 흉폭하다.
   말썽피우면서 자란다. 주위의 냉대 받는다.
   또, 火가 와서 金을 녹이려 하면 시비가 생긴다.

7) 봄에 庚金이 뿌리를 많이 갖고 나오면, 조산아로 보기 때문에 태어날 때부터 질병자가 많다.
   또, 조산아를 불로 극하면 정신병자된다.
   이상한 성격이다.
   사고를 치거나 말썽피우므로 부모가 망신당한다.

8) 봄에 庚 辛
        申, 酉 일주가 寅, 卯月에 태어나면, 四敗日이다.
   재산모두 망해버린다.
   기둥뿌리를 모두 뽑아야 직성이 풀린다.
   그래서, 庚金 일주가 뿌리를 갖고 나오면 조상의 뿌리까지 뽑는다.
   그래서, 金은 가을에 태어나야 한다.
   남을 귀찮게 하기 때문에 자기도 고통을 당하므로 흉터가 있다.

9) 봄(寅卯辰月)에 庚金은 성격이 나빠 소외되는데,
   火가 있어 庚金을 官印相生으로 키워주면 귀공자다.

10) 庚일주가 戊己丙 이라야 관인상생으로 잘 키우는데,
    庚丁이면 나쁘다.

11) 寅卯辰月의 庚金은 미완성의 金이라서 성격이 순박하다.

12) 정월(寅月)에는 寅중에 丙戊가 있어 金이 잘 자란다.

庚金 氣象論 (寅卯辰月)

그러나, 봄(卯月)에 火가 없으면 金이 자라지 않는다.

13) 庚金이 지지에 卯酉沖, 寅申沖이 되면 배역신이다.

    庚 ○   庚 ○ ○
    申 寅이나,   ○ 酉 卯이면, 寅, 卯를 자르므로
    배역신(세상을 거역하러 나온 神)이라서
    말썽꾸러기다.

14) 만약, 봄에 金이 왕하면, 丁火로 成物시켜야 하는데, 이 때 丁火로 金을 다루려고 하면 金이 연해서 그릇이 안된다.
    절대로 그릇이 안된다.

15) 庚金이 火를 보면 빛나고 가치 있는 金에 비유하고, 庚金이 丑土 뿌리를 보면 고철에 비유하므로 값이 안 나간다.

16) 寅月에는 丙火가 안 나타나도 寅중에 丙火, 戊土가 있기 때문에 戊土만 있어도 사주가 무난해서 좋은데, 壬癸水가 나타나 火를 克하려 할 때 戊土가 눌러주어 좋다.
    그래서, 寅月에는 戊土가 나타나면 좋고, 卯月에는 己土가 있어 甲木이 올 때 甲己合하여 金木相爭을 막아 주면 좋다.

17) 地支에 金氣가 많으면 寒氣가 많은데, 嫩木(눈목, 땅에서 갓나온 어린싹을 말함)을 건드리면 실증을 빨리 내고, 변화가 많고, 세상을 경솔하게 살므로 실패가 많다.

18) 庚金이 天干에 丙丁火가 나타나고, 지지에 寅午戌, 巳午未火局이 있으면 나무를 모두 태우므로 말은 비단 같은데 실행이 없어 사기꾼 되거나 정신병자된다.
    봄에 어린 金이 불속에서 살려고 하면 요령꾼이다.

이런 구조가 되면, 사기꾼이 많고, 신용이 없고,
가식이 많다.
官이 태왕하여 흉신이면, 일찍 집을 나와 떠돌아
다닌다.

19) 봄에 庚金이 辰土하나만 있어도 불에 녹지는 않는다.
20) 木旺節에 지지가 불바다일 때 水로 끄려하면 오히려
    나쁘다.
    水生木, 木生火해서 오히려 기름통 들고 불 끄러 가는
    격이다.
    만약에 水로 불을 껐더라도 생명이 커야할 때, 내 힘을
    빼서 응급처치만 했으므로 일당 받고 일하는 사람이다.
    사고가 천하다.

21) 만약에 庚金이 왕한데, 水가 길신이면, 생명을 기를 수
    있으므로 의사, 교육자, 소방관, 수도국직원, 물과 관련
    있는 직업이 좋다.

22) 寅月에 庚金이 寅중에 丙戊가 들어 있어 따뜻해서
    자라고 있으므로, 寅木이 안 다치고 살아만 있으면
    먹고 사는데 지장이 없다.

23) 봄에 寅木을 기르려면 水가 있어야 하는데, 庚金에서
    水는 食神이므로 남자의 경우는 여자한테 잘 한다.
    이런 사람들은 생명을 기르므로 사람들이 따른다.

24) 庚 戌
    ○ 寅 月이면, 寅중 戊丙甲(財官印)이 들어있어 寅木이
    안 다치고 살아있으면, 조상의 상속을 많이 받거나
    印綬가 길신이면 좋은 집에서 사는데, 생활이 안정돼
    있다는 뜻이다.

25) 木은 陰德에서 나온 것이므로 陰德을 많이 쌓아야 생명
    인 木이 나온다.

庚金 氣象論 (寅卯辰月)

26) 戊寅月에 태어나 신왕한 庚金일주가 寅木이 살아있으면 印綬가 길신이라 땅 부자가 많다.

27) 庚 ○
○ 卯 月이면, 戊己土가 없고 丙火만 있으면 外形은 그럴듯 해 보이는데 내실이 없다.
왜냐하면, 戊己土가 나타나 땅기운을 받아야 庚金이 제대로 크는데 태양기운만 받아 庚金이 크면, 크기는 큰데 불안하여 모양이 안 좋게 큰다.

28) 卯月에 庚金은 地支에 辰土가 있어야 좋고, 干上에 戊己土가 있어야 안정된다.
卯月에는 己土가 正用神이다.
甲庚沖을 막아주기 때문이다.

己 庚 己
○ ○ 卯 月이면, 己土가 正用神이다.
왜냐하면, 운에서 甲木이 오면 甲己合하여 庚金과 甲木의 싸움을 말려주기 때문이다.

29) 庚金이 봄에는 자기뿌리를 갖지 말아야 한다.
만약, 뿌리를 갖고 태어나면 나무를 기를 수 없으므로 오히려 내 자신도 고통받는다.
巳酉丑金局이 되어도 봄에는 從革格으로 갈 수가 없다.
木이 자라야 하기 때문이다.

30) 봄에 庚金이 丑土를 보면 賤한 金이다.
무덤에서 태어났기 때문이다.
실력에 비해서 명예가 안 따른다.

31) 辰月 庚金은 土가 살아 있어야 하는데, 土는 木이 살아 있어야 가치가 있는데, 土가 木이 없으면 가치없다.
土가 살아 있어야 金이 가치가 있다.
또, 丙火가 떠야한다.

庚金 氣象論 (寅卯辰月)

32) 만약 辰月 庚金에 지지에 申子辰水局이 되어있는데, 火를 보지 못하면, 木이라도 나타나서 金生水 水生木으로 가면 좋은데, 木이 없으면, 봄 장마라서 말은 비단같아도 실행이 없어 허풍쟁이다.

　　庚 甲 丙
　　○ 辰 ○ 이면, 庚金이 신왕하고 길신이면, 부자이고, 벼슬도 있다.

　　庚 ○
　　○ 辰 月에 丙火가 전혀 없고 신왕하면, 官(火)이 없어 자제력이 없다.
　　官은 살성을 억제시키는 작용을 한다.

33) 봄에 庚金이 丙火를 보면,
　　庚 丁 이면, 녹여서 그릇 만든다. 熔金成器.

　　庚 丙이면, 태어날 때부터 완제품으로 본다.
　　鐘과 같다.
　　귀격이다. 丙火가 길신이라야 한다.

34) 庚 ○
　　辰 戌 沖이 있으면 辰중 癸水와 戌중 丁火를 못쓰므로 나쁜데, 이 때 庚金이 괴강으로 너무 태왕한 경우는 沖해 주어 病인 土를 깨 주면 좋다.
　　이런 구조에서 癸水나 丁火를 용신으로 쓸 때는 沖이 오면 안 된다.
　　이렇게, 辰戌沖이 되면, 남편이나 자식 중 하나는 안 된다.

35) 木旺節에 庚金은　戊　　　己
　　　　　　　　　　　寅 이나　卯 일주가 좋다.

36) 여자가 봄에 庚일주로 태어났는데,
　　官用者는 辰戌沖하여 丁火가 깨졌지만 丁火를

庚金 氣象論 (寅卯辰月)

사모하므로 丁火인 남편이 무능해도 나는 남편한테 잘해준다.
남편이 애를 먹여도 산다.

37) 辰月에 庚金은 辰土의 生을 받아 안정되어 있어서 丁火와 甲木을 쓸 수 있으면 부자가 많다.

38) 여자 사주에 辰戌沖이 있는 자는 반드시 바쁘게 활동하면서 산다. 자기가 벌어서 산다.

39) 庚일주는 성격이 강하다.

40) 辰月 壬水가 木을 키울 수 있으면 부자이고, 丙火까지 있으면 귀명이다.
그런데, 이 때 壬水가 아니고, 癸水를 보면 賤하다.
기생이나 천부가 많다.
癸水는 죽음을 재촉하는 神이다.
癸水는 날이 추울 때는 고드름이나 눈, 비가 되어 얼려 죽이고, 여름에는 태양을 가려 쭉정이 농사다.
癸水는 북두성에서 왔고, 丙火는 남두성에서 왔다.
그래서, 癸水가 있고 사주가 틱하면, 시신 만지는 직업이거나, 청소부, 여자는 술장사, 돌팔이 약사, 건강과 관련된 일, 슬픔과 관계되는 일, 물과 관계되는 일, 밤에 하는 직업이 많다.

41) 庚金에 癸水가 많으면, 빗속의 金이라 녹이 쓸어 기계가 안 돌아간다.
또, 봄이 늦게 오므로 수확이 없다.
계절이 거꾸로 가면 운이 안 따른다.
계획성이 없어 실행이 안 된다.

42) 庚金이 木旺節에 태어나면 생명을 죽이는 계절에 태어나서 다루기가 어렵다.
봄에 木은 거의 자르지 않는다.
만약, 자르면 자기도 상처를 입어 운이 없다.

庚金 氣象論 (巳午未月)

1) 庚金은 불 속에서 크는데, 巳月에 長生, 午에 沐浴, 未에 冠帶다.
   金일주가 여름에 태어나면, 불 속에서 다듬어지므로 미인이다.

2) 丙庚이면 중간제품(80%)이고, 丁庚이면 완제품(100%)이다.
   庚金을 丁火로 녹이더라도 水(물)가 없으면, 담글질을 못하므로 强度가 안 난다.

3) 巳月에 庚金은 壬水가 나타나 담글질하면 좋고,
   또, 庚金이 地支에 巳火가 있으면 어디에 있어도 인물이 좋다 : 왜냐하면, 巳火에 丙火가 들어 있고, 長生이기 때문에 巳火가 안 다치면 광택 나는 그릇이라서 갖 태어난 아이 피부와 같다.
   또, 어떤 사주라도 巳火가 있으면 피부가 좋다.

4) 金에 丑이 있으면 고철이다.
   무덤에서 나왔으므로 자기 몸이 천하다.

5) 食傷이 있으면 조부 때 좋았고, 比劫이 좋으면 증조부 때 좋았는데 5대까지만 본다.

6) 庚金이 地支에 潤土인 辰土가 있고, 丁火가 있고 甲木이 있어 용금성기하면 좋다.

7) 巳月에 庚金이 신왕하면, 壬水로 씻어주면 좋은데, 丁火로 반복해서 자꾸 녹여줘도 좋다.
   그래서, 金은 개혁의 神이다.

庚金 氣象論 (巳午未月)

8) 午月은 날이 더운데다가 金이 약하면, 너무 더워
   녹아서 물로 변해버려 형체가 알아보지 못하면
   정신병자다.

9) 未月이 되면, 土月이라서 이 때는 火氣가 어느 정도
   물러가고 未土가 힘을 쓰므로 甲木을 보고 丁火로
   녹여줘도 좋다.

10) 金은 여름에 비견이 많으면, 從을 잘 한다.

    : 從革格이 되면,　辛 庚 庚 己
    　　　　　　　　　　巳 戌 午 巳
    　　　　　　　甲 乙 丙 丁 戊 己
    　　　　　　　子 丑 寅 卯 辰 巳

    여름에 比劫이 많고, 물이 전혀 없고 불이 있어
    자라고 있는 金이다.
    이런 구조는 從革格(종혁격)이다.
    가을에 從이 되어야 眞從인데, 여름에 從은 불로 녹일
    수도 없고, 물로 씻을 수도 없으므로 金이 용신이다.
    金용신, 土길신, 水흉신이다.
    위 사주는 己巳, 戊辰 대운이 공부를 잘해서 고등학교
    2학년 때 미국으로 유학갔다.
    丁卯, 丙寅 대운이 나쁘다.
    전교 수석했다 : 水가 오면 旺神沖發이다.

11) 午月은 壬水로 설기가 좋고, 未月은 甲, 丁이 있어
    녹여 줘도 좋고, 또 壬水로 설기해 줘도 좋다.

12) 午月 욕지 불 속에서 크는 金은 머리가 좋다.
    불 속에서 크면, 성격이 예민하고, 예비준비가
    굉장히 강하다.
    이런 사람은 남한테 지는 것을 가장 싫어한다.

13) 巳午未月 庚金 일주는 火가 많으면,

庚金 氣象論 (巳午未月)

남자는 배다른 자식을 둘 수 있고, 여자는 씨 다른 자식이 있다.
그래서, 金 일주가 여름에 火가 많으면 혈통이 안 좋다.
金에는 官이 조상인데, 조상이 난무했다는 뜻이다.
남녀모두 그렇다.

14) 巳月 庚金은 빛이 번쩍 번쩍 나므로 미남 미녀가
    많고, 똑똑하고 세련되었다.

15) 午月 庚金이 浴地라서 멋을 내므로 길신이면, 멋쟁이고,
    흉신이면, 바람핀다.

16) 여름에는 壬水가 金을 씻어 나무를 키워도 부자가 되고,
    午月만은 조후가 시급하므로 壬水를 선용해야 한다.
    만약, 壬水가 전혀 없어 從革도 안되고, 물도 없으면
    賤한 몸이다.
    대운에서 火運이 와 火가 過熔(과용: 너무 녹이면)이
    되면, 정신병, 또는 질병자가 되어 불행하게 산다.

17) 庚金 일주가 여름에 신왕하면, 官으로 녹여 줘야 귀해
    진다.
    만약, 여자가 이런 구조가 되면 여자가 남편한테 잘해준
    다 : 이를 환골탈퇴라 한다.

18) 여름 庚午 일주 여자가 午火로 그릇을 만들면 바람둥이
    가 많다.

19) 사주에 庚金이 午月에 壬水 등 물의 根氣가 있어 마르지
    않아 조후가 되면, 의식걱정 안 한다.

20) 여름 庚金이 戊己土가 나타나면, 물이 못 오게 하므로
    천격이다 : 조후가 안돼 엉거주춤하게 산다.
    귀하지 않다.

庚金 氣象論 (巳午未月)

21) 庚金이 여름에 癸水를 보면, 하늘에서 비가 내려 조후를 해 주어 좋은데, 傷官은 不正의 神이라서 官을 치므로 혈통을 傷하게 하는데, 어릴 때 잘 살았더라도 크면서 망해버린다. 멸문의 후손이다.
특히, 金水傷官格은 여름에 조후를 해서 남한테 봉사는 잘 하는데, 자기는 실속이 없어 말년이 허망하다.
조상이 바람을 많이 피워 後妻의 자손이다.

　　　○ 庚 癸 丙
　　　○ 子 巳 寅

여름에 비가 내려 태양을 가려 거지다.
집안이 원래 잘 살았는데, 여름장마가 져서 살다가 모두 망해버렸다.
여름에 비가 내려 선하고 바쁜데, 실속이 없고, 또, 겨울에 비가 내리면 혹독하다.

22) 여름에 비가 내리면 쭉정이 농사이고, 요직에 못 간다.
한가롭게 사는 사람이다.
만약, 水가 많아 바쁘게 산다면, 어려운 일을 하고 사는 사람이다.

23) 午月에 庚金은 날이 더우므로 壬水가 正用神으로 써야 하는데, 水가 약하면 용신무력이라 하루살이인생이다.
날품팔이다 : 하루살이가 되면 일복 많고, 돈이 없다.

24) 午月에 地支에 火局이 되어 불바다가 되고, 天干에 불이 나타나면, 정신병자가 된다.
큰소리만치는 사람이다.
만약, 從殺格이 되어 金으로 따라가면 괜찮다.
官이 너무 많아 病이 되면, 망상이라서 뜻이 이루어
지지 않는다.
官이 너무 많으면 허황된 사람이다.
또, 火가 너무 많아 剋이 심하면, 피부, 폐, 정신질환, 암이 많다.

庚金 氣象論 (巳午未月)

또, 기관지, 학문, 치질 병이 있거나 또 열이 많아
코가 마르면 코가 나빠 킁킁거린다.

25) 庚金 午月生이 癸水를 용신으로 쓰면, 壬水는 잘 씻어
주어 좋은데, 癸水는 빗물이라서 윗 부분만 씻겨지고
아래부문은 녹이 쓸어 폐병환자다.
그래서, 여자가 癸水를 부득이 용신으로 쓴다면,
과부나 창녀다.
사고가 賤해서 남자도 비 맞고 하는 직업이라 賤한
직업이라 막노동꾼이다.
오는 비를 기다리고 있는 格이라 사고방식이 천하다.
그래서, 傷官이 많아 흉신이면, 혈통이 나빠 입양된
자식이 많다.

26) 사주에 庚金 일주가 甲己合이 되면, 乙木이 나타나
己土를 쳐주어 甲己合이 안되게 하면 좋다.

27) 庚金이 아니고 다른 일주라도 寅木이 나타나 있는데
寅木을 태우면 가정이 안 된다.
이 때 조후가 되면 괜찮다.

    庚 ○
    寅 午 月이면, 寅午火局인데 火가 病이 되면,
마누라가 불을 지르므로 마누라만 보면 가슴이 뛴다.
이렇게 되면 마누라가 망해 먹는다.
마누라 공포증이다.
마누라 만나는 순간부터 환경이 나빠 고통받는다.
木이 돈인데 木을 태우므로 돈도 없다.
부인이 피를 말린다. 애 간장을 태운다.

28) 未月에 庚金이 財인 木이 무덤에 들어가므로 壬이
나타나 木을 키우면 좋고,
巳, 午月도 녹이면 귀격이 되는 사람이 많은데,
未月부터 녹여야 좋다.

庚金 氣象論 (巳午未月)

29) 地支에 巳酉丑이 있으면 일단 불이 와서 다뤄줘야
한다.
여름에 金이 많으면 무법자가 많다.

30) 金은 왕하면 壬水로 설기해야 좋고, 壬水가 없으면,
甲과 丁火로 녹여줘야 좋다.

31) 사주에 庚甲이 나오면, 壬癸를 보지 말아야 한다.
壬癸가 나타나면, 丁火로 熔金成器못하게 丁壬合,
丁癸冲하기 때문에, 丁火가 있어 가문은 잘 타고
났는데, 食傷은 행동으로 행동이 나빠서 壬癸水가
나쁜 짓만 한다.
庚甲丁은 나쁘고, 癸庚丁甲이면 좋다.
庚丁壬이면 나쁘다.

32) 庚壬癸는 壬癸水가 食傷으로 자기의 말과 행동인데,
언행이 잘못되어 망가트렸다 : 행동하는 것이 천하다.

33) 여름에 庚
辰 일주가 濕土인 辰土 때문에 절대로 녹일 수
없으므로 씻어줘야 한다.

　　丁 庚 丙
　　○ 辰 ○이면, 못 녹인다.

36) 庚金이 庚壬丁이면, 丁壬合하여 씻지 못하게 하므로,
천해진다.

37) 庚金이 辰戌丑未 庫속에 있는 용신을 쓰는 자는 무덤을
파헤치기를 좋아하므로 기자, 경찰, 검사 같은 직업이
좋다.

38) 巳중 庚金이 용신이 되고 신왕하면, 치아가 예쁘고,
귀엽게 잘 생겼다.

庚金 氣象論 (申酉戌月)

1) 가을 庚金은 가장 중요한 것이,
   ① 우선 冷하다.
   ② 다 커서 굳어져 딱딱하다 : 완성품이다.

2) 가을 庚金은 木을 보면 과일로 보고, 木이 없고 金만
   있으면 완성된 金이므로 丁火로 녹여줘야 한다.
   木이 없으면 水로 씻어줘야 하고,
   木이 있으면 丁火로 熔金成器해야 한다.
   이 두 가지 조건이 되지 않으면 모두 나쁘다.

3) 가을 庚金은 木을 보고 丁火를 보면, 용금성기한다.
   환골탈퇴하므로 가장 좋다.
   또, 가을 庚金이 木이 있고 丙火를 보면, 變身은 못해서
   큰 貴는 안되나 大豊으로 부자라서 貴가 자동으로 따라
   온다 : 두 번째로 좋다. 도지사, 고등고시된다.

4) 金은 壬水로 씻을 때 지지에 불이 없으면 금수쌍청
   (金水双淸 : 물도 맑고 金도 깨끗하다는 뜻)이라서
   貴하긴 해도 부자가 없다 : 물이 너무 맑아서 고기가
   모여들지 않아서 가난하다.

5) 가을에는 金이 왕해서 木을 자르므로, 왕하면 왕 할수록
   殺氣가 강하다.
   金만 왕해서 木을 치므로 무법자다.
   사람을 살상시키고, 사회를 어지럽힌다.

6) 가을 金이 土가 왕하면, 자기를 도와주는 印綬가 病이라
   부모 등골 빼는 사람이다. 남에 얹혀산다.

7) 가을 金은 왕하면 왕할수록 말썽을 많이 피운다.

庚金 氣象論（申酉戌月）

8) 金이 왕한데 丙火를 보아 더 키우면, 배 터져 병신된다.
   엉뚱하게 말썽만 피우는 사람이다.
   그래서, 比劫이 많아 身旺하면 도박성이 많다.
   多印綬太旺은 3不륜라 남자는 자식, 마누라, 돈이 안 따
   르고, 여자는 남편, 자식, 돈이 안 따른다.
   결국, 노숙자된다. 이렇게 되면 종교인도 안된다.
   金이 신왕하면 숙살기가 왕해 뻥이 쎄다.
   또, 항상 문제를 유발한다.

9) 金은 왕하면 壬水나 丁火가 항상 따라 다녀야 한다.

10) 庚己戊이고, 丙火가 없으면 남에게 얹혀산다.

11) 庚金이 甲과 丙火를 보면, 정상 공무원이 아니면
    이로공명(異路功名, 바깥 길로 가서 공명을 얻는다)
    이다 : 악기나 특이한 분야.
    이로공명으로 사는 사람은 외국 가서도 이름이 난다.

12) 庚金이 壬水로 잘 씻어주면 필봉(筆鋒, 붓으로 꼭대기
    올라간다는 뜻)이다.

13) 庚丁甲이면, 가치가 많다.
    이 때 甲木이 필요하지 乙木이 필요한 것은 아니다.
    乙木은 잡초이므로 값이 떨어진다.
    이런 局이 형성이 되면 임무를 가지고 태어나 성실하다.

14) 庚癸이면, 하늘에 장마가 져서 폐농이다.
    이때는 庚金이 구름작용을 하므로 내 몸이 仇神작용
    하므로 사고가 賤하다.
    게으르고 일하지 않는다.
    이런 사람이 여름에 태어나면 농사지으려고 부지런
    하긴 해도 장마가 들어 꽃이 안 피어 수확이 없다.
    사고가 천하여 직업이 천하다.
    여름에는 위쪽만 씻기고 아래쪽은 안 씻기므로 녹이
    쓸어 폐병환자다.

정력이 약하다 : 비가 내려 환경이 나쁘기 때문이다.
그러나, 壬水를 보면 정력이 좋아 바람을 많이 피거나
자식을 많이 둔다.

15) 가을 庚壬은 좋은데, 癸水까지 나타나면 나쁘고,
庚 戌 己로 土가 많이 나타나면, 우둔하고 고집만 쎄다.

16) 사주에 庚金이 많으면 시비거리가 많다.
殺氣가 강해 시끄럽게 한다.
뭔가 말썽을 피워 사회를 시끄럽게 한다.

17) 金이 너무 태왕하면, 가정을 이루기가 어렵기 때문에
僧徒之命이 되는데, 승도가 되어도 공부를 제대로
못하고, 많이 돌아다니고, 속세에 살면 사기꾼이나
도둑놈이다.
또, 주먹의 우두머리라서 난세에는 필요하나, 평시에는
필요가 없다.

18) 庚 ○
○ 申月에 태어나면, 木火가 없어 변덕스럽고,
환경이 나빠 무슨 일을 꾸준히 못한다.
이사도 자주한다.
金은 從革이라 불을 못 보면 자주 바꾸고 싶어한다.

19) 金이 가을에 왕하면 壬水로 설기해 주거나 丁火로
녹여주지 못하면 고독한 사람이다.

20) 庚 ○
○ 酉 月이면, 아무 쓸모없는 羊刃이다.
마누라에게 고통준다.
그래서, 羊刃月에 태어나면 壬水로 설기하거나 丁火로
녹여야 한다.
壬水나 丁火가 없으면, 임무가 없어 고독하고 가정이
나빠서 남자는 홀아비, 여자는 과부가 많다.

庚金 氣象論 (申酉戌月)

21) 庚 ○
○ 申 月이면, 比劫인 申金속에 壬水용신이 들어 있어
壬水를 남보다 먼저 차지해야 하므로 부지런하고,
눈치빠르고, 쎈스가 빠르다.
比劫을 용신으로 쓰면, 친구의 머리를 빌려 살아야
하므로 동업하거나 남 밑에서 월급생활 해야 한다.
독립하면, 친구의 머리를 못 당해내므로 친구(남)한테
이용만 당한다.

22) 地支에 申子辰水局이고, 天干에 壬水가 나타나면
貴命인데, 지지에 불이 하나라도 없으면 壬水가 얼어
버려 못 씻기 때문에 불이 필요하다.
그래서, 지지에 불이 없으면 물이 얼어버리므로 불안
하게 산다.
또, 壬水가 나타났다 해도 丁壬合을 해서 자유롭지
못하면, 용신으로 쓸 수 없으므로 용신부재라서 첩
이거나 후실자손이 많다.
그렇지 않으면, 자식이라도 그렇게 된다.
어쩔 수 없이 용신을 合이 된 글자를 쓰면, 겨우 밥만
먹고 살다가는 사람이다.

23) 庚壬인데, 己土가 나타나 己土濁壬으로 壬水를 濁하게
만들어 내 몸이 꾸정물이 되어 사람이 천해진다.

24) 庚 壬인데, 戊土가 나타나 壬水를 剋하면 잘살다가도
어느 시기에 몰락해 버린다.
그래서, 곡성(哭聲)이 난다.
잘살다가도 한꺼번에 거지된다.
또, 한꺼번에 몰락한다.

25) 庚金은 天干에 庚丙甲이면, 곡식이 많아 부자인데,
" 地支에 寅申寅이면, 나무뿌리인 寅木이 잘려
아무 가치가 없다.
木은 1년 열 두달 나타나면 안 잘려 키울 수 있어야
좋다.

庚金 氣象論 (申酉戌月)

木은 여름에 너무 많은 때는 솎아주면 잘 자라는데,
솎아주지 않으면 썩어서 썩은 냄새가 난다.
욕심만 부리다가 망해버린다.

26) 庚 丙 甲
　　寅 申 午 이면, 午火가 火剋金하여 寅申沖이 안되어
　　木이 살아있다.

　　　○ 庚 ○
　　卯 午 申 이면, 午火가 火剋金하여 寅申沖이 안되어
　　木이 살아있다.

27) 사주에 剋이 있으면, 머리가 영리하고, 재치있고,
　　타협의 명수다. 정치인, 요령꾼이 많다.
　　어려운 난세에는 잘 해쳐나간다.
　　현실감각이 뛰어나다.

28) 　　○ 庚 ○
　　　寅 申 子 이면, 申子辰水局하여 水生木하므로 뭔가
　　안 되는 것을 되게끔 한다.
　　타협의 명수다. 머리만 가지고 산다.
　　큰 건 해결사다.
　　또, 무역회사 한다면 외국 나가서 큰 오더 따낸다.

　　　○ 庚 ○　　　　○ 庚 ○
　　　寅 申 子,　　　寅 申 辰 이면, 寅申沖이 된다.

29) 사주에 쓸데없는 글자가 나타나 있으면,
　　쓸데없는 글자가 있는 만큼 운이 없다.

30) 　　庚 ○
　　○ 戌 이면, 土多金埋될 우려가 있으므로 반드시
　　木을 봐야 하는데,
　　만약, 乙木을 보면, 乙庚으로 묶여있어 연애만
　　하느라고 제 갈길 못 가므로 운이 없다.

庚金 氣象論 (申酉戌月)

만약, 合이 되면, 外格으로 가야 좋다.

31) 사주에 丙火가 필요한데 丙辛合이 되면, 제 갈길 못 간다.
    밥이나 먹고산다.

32) 小福은 在勤이요, 大福은 在天이라 했다.

33) 남한테 신세 안지고 살다가 가는 것만 해도 잘살다 간 사람이다.
    약 30%는 제대로 못 간다.
    小福도 부모가 좋은 정신을 줘야 가질 수 있다.

34) 天干에 庚金이 甲이나 丁이나 壬이 나타나지 않고, 地支에 申중 壬水를 쓰면, 比劫에 의지해서 살아야 하므로 마누라, 손아래 사람한테 의지해서 산다.

    예 : 庚 ○
         ○ 申이면, 天干은 내 것이고,
    地支에 있는 것은 부인이나 손아래 것이다.

35) 庚 甲
    ○ 戌인데 甲이 나타나 藥神이 되면 애처가다.
    마누라가 자기病을 낫게 해주므로.

36) 庚 ○
    ○ 酉이면, 羊刃月이라 닥치는 대로 木을 자르므로
    丁火로 酉金을 다스려줘야 살생을 하지 않는다.
    丁火가 必先이다.

37) 庚金이 地支에 寅午戌火局이 되어 다 태워버리면, 가산을 다 태워 없애는 사람이다.
    어떤 일주라도 木이 나타나 태워버리면 가산을 다 태워버린 사람이다.

庚金 氣象論 (申酉戌月)

38) 庚 丁
    寅 午 戌이고, 신왕하면, 財인 木아 타서 불이 되어
    金을 녹여 용금성기했으므로 마누라 덕에 출세한 사람
    이다.
    이런 구조면, 마누라가 장사를 해서 뒷바라지한다든가
    하므로 마누라 등 골 빠진다.
    반대로, 이런 구조를 가진 여자라면 남편이 희생한다.

39) 金 일주는 지지에 土는 괜찮은데, 干上에 土가 나타나면
    고정수입이 없는 사람이다.
    정치부로커가 많다.

40) 가을에 庚金은 지지에 巳酉丑이 있으면, 木의 뿌리를
    못 내리게 했으므로 부인의 희생이 많다.

    예 : ○ 庚 ○ ○
          丑 寅 酉 巳 이면, 마누라인 財가 巳酉丑金속에
    들어가 있는 사람은 평생 이 사람 뒷바라지 하다가 죽는
    다.
    이렇게, 金이 반 木이 반이 되면, 金木相戰하므로 항상
    부부궁이 불안하게 산다.

          ○ 庚 ○ ○
          午 寅 酉 丑 이면, 언제 부인이 타서 도망갈지 몰라
    불안하게 산다.

          丁 庚 ○ ○
          丑 午 酉 巳 이면, 불이 金을 녹이려 하는 데 비겁이
    많아 방해를 하므로 형제, 동기간 때문에 부인과
    이혼한다.

庚金 氣象論 (亥子丑月)

1) 庚金은 巳火에 長生, 여름에 자라서 가을에 완성되어 겨울에는 불이 없으면, 12운성 病死墓로 가므로 늙은 金이다.
   그러나, 만약에 불이 왕하면 늙은 金이라 하지 않으므로 病死墓라 하지 않는다.
   金은 불에서 태어나 불 속에서 크다가 불이 없으면 죽는다. 불이 어머니다.
   또, 木도 火가 뜨면 크고 火가 죽으면 따라 죽는다.
   水, 火, 土는 크고 죽는 것이 없다.

2) 庚金이 亥月에는 火를 먼저 쓴다.
   그러나, 子月에는 戊土를 先用하고, 火를 次用한다.
   어떤 일주든지 겨울에는 얼지 않아야 하므로 火土를 용신으로 한다.
   겨울에 木이 나타나 있으면 제습하는 土를 치므로 재산 까먹는 사람이다.

3) 겨울에 庚일주가 乙庚金이 되면 얼어 있는 金이라 자기 몸도 차서 못가눈데 연애를 하므로 철없는 사람이다.
   오직 丙丁戊를 봐야 한다.
   이 때 만약 己土를 쓸 경우가 있으면 地支에 戌, 未土가 있어야 아쉬운 대로 쓰는데, 아쉬운 대로 쓴다는 것은 잔꾀와 요령이 많은 사람이다.

4) 겨울에 庚辛金이 나타나면, 내 몸도 찬데 비겁이 와서 더 차게 하므로 굉장히 나쁘다.
   친구 때문에 감옥가거나 재산 날리는 수가 있다.

5) 겨울에 庚壬癸이면, 무조건 賤格이다.
   땅 물인 壬水는 덜 나쁜데 癸水는 아주 나쁘다.
   겨울에 庚壬壬이면, 壬水가 땅의 물이므로 덜 나쁜데,
   겨울에 庚癸癸이면 아주 나빠서 행복은 끝난 사람이다.

庚金 氣象論 (亥子丑月)

6) 겨울 亥子丑月에 庚金이 從兒가 되면, 반드시 亥水가 있어야 한다.
만약, 子水가 있으면 물이 얼어 있어 從兒로 따라갔다고 보지 않는다.
왜냐하면, 金이 얼어버려 쓸모없는 金인데,
차라리 그대로 얼어있는 것이 났다.
火가 오면 물이 녹으므로 金이 물에 가라앉아 죽는다.

7) 庚金이 水가 왕한데 火가 없으면, 음덕이 없어 향기가 끊어졌으므로 여기서 향기는 官인데, 官이 끊어져 조상을 치면서 나왔기 때문에 태어나면서부터 조상의 성씨를 모르는 사람이다.

8) 겨울에 庚일주가 乙庚合을 하면, 내가 合을 해서 생명을 꼼짝못하게 하므로 상처하거나 妻를 볶아댄다.

9) 겨울에 丁火가 용신이고 넉넉하게 있으면, 재물이 넉넉한 집안이다.
火가 있다는 것은 집안을 난방해서 온수를 돌리고 있는 것과 같으므로 그 집안에 돈이 있는 것과 같아서 天干에 있으면 사랑받고 컸고, 地支에 있으면 배부르게 컸다.

10) 여자사주에 火가 있긴 있는데 불이 희미하면, 용신이 무력한데, 官이 용신이라 이혼은 안 한다.
일편단심이다.
그래서, 庚金일주 여자가 官인 火를 용신으로 쓰면 남편한테 잘해준다.
또, 자기 몸이 차기 때문에 丁火 官이 와서 따뜻하게 해주므로 남편을 좋아한다.

11) 여자 사주에 金水가 많아 몸이 冷하면, 남편한테 사랑받기는 틀렸다.
남편이 잘 안 오므로 성생활 횟수가 적다.

12) 어떤 일주라도 겨울에 火가 없으면, 돈이 없어서 마음

庚金 氣象論 (亥子丑月)

고생 많이 하고 한다.
大運에서 火가 오면 그 때만 돈이 있다.

13) 사주 天干에 필요한 글자가 있는 사람은 희망적인
    생각으로 사는 사람이다.

14) 겨울에 火가 필요한데 지지에 濕土를 깔고 있으면,
    부부애정이 없이 살거나 이혼한다.
    그래서, 日支에만은 꼭 따뜻한 글자가 있어야 한다.

15) 겨울에 庚金이 甲丙이면, 창고에 곡식이 꽉 차있어
    富局이고, 甲丁이 있으면, 熔金成器하므로 貴局이다.
    甲과 丁을 보아 용금성기하면 나무뿌리가 없는 것이
    좋다.
    만약, 甲이 뿌리를 갖고 있으면, 내년에 키워야할
    나무이지 태워야 할 나무가 아니라서 용금성기할 때의
    재료가 안되므로 貴局이긴 해도 局이 적어서 뒷전으로
    밀려난다.
    용금성기를 할 수 있어야 현실적이다.

16) 庚金에 地支에서 亥卯未木局이 되면, 겨울이라 나무를
    키우지 못하므로 욕심만 많아 쓸모없는 짓만하다가
    일생 바친다.

17) 만약에 火가 필요한데 寅午戌火局이 되어 나무를
    태우면서 조후를 하면 자기 當代는 좋은데, 생명을
    다 태워버려 자식한테 물려 줄 재산이 없다.
    이런 구조에서, 寅午 두 글자와 巳酉 두 글자가 있으면
    地支 相戰이라 힘들게 산다.

8. 辛金 氣象論(총론)

1) 地水火風
   木 : 甲木 = 곧은 나무, 乙木 = 굽은 나무.
     : 땅을 뚫고 나오는 생명의 에너지. 생장을 의미.

   火 : 확산. 增幅의 氣運 = 우주열이라 한다.

   土 : 중매의 氣. 停止의 神으로 나무가 계속 크다보면
        땅의 에너지가 부족해서 더 이상 자라지 않게 함.

   金 : 위축. 축소. 숙살. 떨어지는 것.
        庚金 = 원광석, 辛金 = 완숙된 金으로 떨어져
        씨앗이 되므로 운에서 辛金을 보면,
        이별의 순간이 왔다.

   水 : 응교(어는 것)의 氣.
        응교되어 얼면 나무를 못키우므로 火를 좋아한다.

2) 辛金은 완성된 그릇. 보석. 단단한 것. 씨앗으로 본다.

3) 辛 壬 이면, 보석을 물로 씻는 것으로 본다.
   그러나, 아무리 잘 씻어도 丙火를 보지 못하면 멀리까지
   광명이 나지 않는다.

4) 辛金은 완성된 보석이라 까다로운데 戊, 己土를 보면,
   먼지가 묻어 빛이 덜 나므로 덜 까다롭다.

5) 辛壬이면, 보석을 깨끗히 씻고 있기 때문에 자기가 잘났
   다고 생각하여 자기자랑이 많다.
   자랑할게 없으면 하다못해 애 자랑이라도 한다.
   자기 천성이다.

8. 辛金 氣象論(총론)

食傷인 壬水로 씻어주기 때문에 자식애착이 많고,
癸水를 보면 자식애착이 덜하지만 남에게 잘 베푼다.
그러나, 가을, 겨울에 태어나면 눈. 비가 내리치므로
세상을 보는 눈이 삐틀어져 이기적이다.

6) 辛金이 辰戌丑未 土月에 태어나면, 土는 생명을 살리는
   土인데, 土는 다음에 오는 五行을 살리기 위해서 그
   계절 끝에 달려있다.
   土는 停止의 神이라서 자기혼자 움직이지 못하고 木이 와
   서 건드려줘야 하므로 土月에 태어나면 꼭 木을 봐야 土
   가 살아있다.
   土가 살아있어야 金이 바로 자라므로 값이 나간다.

7) 辛金 일주에 甲, 丙, 壬이면 大貴格이다.

8) 辛金 일주는 木旺節인 봄에 태어나면, 나무뿌리를
   자르므로 자연의 이치를 거역하러 태어난 사람이라서
   환경을 거역하러 나온 사람인데, 日主가 환경을 거역
   하면 세상을 풍파속에서 산다.
   예를 들면, 흑인은 흑인 나라에 태어나야 대우받는다.

9) 辛金이 壬水를 보면, 정직하다.
   壬水로 씻어주므로 정직한데 단 외골수적이다.
   그래서, 남들과 타협안한다.

10) 辛金 일주가 甲이 나타났는데, 己土가 나타나 甲己合,
    己甲合, 또는 乙庚合, 庚乙合이 되면 향기(생명)를 죽이
    므로 물질복이 없다.
    甲乙木은 우주의 주인인데 甲乙木을 못 크게 하면 세상
    을 거역하는 것이라 운이 없다.

11) 努力之生은 밑바닥에서 노동의 댓가를 받고 고생하며
    산다.
    어떤 사람이 배가 고파 밥을 얻어 집으로 가고 있는데,
    길을 가다보니까 다리가 부러진 사람이 그 거지한테 밥

8. 辛金 氣象論(총론)

을 달라고 해서 얻어온 밥을 다 주고 생각하니 아! 세상에는 나보다 더 불행한 사람도 있구나 하는 것을 느낌으로써 행복과 불행은 자기의 마음속에 있다는 것을 깨달았다고 한다.

12) 열매가 달려있지 않고, 甲己合, 乙庚合이 되면, 농사를 짓기는 지었는데 가을에 수확이 없다.
    망상이 많거나 분수에 넘치는 생각을 하다가 제 갈길 못 가는 사람이다.

13) 辛金 일주가 옆에 甲乙木이 뜨면, 財를 자르는 구조이므로 장가갈 때 가장 어렵다.
    선을 보면 여자가 도망갈 생각부터 한다.
    왜냐하면, 대화중에 불안감을 느끼기 때문이다.
    만약 辛金 일주가 甲, 乙木을 보면 돈 다루는 방법이 잘못되어 돈 날린다.
    또, 남자가 이렇게 財가 病이면 여자를 치면서 살므로 도화살이라 여자한테 고통주고 산다.

14) 金은 위축의 神. 열매이므로, 西方은 부자다.
    공자, 맹자, 석가 같은 성인은 정신세계인 동양에서 많이 나오고, 물질세계는 돈으로 서방에 많다.

15) 金과 木의 뿌리가 있어 서로 싸우면 고질병이 생겨 가정이 불행해진다.

16) 여름에 辛金 일주가 지열이 왕한데, 丁火가 뜨면, 金이 녹거나 상처를 받게 된다.
    그래서, 辛金이 살려고 태어났는데, 불이 녹이려 하므로 신경이 예민하고 까다롭다.
    상처받은 보석이라 從殺格이 안되고 이렇게 되면 성격이 포악하여 官災, 시비가 많다.

17) 辛 戊이면, 보석에 먼지가 끼어도 신약해서 부득이 썼다면 戊土가 印綬로 부모글자인데, 부모간섭 때문에 자기

8. 辛金 氣象論(총론)

갈 길 못간다.
부모가 자식을 통해서 대리만족을 얻으려 한다.
엄마와 생각이 달라 갈등이 생겨 마음고생이 많다.
그래서, 戊土가 年月에 뜨면 부모 때문에 독신으로 살고, 時에 있으면, 부모가 말년까지 고통을 준다.

壬 辛 ○ ○
辰 ○ ○ ○이면, 조후가 안되면 씻어줘도 천한 사람이 많다.

○ 辛 ○
申 ○ 申 月이면, 劫財 속에 있는 壬水로 씻어주므로 쇠 가공업, 세공업 등 쇠를 다루는 기술자가 많다.

18) 여자는 겁재속에 들어있는 壬水를 용신으로 쓰는 자는 친구의 남편이나 가정을 가진 남자를 애인으로 삼는다.

19) 辛 壬 丙이면, 물로 씻어주고 태양으로 빛을 내므로 大局이다.

20) 壬辛丙이면, 丙辛合이 되어 나쁘다.
丙火는 빛과 광명이고, 壬水는 광택이다.

21) 辛 辛
○ 丑 月에 태어나면, 운이 寅卯辰, 巳午未 동남방으로 흘러가면, 일찍 늙어버려 운이 없고, 북서방으로 운이 가면 운이 좋다.

22) 辛金 일주가 火가 오면, 까다로운데 너무 火가 왕하면 자기 자신을 너무 볶는다.

23) 여자 辛金 일주가 火旺하면, 생리의 량이 적고 생리통이 심하다.
火가 食傷인 水를 말려버리기 때문이다.

8. 辛金 氣象論(총론)

24) 辛金 일주가 火가 너무 많으면 남자가 내 몸과 접촉하는
   순간부터 火가 들어와 食傷인 水를 말리므로 성생활에
   재미가 없어 나쁘다.

25) 辛金 일주는 格이 좋으면, 잘 씻는다.
   목욕 자주하고, 청소를 자주하여 집이 깨끗하다.

26) 辛　　　　　　　　　甲
   酉 일주가 甲木이 正財인데, 寅을 보면 나무를
   자르므로 수술, 상처가 많거나 항상 갈등이 많아
   가정이 온전치 못하다. 정신적으로 피곤하다.

27) 辛 乙
   酉 卯이면, 무조건 이혼한다.
   辛金 자신은 乙木 妻를 사랑하는데, 妻인 乙木이 이해
   하지 못하여 갈등이 생긴다.
   그래서, 결혼초기에 이혼하거나 갈등 많게 산다.

28) 辛金 일주는 土生金하는 것은 庚金과 같지만,
   辛金은 완성된 보석이라 庚金과 성질이 다르다.
   庚金은 풋과일인데, 辛金은 익어서 떨어진다.
   그래서, 辛金은 丁火를 보아 지지면 안 된다.

29) 여름에 丙辛合, 辛丙合이 되어 뜨거운 태양이 合을 해
   들어오면 열매가 상처를 받게 되어 부부생활로 인한 질
   병이 따른다.
   性 생활하다가 복상사, 질병이 생긴다.
   그러나, 가을, 겨울 추울 때 丙辛合은 좋다.

30) 辛金 일주가 가을에 접어들어 火를 보아 칼, 바늘,
   기계 등으로 成物이 되면, 보석이 완성되었으므로
   미남, 미녀가 많다.
   다듬어졌기 때문이다.
   성격은 까다롭지만 귀하게 산다.

8. 辛金 氣象論(총론)

31) 庚金은 丁火가 와서 그릇을 만들지 못하면 원광석이라서
    꼭 불을 보아 그릇을 만들어야 한다.
    용금성기하지 못해 원광석이 되면 운이 없다.

32) 辛金이 나타나면, 成物로 보므로 무조건 물로 씻어줘야
    하므로 1년 12달 壬水를 봐야 하는데, 다만, 겨울에는
    물이 얼어 있기 때문에 火를 같이 봐야 한다.
    그러나, 봄, 여름은 날이 따뜻하므로 火가 없어도
    되지만, 그때도 丙火가 있으면 명성이 진동한다.

33) 辛金이 木을 보면 먼지가 못끼게 하므로 富局이고,
    壬, 甲이면 귀국이고, 丙, 甲, 壬까지 보면 명성이
    진동한다.

34) 辛金 일주가 甲, 壬, 丙중 한자만 제대로 살아있어도
    천격은 면한다.

35) 辛金은 보석과 같이 보므로 壬水가 가장 필요한데,
    얼어 있으면 못쓰므로 불이 있어 얼지 않아야 한다.
    辛金은 癸水를 보면 壬水가 와서 씻었다는 개념으로
    자기도 잘 씻었다고 착각하므로 큰소리를 잘 치고
    주위에 피해를 준다.
    또, 辛金이 癸水를 보면 여름에는 조후를 하므로 하려고
    하는 의욕이라도 있는데, 가을, 겨울에 癸水를 보면 게
    으르다.
    물이 얼어 있어 하늘만 쳐다보고 머리만 굴리는 것과 같
    아 값이 안나가므로 천하게 산다.

36) 庚金은 丙火를 보면 크고, 丁火를 보면 熔金成器
    하므로 甲, 乙, 丙, 丁, 戊, 己, 庚, 辛, 壬, 癸
    중에서 官을 두 개 모두 쓰는 것은 庚金밖에 없다.
    辛金은 겨울 추울 때 외에는 丁火를 잘 쓰지 않는다.

37) 辛金은 성격이 예민하고, 보석이기 때문에 자기 위주로
    세상을 본다.

8. 辛金 氣象論(총론)

그래서, 辛金이 용신이 되면 성격이 일반적인 성격과는
다소 다르다.
조후가 되면 괜찮아도, 조후가 안되면 사람을 사귀어도
가려 사귄다.
그러나, 戊己土를 보아 먼지가 끼면 덜 까다롭다.

38) 辛金이 자라날 때는 반드시 丙火를 보거나 丁火를 보아
얼지 않아야 한다.
辛壬丙이면, 귀격이다.
壬辛己丙이면, 관인상생으로 고급공무원이다.

39) 辛金이 己土를 보고 壬水를 보면 己土濁壬이 되는데,
이 기토탁임은 다른 기토탁임과 달리본다.
壬水는 맑은물이고, 己土를 보면 구정물인데, 壬水가 파
도라서 출렁거리면서 己土와 혼합되어 구정물이 된다.
이 때 사주에 金이 있어 상생시켜주면 탁임이 100%까지
는 안되고 일부만 되는 것으로 보고, 金이 없으면 완전
한 탁임으로 본다.

40) 辛 壬 丙이면, 명성이 진동하는데, 丁辛丙丁이면, 官인
丙丁火가 많아 官의 惡名이다.

41) 辛金 옆에 庚金이 있으면, 庚金은 미완성의 고철이라서
辛金에 상처를 내므로 몸에 수술자욱이 있거나 정신적
상처가 있다.
그래서, 좋아하지 않고, 또, 천해져 버린다.

42) 壬 辛 癸이면, 壬水는 잘 씻어주는데,
癸水가 뜨면, 비가 내려 壬水가 할 일을 못하므로
편하게 살려고 하므로 게으르다.
또, 辛 癸 壬이면, 辛金 바로 옆에 癸水가 있어 나쁘다.

43) 辛 己 戊 壬이면, 土剋水하여 壬水가 辛金을
씻어주지 못하므로 나쁘다.

8. 辛金 氣象論(총론)

44) 辛金이 甲乙木을 보면, 財는 돈과 재물인데, 金이 왕해 생명인 木을 자르면 불량배의 성격이다.

45) 辛 己 己이면, 보석에 먼지가 끼어 값이 안나간다.
    戊 辛 己이면, 土多金埋라서 남들이 알아주지 않으므로 자기 실력보다 능력없이 산다.
    부모나 남에게 의지하여 산다.

46) 辛金이 가장 싫어하는 것은, 丁火로 지져 완성된 보석에 상처를 내는 것이고,
    둘째로 癸水를 보면 하늘의 비로 씻으려 하므로 제대로 씻기지 않아 싫어하고,
    셋째로 戊己土가 있으면 土多金埋를 싫어한다.

47) 辛 - 甲, 乙이면 나무를 자르므로 흉하다.
    辛 - 戊, 己土이면, 먼지가 끼고 묻히므로 흉하다.
    辛 - 庚이면, 기스를 내므로 싫어한다.
    辛 壬 甲 丙이면, 가장 좋다. 귀물이다.

48) 辛 壬이면, 똑똑해서 공부를 잘 하는데, 조후가 안되면 현실 안목이 어두워 귀하지 못한다.

49) 여름에 辛金이 壬水를 보면 잘 씻어주므로 좋고,
    "   丁火가 나타나 辛金에 상처를 주면, 몸에 수술 이나 상처가 생긴다.
    여름에 불이 왕해 辛金이 어글어지면 성격이 난폭하거나 자기성격을 자기가 못이겨 자신에게 상처를 입힌다.

50) 辛 壬이면, 좋은데, 辛壬丁이면, 여름에는 용신인 壬水를 묶어 못쓰므로 용불용격이다.
    또, 겨울에는 용신인 丁火를 묶어 용 불용격이다.
    이렇게 되면, 집안 가문이 좋지않아 집안이 산란했다.

51) ○ 庚 壬 丁
    ○ 辰 辰 未 이면, 무당인데, 조상이 복잡한 집안출신

8. 辛金 氣象論(총론)

이다.

52) 辛金은 子에서 長生, 亥에서 沐浴인데, 亥중 壬水가 浴宮에서 나왔으므로 壬水를 절대로 쓰지 않는다.
亥중 壬水는 辛金이 볼 때는 목욕하고 난 구정물이다.

53) 辛
亥 일주는 고란살이다 = 亥중 壬水가 沐浴地이다.
남편이 바람을 피거나, 자기가 본 부인이 되어도 남편이 외도만 하고 집에 잘 안 들어온다.

54) 辛
亥 일주는 亥중 壬水를 안 쓰고, 亥중 甲木만 써 먹는다.

55) ○ 辛 ○ ○
亥 ○ ○ ○이면, 자식이 목욕살이라서 자식이 바람을 피거나 속썩인다. 용신이 되면 괜찮다.

56) 성격이 너무 냉정한 사람은 사주에 丁火가 심장인데 丁火가 沖剋을 받아 꺼져버리면 냉정하다.

57) 사주에 土가 忌神이면, 土는 믿음의 神이라서
戊 辛 己 戊 인데 土가 흉신이면 믿음이 없다.
신용없는 사람이다.

58) 사주에 辛甲乙이면, 생명을 자르는 구조라면, 경찰, 군인, 기자, 검찰이 많다.
생명을 죽이는 구조이면 자손이 잘 안 된다.

59) 辛 일주가 공무원이 되거나 돈, 보석, 무역, 귀금속, 輕金屬을 다루는 사람이 많고, 치과, 피부과 의사, 기계설비하는 사람이 많다.

60) 辛金 일주가 壬水를 보고 지지에 巳午未火局이나

8. 辛金 氣象論(총론)

寅午戌火局을 보면, 뜨거운 壬水로 씻으므로 색이
변색되어 값이 안 나간다 = 두통이 심하다.
정신이상자가 많다.

61) ○ 辛 壬 ○
    ○ 未 午 巳이면, 물이 뜨거워 색이 변한다.

62) 辛金 일주가 가을에 辛壬乙이면,
    불이 있어 나무가 잘 크면 곡식이 주렁주렁 달린 격이라
    富命이다.
    가을에 水生木하여 木이 살아있는 金 일주는 富命이다.
    풍년들었다.

63) 辛 ○ ○
    卯 申 子이면, 富農인데, 단 불이 있어야 열매가 있다.

64) 辛 일주가 亥水가 있으면, 씨앗을 많이 저장하고 있어
    돈이 많다.

65) 가을에 辛金은 완숙된 과일이나 완성된 보석에 비유하기
    때문에 자기 할 일을 모두 했다는 뜻이므로 물로 잘 씻
    어주면 돈이 많다.

66) 辛金이 가을에 불을 못보고 너무 태왕하면, 鈍金(둔금)
    이다. 설기가 안되면 못쓰는 金이다.
    만약, 洩氣하는 것이 없으면, 고철로 보므로 값이 안
    나간다.
    쇠가 너무 태왕하면 무법천지가 되므로 형제간에 의리가
    없고, 壬水로 잘 씻어주면 자식이 많다.

67) 辛金 일주가 다른 일주보다 형제가 많거나 어머니가 많
    다.
    왜냐하면, 모친이 辰戌丑未이기 때문이다.

68) 辛金 일주가 지지에 巳酉丑金局이 있으면, 兄弟多者나

8. 辛金 氣象論(총론)

자식 많은 사람이 많다.

69) 辛金 일주가 丁壬合을 했는데, 合한 글자인 木이
    흉신이 되면, 財를 剋하므로 여자한테 사기치거나
    여자 뜯어 먹고사는 사람이 많다.

70) 辛丁壬이면, 正用神인 壬水를 못쓰므로 사고가 삐틀어져
    있어 사기치거나 여자 이용하려 한다.
    또, 심통이 많다.

71) 사주에 辛金이 巳酉丑이나 申酉戌이 있어 從革格이 되
    면, 從革의 의미는 바뀌기 위해서 金으로 쫒아가므로 壬
    水로 씻어주거나 丁火로 熔金成器해야 귀물이 되고,
    金만 있으면 씻어주지도, 용금성기하지도 못하면 고철
    덩어리다.

72)   ○辛○
    申酉戌이나 巳酉丑이면, 從革으로 바뀌는 것인데, 바뀌
    어 귀물이 되기 때문에 반드시 불로 녹이거나 壬水로
    씻어줘야 하는데, 丁이나 壬을 못 보면 쓸모없는 보석
    이다.

73) 겨울에 辛 戌
           ○ 子이면, 干上에 甲乙木이 나타나 木剋土
    하면 木이 제습하는 土를 극하므로 가난하다.

74) 辛 甲 丙이면, 그늘이 져서 태양 빛을 못보므로 흉하다.

75) 겨울에 辛甲乙이면, 木이 제습하는 木을 극하므로 망할
    財(木)다.

76)   辛 辛 癸 辛
      卯 酉 巳 丑 : 생명이 자랄 계절이므로 卯木이 용신이
                다.

8. 辛金 氣象論(총론)

77) 여자 사주에 辛金이 火를 용신으로 쓰는데, 用神多者는 반드시 애인이 많다.
겨울 辛金은 날이 차기 때문에 불을 좋아하기 때문이다.
남자도 용신다자는 하고 싶은 것이 많으므로 연애 많이 한다.

78) 여름에 辛金이 조열하여 壬水를 쓰면,

辛 壬 戊 己
巳 午 未 ○ 月이면, 己土濁壬되어 구정물로 얼굴을 씻으므로 살다가 망신스런 일이 생긴다.
또, 癸水(비)로 얼굴을 씻으므로 남의 신세지고 살고, 용신이 허약하여 여자는 賤한 직업이 많다.
술장사하거나 몸 파는 일.

79) 辛 ○
○ 未 月에 調候가 잘되어 있으면, 여름 꽃밭에 壬水가 들어 조후가 잘되면 벌, 나비가 많이 날아들므로 색난이 많다.
辛金이 원래 피부가 곱고 아름답다.
辛金은 완성품으로 열매가 탐스럽게 익었기 때문이다.

80) 가을 辛金은 완성품이라 인물이 좋은 자가 많고,
丁火로 지지면 성격이 난폭하고, 壬水가 나타나
丁火와 합이 되면 사기꾼이 되고, 용신이 기반되면
사고가 거꾸로 간다.

81) 겨울에 辛金을 壬水로 씻으면 안 좋은데, 이런 때는 불이 많아야 한다.
겨울에 辛金이 癸水를 보면 똥깔보다.
남자는 술만 먹고 체면없는 일만 한다.
賤일 일이나 시신 만지는 일한다.

82) 辛金은 癸水가 어디에 있어도 천격이 많다.
조후가 되어도 인물은 예쁜데 몸은 천하다.

8. 辛金 氣象論(총론)

83) 辛金이 壬水를 보고 조후만 되면 인물이 좋다.

84) 여자 辛金 일주가 壬癸水가 食神으로 性이고,
    자식인데, 만약 조후가 안되면 자식낳고, 남편을
    치므로 독신이 되거나 또 性행활을 하면 할수록 火를
    극하므로 남편이 미워보이고 자식을 더 사랑하므로
    남편한테 대우를 못 받는다.

85) 辛金 일주가 겨울에는 丁火가 나타나 있는 것이 좋다.
    지열은 물을 덥히고 있는 불로 보므로 좋다.

86) 辛 壬이면, 피부가 곱고 인물이 예뻐 사람들이 많이
    따른다.

87) 五行은 氣의 흐르는 변화를 보고 운명을 만들었는데,
    에너지 부호인 사주 글자는 그 시대에 맞게 달리
    쓰인다.

88) 辛金 일주는 戊土가 뿌리를 가지고 있으면 하나만
    나타나도 埋金이라 하는데, 木이 없으면 천해진다.

89) 辛金은 壬水로 씻어주어 광내는 것이 목적이기 때문에
    자주 씻어야 좋고, 火가 용신인 사람은 옷 잘입고
    몸을 가꾸는 것이 좋다.

90) 辛 일주가 乙木을 자르면, 불량배나 심통이 많다.

辛金 氣象論 (寅卯辰月)

1) 木은 자라나므로 생장의 기운이다.
   火 = 확산의 기운.
   金 = 위축의 기운. 떨어진다는 뜻이다.

2) 봄에 申金은 반대계절에 태어났다.
   내가 나무를 자르므로 귀염 못 받고, 버림받은 金이다.
   그래서, 봄에 辛金은 사주 조립이 나쁘다.

3) 봄에 申金은 軟禁(연금)이기 때문에 丙火로 키워야 한다.

4) 봄에 辛金은 背逆하러 나왔다.

5) 辛 ○
   ○ 寅 卯 月에 태어나 아버지를 배반하고 태어나 아버지
   와 인연이 없다.

6) ○ 辛 ○ ○
   申 酉 寅 卯 月로 봄에 辛金이 地支에 뿌리를 가지고
   나오면 木을 자르므로 흉하다.
   고아나 부모가 버린자식이라고 통탄할 자식이다.
   또는 부모가 죽어 부모의 사랑을 못받고 자란 자식이다.

7) 辛金 자신도 커야하고 나무도 안 잘라야 하므로 불로
   따뜻하게 키워야 좋다.

8) 봄에 나무를 자르려 나오면 빈골이라 한다.
   해서는 안 되는 일을 하므로 골빈 놈이라 한다.
   이율배반이라 내 이익을 위해서 남을 배반한다.
   地支에 辰土가 있어야 金의 뿌리가 되고 丙火로부터
   官印相生이 되어 金이 상처를 안 받아 좋다.

辛金 氣象論 (寅卯辰月)

9) 天干에 戊土가 왕하면, 金이 묻히므로 土多金埋되어 나쁘다.

10) ○ 辛 丙 ○
    ○ 寅 卯 辰 月에는 봄에 자라야 할 金이 丙辛合하여 연애만 하므로 자라면서 부모한테 애를 먹인다.
    제 갈길 못간다. 말썽만 피운다.

11) 만약, 時에 壬 辛
                辰 ○
                時 日이면, 씻어주어 좋은데, 이때도 불이 있고, 壬水로 씻어줘야 좋다.

12) 己 辛 甲 戊로 甲木이 土를 막아줘야 金에 먼지가 안 끼어 좋다. 木이 없으면 천격이다.

13) 辛金은 壬水가 나타나지 않고, 癸水가 나타나면, 천격이다.
    그래서, 辛金은 癸水로 씻으면 壬水로 씻었다고 착각하고 산다.
    자기가 가장 잘났다고 생각하여 일찍 연애를 하여 雜夫가 많다.

14) 癸 辛 癸 ○
    ○ ○ 寅 卯이면, 壬水로 잘 씻었다고 착각하고 산다.
    잡부가 많다.

15) 辛金이 庚金을 보면, 申金왕성품에 기스가 나므로 귀찮은 존재가 따라 다닌다. 친구 때문에 골병든다.
    이 때 庚金이 나타날 때는 乙木이 乙庚金을 해주면, 기스가 안 나므로 좋다.
    구조가 이렇게 되면 머리가 좋거나 모사꾼이 많다.
    미인계를 써서 어려운 난국을 극복한다.
    재주꾼으로 태어났는데, 재주꾼은 귀하지는 않다.
    교활하다.

辛金 氣象論 (寅卯辰月)

16) 辛 己 庚이면, 땅에 떨어진 보석으로 내 보다 큰 사람이 있으므로 내 보다 큰 부인이 있는 格이라 妾으로 살거나 애인 대리고 산다.

17) 辛金은 丁火를 가장 싫어한다.
    丁火가 완성된 보석인 辛金을 녹이기 때문이다.

18) 辛 丁
    ○ 卯 月이면, 연한 辛金을 녹이므로 사고자가 많다.
    싸움 사건 등으로 감옥간다.
    사람을 죽이거나 불구자 만든다.

19) 辛金은 丁火를 보면 자기가 살려고 발버둥치므로 성질이 흉폭해 지고, 癸水, 己土를 보면 賤해지고, 丙火를 보면 잡길로 가고 土多金埋가 자기존재가치가 없다.

20) 만약, 辛金이 너무 어릴 때 火가 너무 많으면 질병자가 많거나 요절해 죽는다.
    이럴 때는 너무 예민해지므로 壬癸水가 나타나 丁火를 꺼줘야 좋은데, 이런 구조면 필요없는 壬癸와 丁火가 나타나 小局이다.

21) 辛金을 壬水로 씻어주면 좋은데,
    辛 丁 壬, 辛 壬 丁이면 用不用格이므로 능력은 있는데도 운이 없다.

22) 봄에 태어난 辛金이 조후가 잘되어 있으면 바쁜 사람이고, 사회에 명망있는 의사들이 많은데, 자기 건강을 돌볼 시간이 없어 자기 명대로 못산다.

23) 봄에는 木旺節이기 때문에 壬辛己丙이면 키우면서 씻어주므로 귀국이다.

24) 辛金은 본질이 까다롭기 때문에 戊己土가 있으면 먼지가 끼어있어 덜 까다롭다.

辛金 氣象論 (寅卯辰月)

   辛金은 본성이 까다롭다.

25) 사주에 木火가 너무 왕하면 성격이 조급하다.
    木은 땅을 뚫고 나오려 하고,
    火는 빨리 키우려 하므로.
    金水가 많으면 위축을 시키므로 느긋하다.
    木火가 너무 많으면, 성격이 급해서 너무 서둘고,
    火가 너무 많으면, 과민하여 정신적 질환이 있다.
    金水가 많으면, 위축시키는 기운이므로 조용하다.

26) 辛 ○
     ○ 酉 月이면, 완제품이고,

27) 辛 ○
     ○ 卯 月은 未熟之金이라 제품의 출발점이다.
     키울 때는 丙火를 봐야한다.

28) 봄에 辛金 일주는 연약해서 잘 놀랜다.

29) 寅月에 태어난 辛金은 寅중에 丙, 戊가 있어서 원국에
    土가 없어도 잘 자라는데, 卯月은 火, 土가 없어서
    卯月에는 辛金이 연약해서 겁을 내므로 己丙, 戊丙이
    있어 키워줘야 좋다.

30)   壬 辛 己 丙
      辰 ○ 卯 ○이면, 키우면서 씻어주므로 좋다.

31) 봄에 壬 辛 일주가 지지에,
         寅午戌火局이면, 투간한 壬水가 불 속에
    있어 씻을 수 없다.
    또, 辛金 일주에 壬水가 없어도 甲乙木이 나타나면,

      ○ 辛 甲 乙
      辰 ○ ○ ○이면, 木이 辛金에 먼지가 안 끼게
      막아주어 좋다.

32) 봄에 土가 와서 辛金을 키우면 富名이 되고,
    봄에 辛金을 壬水로 씻어주면 貴命이다.

33) 寅月에 辛金이 辛 壬
                 ○ 寅 月로, 壬水가 용신이 되면,
    용신은 後代의 자식과 같으므로 壬水를 낳아준 것은
    妻로 金인데, 내가 辛金 일주인데 妻도 나와 같은
    辛金이므로 妻가 완고하다.

34) 봄에 辛金이 壬癸水가 많으면, 날이 차서 봄이 빨리
    안 오므로 일찍 가출해 버린다.
    배고픈 구조다.
    이런 구조는 財가 흉신이고, 食傷이 病이라서 태어날
    때부터 부모와 원수지간이다.
    이런 때는 土가 와서 壬癸水를 눌러줘야 좋다.

35) 辛金 일주가 지지에 寅申沖, 卯酉沖 하면, 생명인 나무
    를 자르므로 성격이 횡폭하다.
    이럴 때 寅申沖, 卯酉沖으로 金이 왕하면, 시집가기 전
    에는 친정아버지를 치고, 시집가서는 시어머니를 치므로
    시어머니를 무시하여 불화가 생긴다.
    부인이 시어머니를 구타한다.

36)   辛 ○
       ○ 寅 月에 태어나 地支에 寅午戌火局이 되면 木을
    다 태워버리므로 대세를 거역하여 중병자이거나 소년
    시절에 요절한다.
    이런 구조면 전쟁시나 난세에는 계속 고(GO)이므로
    이름이 나므로 독립운동가 등이 많다.
    사주가 편고되어 있어 평상시에는 말썽꾸러기다.

37) 봄에 戊辛己戊로 土가 많아 土多金埋가 되면, 金이 木
    을 자른 것만 해도 힘이 드는데 土까지 왕하므로 아무
    쓸모없는 사람이다.
    구름처럼 왔다가 구름처럼 간다.

38) 봄에 辛金이 土가 많으면 木(생명)을 자르면서 돈을
    벌므로 욕먹으면서 돈을 번다.

39) 봄에 辛金이 地支에,
        ○ 寅 卯 辰이 있어 從財로 가면 성공을 하는데,
    從財로 못 가면 평생 쓸데없는 일만 하다가 죽는다.
    평생 쓸데없이 풀만 베다가 죽는다.

40)   甲 辛 乙 壬
      午 丑 巳 申
    辛金이 時의 甲木과 月의 乙木을 모두 자르므로 왕따
    사주다.

辛金 氣象論 (巳午未月)

1) 辛金은 보석, 완숙된 과일, 금광에 비유한다.
   辛金은 가을의 기운을 가지고 있어 씨앗에 비유하므로 이별의 뜻을 갖고 있다.

2) 巳午未月 辛金은 여름철 불 속에서 태어나 머리가 예민하다.
   사주에 나무가 있으면 과일에 비유하고, 나무가 없으면 金이 매달릴 데가 없으므로 보석이나 금광에 비유한다.

3) 여름에 태어난 辛金은 火가 왕하면 官鬼다.
   그래서, 지지에 申子辰水氣를 가진 글자가 있어야 좋고 干上에 壬水가 있으면 貴하다.
   또, 辛金이 壬을 보고 丙火를 보면 명성, 광명이 있다.

4) 여름에 辛金은 불속 악조건에서 살아남으려고 몸부림치므로 곡절있게 살고, 家統이 없는 집안에서 성장을 하므로 혈통이 불분명하다.
   火(官)가 너무왕해서 난잡하면 혈통이 난잡하다.

5) 辛金은 木, 火를 싫어하고, 또 戊, 己土가 있으면 먼지가 묻어 좋아하지 않고, 귀격이 되지 못한다.

6) 辛金은 불을 싫어하는데, 丙辛丁이나 丁辛丙이면, 官殺混雜하여 불로 辛金을 지지므로 성격이 괴팍하다.
   그러나, 壬 辛 甲 丙이면 좋은데,

   미국 부시대통령사주는　壬 辛 甲 丙
   　　　　　　　　　　　辰 巳 午 戌로 정격이다.

7) 辛金이 癸水를 보면 賤하다.

辛金 氣象論 (巳午未月)

빗물로 辛金의 윗 부분만 씻어주므로 나쁘고,
또, 여름에 비가 내려 열매가 안 열리므로 수확이 없다.
그래서, 이런 사람은 비가 왔으니 다 씻었겠지 하는
착각에 산다.
판단이 흐리고 현실안목이 부족하다.
게으르고 천하다.

8) 辛金이 여름에 火가 너무 많으면 머리는 비상한데, 폐, 대장, 소장이 나쁘다.

9) 辛金이 壬水를 보면 편하게 살고, 辛金이 癸水를 보면 노력지생이다.

10) 辛金에 壬水가 있더라도 위치가 중요하다.
辛 壬 丙이면 좋고,
辛 丙 壬이면, 태양이 가려 씻어주지 못하므로 나쁘다.

11) 辛金에 壬水를 용신으로 쓸 때는 미완성의 庚金이 있어도 좋다.
辛 庚 丁이면 녹이는 金이므로 庚金이 나타나도 좋다.
또, 辛 壬 庚이면, 比劫의 도움을 받아 壬水로 씻어주므로 좋다.

12) 巳月에 태어난 辛金은 辛 ○
○ 巳 月이면, 巳중에 丙戊가
있어 조열해서 雜金이 되어 賤格이다.
그래서, 天干에 壬甲이 나타나면 부자다.

13) 여름에 辛己己이면, 甲木이 왔을 때 己土가 생명인
甲木을 甲己合시켜 나쁘므로 건달이다.
또, 壬水가 오면 己土濁壬시켜 구정물로 만들어 보석인
辛金을 구정물로 씻으므로 값이 안 나간다.

14) 여름에 辛金은 戊己土가 나오면, 먼지가 끼고,
水를 剋하므로 메말라버려 귀격이 아니다.

辛金 氣象論 (巳午未月)

건달이라서 남한테 신세지고 살거나 남을 골탕먹이고 산다.

15) 여름에 辛金이 甲乙木이 나타나면 木을 잘라버리므로 존경받지 못한 직업이다.
   金은 생명을 다스리는 직업 : 군인, 경찰, 사법기관.

16) 여름 辛金은 생명이 자랄 계절에 지지에 巳酉丑金局 생명의 뿌리를 자르면 직업변화나 굴곡이 많다.

17) 辛 일주가 여름에 癸水를 용신으로 쓸 경우는,
   辛 癸 ○
   丑 ○ 辰이면, 남한테 좋은 일 하면서 수확이 없으므로 후실이 많다. 그러나 편하게는 산다.
   게으르고 나태해서 요행을 바라는 습관이 있어 정상 부인이 아니다.

18) 여름에 辛 癸 ○
              酉 巳 丑이면, 자기는 남한테 좋은 일을 하는데 후사가 없다 : 癸水 때문에 열매가 없다.

19) 여름에 辛金이 戊 己土가 나타나면, 이 때 戊 己土는 먼지이므로 귀찮은 존재다.
   사주에 필요 없는 글자가 나타나면 필요 없는 일을 하고 삶으로 남한테 피해주고 산다.
   이런 때는 甲乙木이 나타나 土를 剋해 줘야 좋다.

20) 여름에 未月에 辛金이 乙木을 보면,
   辛 乙 壬
   ○ 未 ○이면, 꽃밭에 사는 사람이라 바람둥이가 많고 女難이 많다. 또 여자는 일부종사 못 한다.
   또, 이런 구조이면, 예술성이 많아 잘 풀리면 귀격이 많다 : 영화인 예술가 등이 많은데 가정은 안 좋다.

21) 만약, 辛乙이면, 화초를 자르므로 여자를 망치며 사는 사람이라 패륜지명이다.

22) 辛 ○
    寅 午 月이면, 생명을 태우므로 죽을 때 빚을 많이 지고 죽거나 남한테 나쁜 소리 듣고 죽는다.
    또, 이런 구조의 남자라면 자식을 태우므로 자식이 아버지를 갖다 버리기 때문에 자식으로 인해 자기의 말년이 처량하다.

23) 辛 ○ ○
    巳 午 未 月이면, 생명은 안태우므로 덜 나쁘나 자기가 병들거나 정신고통이 있다.

24) 여름에 辛 ○
    ○ 午 月이면, 地支에 辰申丑이 있어 辛金이 뿌리를 갖고 있어야 좋은데 불만 많고 水가 없으면, 성격이 예민하고 섬세하여 예비력이 강하다.
    또, 火가 왕한 여름에 辛金이 甲乙木 財를 보면, 마누라를 구박하므로 고달프게 산다.

25) 여름에 辛 壬 ○
    巳 午 未이면, 끓는 물이 되어 辛金에 기스가 나서 곰보가 된다.
    만약, 이런 뜨거운 물로 辛金을 씻으려 하면, 세상을 등진 사람이다.

26) 여름에 辛金이 지지에 巳午未나 寅午戌火局으로 너무 더우면 불을 피하기 위해 움집에서 쉬고있는 사람이라서 놀고먹는 사람이다.
    무위도식하는 사람이다.

27) 辛金은 壬水로 씻어야 하는데, 지지에 子, 亥水가 있어도 씻어줄 수 없어 마음만 있지 뜻을 이룰 수가 없다.
    응급처치로 해갈만 시켜준다.

辛金 氣象論 (巳午未月)

28) 辛金이 지지에 배경이 든든하고, 天干에 壬水가 나타나 水가 불을 제압하고 씻어주면 보람을 느끼는데, 火가 많아 불에 꺼져버린 사람은 성질이 좋지 못하다.

29) 여름에 辛일주는 덥기 때문에 木이 와도 木을 키우려 하지 않는다.
木生火로 오히려 불바다를 만들기 때문이다.

30) 여름에 辛 일주가 지지에 亥卯未 木局이 되고, 干上에 甲乙木이 나타나면, 庚金이 나타나 간벌을 해 줘야 좋다.
간벌을 하지 못해 나무가 썩어버리면 욕심만 많다.

31) 辛 甲 乙
亥 卯 未이면, 庚金이 나타나 간벌해 줘야 좋다.
그래서, 여름에 木이 많으면 많을수록 꽃이 많이 피므로 열매가 있어 먹을 복은 있어도 가정은 지키기가 어렵다.

32) 여름에 辛 乙 ○
丑 未 丑이면, 나무가 뿌리를 못박기 때문에 가정이 불길하다.

33) 辛 甲 乙
戌 丑 未로 辛金이 木을 자르는데, 地支마져 冲이 있으면, 열매가 없기 때문에 돈이 없고 가정이 적막 하다.

34) 여름에 辛 丁 癸 壬
○ 未 ○ ○이면, 壬癸水가 불을 꺼주므로 성격이 덜 나쁘다.

35) 辛일주가 丙丁火를 보면, 火가 官이므로 희망과 욕망 인데, 이 때 壬癸水가 나타나면, 壬癸水는 食傷으로 食傷은 행동, 노동의 댓가요 무대인데, 내 욕망과 언행 사이에 갈등이 생겨 변덕이 많아 자기 마음을 통제를 못

辛金 氣象論 (巳午未月)

하여 욕을 먹고 산다.
火가 너무 많아 흉신이면, 불량배가 되기 쉽다.

36) 庚辛金 일주는 卯月에는 己土가 나타나 정용신인데,
어린 金은 火가 오면 관인상생으로 좋다.
金이 봄 여름에 자라고 있을 때 불로 지지면 성격이
팩팩거려 나쁘고,
火가 너무 많으면 불량자가 많다.

37) 辛金일주는 어느 계절이라도 壬水를 써야 좋고,
癸水를 쓰면 편하게 살거나 요행을 바라는 사람이라
결실이 없고,
또, 申金일주는 庚辛金을 잘 안 쓰는데 辛金이 두 개가
나타나면, 값이 떨어지고 시기 질투가 많고,
庚金이 나타나면, 기스를 내므로 싫어하고,
戊己土가 여름에 나타나면, 건달이 되고,
丙丁火가 나타나면, 성질이 고약하거나 상처를 입어
불구자나 질병이 따르고,
甲乙木이 나타나면 돈을 버는 수단방법이 잘못되었다.

辛金 氣象論 (申酉戌月)

1) 가을 辛金은 쇠로 보지말고 완숙된 열매의 씨앗으로 봐라.
   金은 肅殺의 기운을 가져 떨어지는 기운을 가졌기 때문에 壬水로 깨끗하게 씻어주어 내년 농사를 준비해야 좋다.

   귀한 구조는,
   辛金은 壬水를 보아 씻어주어 光이 나야 귀격이고,
   丙火를 봐야 빛이 난다.
   辛金은 壬水를 보면 귀격,
   辛金은 丙火를 보면 명성, 반사된 빛,
   辛金은 甲木을 보면 富로 본다.

   천한 구조는,
   辛金은 戊己土를 보면, 먼지다.
   辛金은 癸水를 보면, 일부분만 씻어주므로 망상이다.
   辛金은 丁火를 보아 지지거나 丙火가 와서 合을 하면 나쁘다.

2) 辛金은 완성품이라 성격이 까다롭다.
   戊己土를 보면, 먼지가 끼어 덜 까다롭고,
   丁火를 보면, 성격이 포악하다.

3) 辛金은 甲乙木이 나타나면, 잘라버리므로 나쁘고,
   辛金이 庚金을 보면, 흠집을 내므로 가치가 없고,
   辛金이 辛金을 보면, 똑 같은 것이 두 개라서 값어치가 떨어진다.

4) 상반된 용신을 쓰는 경우,
   예를 들어, 丁甲庚이거나 辛壬丙이면, 자신 또는 배우자가 외도를 한다든가 해서 가정이 산란하다.

辛金 氣象論 (申酉戌月)

5) 金이 아무리 왕해도 壬癸水를 쓰면, 火가 발을 못 붙여 빛을 낼 수 없으므로 천한 직업을 갖는다.

    천한 직업 = 남이 갖고 싶지 않는 직업 = 술집, 여관, 밀수.
    귀한 직업 = 모든 사람들이 갖고 싶은 직업이다.

    그래서, 賤格이 되면,
    예를 들어, 辛壬癸이면, 官인 丙丁火 官을 극하므로
    官은 혈통과 자식이므로 아래 代가 안 좋다.
    이런 구조가 되면, 자식이 외국으로 가버리거나 뿔뿔이 흩어져 버린다.

6) 正용신을 쓰는 사람은 사람들이 가고 싶은 길, 누구라도 소망하는 길을 가고,
   반대용신을 쓰면, 가고 싶은 길을 못 가는 사람이라서 갖고 싶은 직업을 못 갖는 사람이다.

7) 가을에 辛金은 壬水를 봐야 하는데, 辛 戊이면 약신인 木이 나타나 土를 극해줘야 좋은데, 木이 없으면, 조직세계를 들어가지 못한다.

8) 사주에 藥神이 유력하게 뜨면 나쁜 길로 가지 않는다.
   만약, 약신이 없으면 무위도식하거나 엉뚱한 방향으로 가거나 남의 신세지고 산다.

9) 겨울에 辛金이 丙辛합이 되면 나쁜데, 丙辛이나 辛丙이 되면 따뜻해서 좋긴한데 辛金이 연애를 하느라고 쉬고 있어 자기할 일을 안 하므로 나쁘다.
   合을 하는 사람은 연애하느라 제 갈길 못 간다.

10) 辛金이 甲乙木은 財 인데, 甲木은 正財이고, 乙木은 偏財라서 辛金은 正財를 봐야 돈이 많다.
    陰 일주는 正財를 보면 돈이 많고,
    偏財를 보면 돈이 적다.

辛金 氣象論(申酉戌月)

陰 일주는 正財를 봐야 알부자이고, 偏財를 보면 가난하다.
그래서, 偏官의 논리는 맞을 때도 있고 안 맞을 때도 있다.

11) 乙辛甲이면, 돈을 자르는 구조인데, 이런 구조이면, 생명은 잘라도 돈은 있으나 이렇게 되면 말년에 불명예로 나오게 된다.
이런 사주는 특허 관계나 인허가 관계 등 돈 생기는 자리에서 근무한다.
이런 구조에서 戊己 印綬가 있으면 도덕심이 있는데, 印星이 없으면 좋은 소리 못 듣는다.

12) 辛金은 뿌리가 있으면, 낫이나 도끼로 보므로 木을 자르는 구조에서 局이 좋으면 생명을 다루는 경찰이나 군인 등의 직업이고, 局이 나쁘면 깡패다.
그래서, 辛金이 생명을 다룰 때 구성이 좋으면, 생명을 다루는 직업을 갖고, 구성이 나쁘면 욕을 먹는다.

13) 가을에 辛金이 조후가 안되면 성격이 포악하다.
金은 巳에서 장생히여 불 속에서 크는데, 불이 없으면, 부모의 사랑을 받지 못하고 자라서 성격이 난폭하다.

14) 조후가 안되면 자기스스로 또는 남이 망가뜨리므로 잘 살펴야 한다.
가을 金은 조후가 안되면 포악한 金이다.
金은 숙살지기라 조후가 안되면 성격이 고약하다.

15) 봄이나 여름에 辛金이 乙木을 자르는 구조이면, 아름다운 꽃을 자르므로 자연을 보는 안목이 부족하다.
아름다운 향기를 바라는 사람이라 사치업, 예술성을 추구하는 직업은 안 맞다.

16) 辛金이 여름이나 가을에 태어났는데, 불이 너무 많으면 辛金을 녹이므로 자폐성이거나 남한테 욕을 먹거나 또는

자해해 버린다.

17) 가을에 辛金이 火가 많으면 겁이 많고, 火가 없고 金이 많으면 미련스럽다.

18) 辛金은 어느 계절이라도 완성된 보석이므로 丁火를 좋아하지 않는다.
그래서, 丁火가 나타나면 이중 일을 하므로, 그 사람 삶이 쓸데없는 일을 하다가 죽는다.

19) 가을에 辛金이 壬이나 火는 없고, 戊己土만 있으면, 평생 답답한 삶이다.
환경이 너무 답답하다.
3不이라 자식, 남편, 돈이 안 된다.

20) 가을에 辛金에 壬水가 나타나 씻어 주려고 하는데, 戊己土가 나타나 土剋水하면 흙탕물로 씻어주므로 오히려 망신스런 일이 생긴다.
이런 구조가 되면, 자갈이나 못 먹는 과일에 비유하므로 제 갈 길로 못 가므로 하고 싶은 직업을 못 갖거나 이혼녀가 된다.

21) 辛金은 壬水를 보면 똑똑한데, 불을 못 보면 빛이 안 나서 남이 안 알아주므로 가난한 선비가 된다.

22)   己 辛 戊 辛
    丑 丑 戌 丑

사람들이 밟고 다니는 땅에 떨어진 보석이다.
공부운이 없어 채소 장사하면서 노점상한다.
女子가 하룻밤만 자고 나면 財인 木이 뿌리를 못 내리므로 여자가 도망가버려 장가도 못갔다.
자기하고 싶은 것을 못하기 때문에 부정적인
생각으로 삶으로 주위를 불안하게 한다.
제갈 길로 못 가니까 한이 많게 산다.

辛金 氣象論 (亥子丑月)

23) 庚辛金은 원래 투쟁의 神이다.
    가을이라 완성이 되어 떨어진 金이라 독립해서 가야할
    金이라서 투쟁의 神이기 때문에 과격해서 다투기를
    좋아한다. 自破殺이다.

24) 辛 庚이면, 다투기만 하므로 미련한 짓만하고, 값어치도
    없다.

25) 辛金은 癸水를 보면, 하늘에서 내리는 비로 자기를 씻으
    려고 하므로 나쁜데 비가 내리면 태양을 가려 열매가 안
    열리므로 쭉정이 농사라 일을 하려 하지 않는다.
    여름에는 癸水가 조후라도 하는데, 가을에 癸水는 찬비
    이므로 더 나쁘다.
    그래서, 癸水는 가을 癸水가 가장 나쁘다.

26) 辛金으로 태어났는데 壬水가 없어서 劫財인 申金속에
    있는 용신을 쓰면, 애인을 거느리거나 후취로 산다.
    또, 比肩 속에 용신을 쓰면, 남의 머릿속에서 돈을
    벌므로 절대 독립하면 안 된다.

    예를 들어,   辛 ○
               ○ 申이면.

辛金 氣象論 (亥子丑月)

1) 金은 불 속에서 자란다. 불이 없으면 죽은 金과 같다.
   불이 없으면 진보도 발전도 없다.
   亥子丑月은 밤이라 어둡기 때문에 직업도 어둡고 남한테
   내 놓지 못할 직업이다 = 生物世界.
   겨울에는 살아야하므로 불이 우선 필요하다.
   = 無生物 世界.

2) 辛
   ○ 亥 月에 태어나면, 金水상관격으로 불이 우선이다.

3) 겨울에 천간에 木火가 나타났는데, 木火를 못쓰고
   버리는 구조라면, 세상에서 대우받는 사람이 못된다.

4) 辛金은 겨울에 너무 춥기 때문에 죽은 상태와 같다.
   그래서, 辛金은 甲丙丁戊를 좋아한다.
   겨울에는 어떤 일주라도 甲丙丁戊가 用物이다.
   이 글자가 하나라도 있어서 제습과 조후를 시켜야 좋다.

5) 겨울에 陽氣가 있는 것은 살아있는 것과 같고,
   겨울에 양기가 없으면, 죽은 것과 같다.
   겨울에 火가 있어야 활인업하고, 正道로 사는 사람이다.

6) 겨울 辛金은 날이 차서 생기가 없다.
   그래서, 우선 丙戊로 제습해야 한다.

7) 겨울에 조후가 안될 때는 壬水가 나타나도 아무 필요
   없다.
   오히려 운이 거꾸로 간다.
   겨울에 地支에 火氣가 많으면 물질복이 있어 편하게
   산다.

辛金 氣象論 (亥子丑月)

사람은 天干의 영향보다도 地支의 영향을 더 받고 산다.

8) 亥子丑月에 火가 없는 辛金은 水가 설기시키는 것이 아니고, 金을 고철덩이로 만드는 것과 같다.
불로 녹여주므로 이런 때는 丁火가 있으면 좋다.

9) 겨울에 여자 辛金일주에 官인 丙丁火가 官殺混雜하면, 남자가 너무 많아 창녀라 했는데, 겨울에는 좋다.

10) 겨울에 辛金이 戊土가 많아 묻혀있으면 소토해줘야 좋은데, 겨울에는 다소 묻혀있어도 제습해 주므로 쓰긴 쓰는데, 너무 많이 묻히면 土多金埋되어 설기가 안되어 우둔하다.
土多金埋가 되면 쎈스가 없고, 어리석어서 남한테 천대받고 산다.

11) 원래 누구든지 용신이 많으면 바깥 情에 끌려 色難이 있다고 했는데, 겨울에는 많아도 괜찮다.

12) 亥月에 辛金이 月令에 壬水가 祿을 하고 甲木이 長生 하는 달인데, 亥月에 태어난 辛金이 천간에 戊土가 있고, 地支에 寅卯辰이 있어 조후를 잘해주면, 봄, 여름이 오면 싹이 크므로 부귀지명이 많다.

13) 겨울에 辛金이 正용신이 戊丙이나 戌중 丁火다.
丙火를 써서 조후를 시키면 돈은 없으나 명성이 있고, 丁火를 써서 조후를 시키면 돈은 있는데 명예는 작다.

14) 겨울에는 辛金이 지지에 申중 壬水로 씻어 줘도 탁기는 면하므로 천격은 면한다.

15) 辛金은 亥月에 태어나면, 戊土를 꼭 보라고 했는데, 亥중에는 甲木이 들어 있어 木을 키우느라 水의 본분을 잘 하지 못하므로 亥중 壬水를 잘 안 쓴다.
그래서, 겨울에 辛亥 일주는 고란살인데, 亥중 壬水를

잘 안 쓰기 때문에 부부애정이 나쁘다.
부부가 이혼하거나 떨어져 산다.

16) ○辛○
未卯亥로 木局이 되면, 從財가 되어 木을 키우면 괜찮
은데, 그렇지 않으면, 못 키울 나무만 많이 심어놓아
욕심만 많고, 키우지 못할 일만 하다가 간다.
그러나, 여름에 未土가 있으면 꽃밭이라 亥未木도
좋은데, 亥月에는 亥未木局이 되어 未中 丁火가 꺼져
버려 생명을 못 키우므로 허송세월하다가 간다.
남자도 亥卯未木局이 되면 마누라가 재물을 망해 먹고
나가버린다. 여자도 마찬가지다.
겨울에는 무슨 일주든지 木局이 되면 안 좋다.

17) 겨울에 辛金이 천간에 火나 壬水가 없고, 후도 안되면
부부궁이 나빠서 독신이나, 과부, 妾으로 산다.

18) 辛金에 火가 없이 壬水가 나타나면, 얼어 있어서 자기가
살기 위해서 움추려있어 씻어주지 못해 고통을 준다.

19) 丙火가 있고, 壬이 없으면 小富인데,
丙火가 없고 壬水만 있으면 평생 운이 없는 사람이다.
그리고 丙火가 없어도 지지에 巳午未라는지 따뜻한
글자가 많이 있어 寅卯辰 木의 뿌리가 살아있으면,
봄, 여름으로 갈 때 중년에 가서 영화가 있다.

20) 12월 辛金일주는 丑土는 金의 庫藏인데, 고철더미에서
태어났기 때문에 귀격이 안나온다.

21) 丑月에 辛金으로 태어나면, 丑은 金을 藏入(장입 :
감추어 넣음)시키고 寅卯辰을 키우기 위해 존재한다.
그래서, 丑은 다음 계절에 오는 寅木을 위해서 존재한
다.

22) 겨울에는 壬甲이 있어도 丑未沖이 있으면 나쁜데,

辛金 氣象論 (亥子丑月)

丑未沖은 己土에서만 좋다.
辛金 일주가 甲이나 乙木이 있는데, 丑未沖하면 나무 밑둥치가 흔들려 나쁘다.

23) 辛金에 戊己土가 많은데, 甲이 戊己土를 걷어내지 못하면, 土剋水 당하여 壬水로 씻을 수 없다.
그래서, 마음은 있어도 성사가 안 이루어진다.
아무것도 되는 것이 없다.

24) 겨울 辛金이 土가 나타났을 때 甲이 토를 걷어내면, 甲木이 藥神이 되어 辛金이 賤하지 않는데, 甲도 없고 土만 있으면, 土속에 엎드려있어 게으르고, 부모, 형제 덕만 기다리고 산다.

25) 겨울에 辛金이 水가 많으면, 날씨를 차게 하므로 가난하고, 사람이 찾아오지 않으므로 외롭고 인덕이 없다.
그래서, 슬픈 일이 많이 생긴다.
반대로 火가 많으면, 좋은데 울화통이 많고, 성질이 급하다.
木이 너무 많으면, 돈벌기 위해 분주하긴 한데, 辛金이 木을 자르므로 얻는 게 없다.
또, 辛金이 土가 많으면 어리석고, 우둔하고, 현실에 어둡다.
辛金이 또 金이 많으면, 생명을 자르므로 시비와 싸움을 잘한다. 그렇지 않으면 수술이나 상처가 많다.

26) 사주에 丑字가 많은 사람은 고집이 세고, 추잡하고 미련스럽다.
: 丑은 12월달이라 고물상이다. 쓰레기장.

27) 사주에 相沖된 것을 驛馬라 하는데, 丑은 12월, 未는 6월로 반대계절이므로 相沖되어 驛馬다.
그 계절의 첫 글자인 寅申巳亥가 역마다.
辛　　　庚
酉 金과　申 金의 沖은 卯과 寅木의 沖이다.

辛金 氣象論 (亥子丑月)

沖은 좋은 경우도 많은데, 庚辛金의 뿌리가 나무를 자르는 것이 가장 나쁜 沖이다.

28) 子月은 냉한 달이라 동빙설한이라고 하는데,
    戊土를 선용한다.
    그러나, 여름은 壬水를 선용한다.

29) 地支에 午戌未가 있어서 따뜻하면 행복하게 살 수 있다.

30) 겨울에 날이 추운데 辛金이 巳酉丑 뿌리가 있으면,
    골병든다. 복 없는 글자다.
    빚 갚을 것을 많이 짊어지고 태어났다.

31) 보편적으로 겨울에 지지에 따뜻한 글자가 많아야 복이 많고, 여름에는 찬 글자인 水가 있어야 복이 많다.

32) 辛金 일주는 亥卯未 木이 마누라인데, 마누라가
    글자가 아무리 좋아도 꼭 내가 나무를 자르면서
    좋아하기 때문에 여자를 피곤하게 한다.
    여자가 남편한테 알뜰하게 잘해줘도 자기가 여자를
    피곤하게 하므로 여자성격을 나쁘게 만든다.
    피곤하게 하기 때문에 불화가 잦다.

33) 辛金이 겨울에 태어나 불이 있어 온기만 넉넉하면,
    밥은 먹는다.
    조후가 안되면, 가정이 안 된다.
    겨울에 亥子丑水局, 申子辰水局이 되면 조상궁은 볼
    것이 없다.
    조상이 빚을 많이 졌다.

34) 辛金이 壬水와 甲木을 보면, 地支에 불이 없으면,
    죽이라도 얻어먹고 살다가 봄, 여름으로 갈 때 갑자기
    운이 좋아진다.

辛金 氣象論 (亥子丑月)

35) 일반적으로 겨울생은 여름이 편한 운이 많고, 여름생은 겨울에 편한 운이 많다.

36) 만약, 용신이 剋을 맞아 파극되어 깨지면 죽는데, 죽지않고 지병이 생기면 낫지 않는다.

37) 丙丁火가 없는 命主는 말수(수완)이 적은 자가 많다.

38) 겨울에 辛金이 癸水를 보면 천격이다.

39) 겨울에 辛金일주가 丙辛합이 되면, 남편품안에 들어가 잠들어 있는 것과 같아 남편을 잘 섬기고 좋아한다.
   陰 일주가 陽과 合하면 좋고,
   陽 일주가 陰과 合하면 나쁘다.

40) 겨울에 丙辛丙이면, 남편품안에 들어가 따듯하므로 행복해 한다. 癸辛壬癸이면 나쁘다.

41) 亥月 辛金 일주는 辛
                    ○ 亥이면 辛金은 子에 長生하고,
   亥에 沐浴인데, 亥중에 甲木(아버지)글자가 숨어 있어
   아버지가 바람둥이가 많거나 女難이 많은 경우가
   많거나 어머니가 再嫁하는 경우가 있다.
   부모자리에 있어 배다른 형제가 있을 수 있다.
   浴地는 변화가 있음을 암시하고 있다.

42) 陽 일주는 형상으로 나타난 것이라서 보이고,
    陰 일주는 환경이라서 그림자만 보인다.
    그래서, 12운성에 陽은 똑 떨어진다.

43) 辛 일주 남명은 자식이 火인데, 辛金은 壬水로 씻어야 하는데, 火가 오므로 자식덕이 없다.
    또, 딸만 두는 경우가 많고, 여자는 남편덕이 없다.

辛金 氣象論 (亥子丑月)

44) 겨울에 辛
　　　　酉 金으로 태어나면 완성된 씨앗인데,
水氣가 없으면 씨앗이 말라서 못쓰는데, 겨울에는
마를 염려가 없다.
겨울에는 水氣가 발아를 못하도록 막고 있다.
그래서, 火氣가 얼지않게 보호해 줘야 이듬해 봄이
오면 싹이 자라므로 좋다.

45) 辛金 일주가 신왕하고, 壬水와 甲木을 보고, 조후가
되면 귀격이다.

46) 여름에 辛酉金은 殺속에서 크는데, 불속에서 크므로
변화되어 광택이 나는데, 겨울에는 자라지 않으므로
광택이 없다.
從革이 되면 광택나는 金이라서 끝없이 변신한다.
변화해야 하므로 자기가 자기를 피곤하게 할 때가
많다.

47) 사주에 생명이 있는 것은 밝은 것이고, 밝은 것은
활동을 뜻하므로 부지런하고 생기가 있다.
사주에 寅卯辰 巳午未가 많으면, 활동이 많은
사람이다.
申酉戌 亥子丑이 많으면, 활동성이 떨어진다.

9. 壬水 氣象論(총론)

1) 壬水는 하늘에서는 비가 되고, 지상에서는 많은 물에
   의미하기 때문에 호수나 바닷물에 비유한다.
   봄, 여름에는 바다나 호수물에 비유하지만,
   겨울에는 지지에 불이 없으면, 얼어있는 물에 비유
   한다.
   물의 근본 목적은 潤下로 아래로 흘러가는데, 물은
   흘러가야 산소공급이 원활하여 생명이 살 수 있다.
   그래서, 물은 甲을 보면, 농사지을 임무로 태어나서
   가장 행복하다.
   大運은 환경과 시간 약속이다.

2) 壬水가 甲木을 보면, 농사지을 물이라 좋은 물이다.
   壬水의 임무는 첫째가 나무를 키우는 것이다.
   농사를 짓고 있는 사람치고 늦잠 자거나 게으른 사람이
   없다.

3) 壬水가 乙木을 보면,
   甲木은 사철을 자라므로 대들보이고, 乙木은 꽃이므로
   예술성(자연미)이 있다.
   그래서, 乙木은 美를 창조하는 장본인이다.
   사주에 乙木이 어디있든 간에 乙木이 길신이 되면,
   향기가 있어 매력적이다.
   乙木은 美를 창조하므로 미적감각이 발달했다.
   그래서, 乙木이 없는 사람은 미적감각이 없는 사람
   인데, 만약, 乙木을 자르면 옷이라든지 사치성과 관련
   이 있는 職業은 안 된다.
   만약, 壬水가 年月에 乙木을 보면, 일찍 꽃이 피어서
   일찍부터 사랑을 한다.

9. 壬水 氣象論(총론)

4) 壬水가 丙火를 보면,
   壬水는 땅의 냉기이고, 丙火는 우주의 열기이므로
   합쳐지면 동해바다에서 떠오르는 태양과 같아 운치가
   있다.
   또. 水火旣濟(수화기제)가 되면, 물고기(乙木)가 모여
   든다.
   壬水가 丙火를 보면, 운치있고 화려한 사람들이다.
   이렇게. 壬水가 丙火를 보아 조화가 잘된 것을 水火旣
   濟라 하는데, 水火旣濟가 되면 乙木이라는
   생명이 모여들기 때문에 자연만물이 아름답게 서로가
   더불어 사는 것을 水火旣濟라 한다.
   그래서, 사주를 볼 때 조후가 우선이다.

5) 壬水가 丁火를 보면,
   丁壬合이 되어 서로 끌어안고 있어 떨어지려 하지 않기
   때문에 가는 길을 바로 못 가고 방향감각이 없다.
   丁壬合木이 되면, 丁火에서 木은 印綬이고, 壬水에서
   木은 자식인데 결국 비정상적인 자식에 해당하므로
   雜兒(잡아)가 된다.
   雜兒가 되면 능력이 상실되었다.
   겨울 壬水가 丁火와 合이 되면, 마누라 만나면서 물이
   따뜻해지므로 장가가면서 좋아지고,
   여름에 壬水가 丁火와 合하면, 마누라 만나면서 엉뚱한
   길로 가므로 사기꾼이 된다.

6) 壬水가 戊土를 보면,
   壬水의 많은 물이 개울로 흘러가게 하므로 법망에
   어긋나지 않고 질서를 지킨다.
   그래서, 壬水가 많은데 戊土를 못 보면 무법자다.
   壬水가 戊土를 보면, 법망을 벗어나려하지 않으므로
   바르게 산다.
   그런데, 물이 쓰임새가 있는데, 제방을 해야 좋다.
   壬戊이면 제방을 했기 때문에 자기 할 일을 제대로
   했으므로 사회에 모범생이다.
   그래서, 포부와 희망을 갖고 사는 사람이다.

9. 壬水 氣象論(총론)

7) 壬水가 己土를 보면,
己土濁壬이라 하는데, 기토탁임이 되면 구정물이라
생명이 먹을 수 없는 물이다.
기토탁임은 땅이 얼면 탁임이 안되고, 날이 따듯해서
땅이 풀려있을 때 기토탁임이 된다.
기토탁임이 되면, 의식이 탁해져 천해서 자기 편할
대로 산다.
줏대는 잘 쓰면 의리가 되고, 잘 못쓰면 고집이 된다.

8) 壬水가 庚金을 보면,
농사철에는 좋은데, 농사를 안 지을 때 金을 보면 나쁘다.
壬水가 물이라면 庚金은 구름이다.
여름에 金이 나타나면 조후는 되는데, 金은 木을 자르므로 구설을 듣는다.
그래서, 金과 木이 동시에 나타나면 안 좋다.
여름에 水가 약할 때 金이 나타나면 부모덕으로 편히 살고,
만약에 가을 겨울에 金이 나타나면, 印星이 病이라 부모 때문에 신세 망친다.

9) 壬水가 辛金을 보면,
庚金은 偏人이고, 辛金은 正印이므로 물을 제대로 못
生해주므로 좋아하지 않는다.
辛金은 壬水를 좋아하는데, 壬水는 辛金을 싫어한다.

10) 壬水가 또 壬水를 보면,
壬水는 왕하면 파도로 보고, 적으면 호수 물, 강물로
본다.
그래서, 壬水가 많으면 파도라서 바다건너, 파도건너
외국에 이민을 가거나 배타는 사람이 많거나 고향떠나
외국에 들락날락하는 사람이 많다.
만약, 겨울에 潤下가 되어 얼어있으면 생명이 살지못
해 나쁘다 : 子水만 있으면 氷山이다.
그러나, 亥水가 있으면 흐르는 물이다.

9. 壬水 氣象論(총론)

겨울에 壬壬이 많아 흉신이 되면, 파도가 심하여
할아버지 때 가정에 풍파가 많았다.
혹은, 가난해서 너무 어렵다.
사주에 壬壬이 많으면, 환경이 어려워 고통이 많고,
물질이 별로 없다.
또, 丙丙이면, 너무 인물이 잘나서 가정에 풍파가 있
다.

11) 壬水나 癸水를 보면,
하늘에서 계속 비가 내리고 있어 여름에는 장맛비다.
癸水는 하늘의 비라서 먼지나 汚水가 되어 壬水와 섞
이면, 혼탁한 물이 되어 구정물이 되어 생명에 유익하
지 못하다.
여름에 탁수는 조후로 임시로 쓰는데, 장마가 계속되
면 꽃이 안 피므로 폐농이다.
그래서, 사주가 壬水가 약해 가물 때는 癸水를 쓰는
데, 그렇지 않을 때는 귀찮은 친구가 있거나 자식덕이
없다.

12) 壬水는 甲木을 보고, 戊土를 보아 모두 살아있으면,
三物이라 하고, 三物이 要物인데,
甲木은 생명을 키우고 있어 좋고, 戊土는 제습을,
丙火는 조후를 해주어 좋다.
이 三物이 하나만 나타나도 천하지는 않다.
사주 8글자 중에서 1 글자만 제대로 있어도 편하게
먹고산다.

13) 사주를 볼 때 壬壬壬, 壬壬壬壬이면, 파도다.
파도가 계속 치면 안정이 없다.
이런 사람들은 고향과 인연이 없어서 외국으로 떠나
버린다.
이런 구조에서 甲이 하나라도 나타나면, 생명을 길러
야 하므로 외국갔다가도 말년에 다시 돌아온다.
食神은 자기 고향과 인연이라서 고향에 투자한다.
食神인 자식을 고향에 묻어두고 싶다.

9. 壬水 氣象論(총론)

14) 壬水가 戊土를 보면, 제방이 되어 있는 물이라서
    아무리 파도가 쳐도 법을 무시하지 않는다.
    그래서, 戊土를 본 壬水는 값있는 물이다.

15) 壬水가 壬壬戊이면, 물의 량이 많은 제방이고,
    壬壬庚이나 壬壬辛이면, 제방이 없어 파도가 일어
    시끄럽다.
    그래서, 이런 구조는 파란곡절이 많다.
    庚辛金을 바위로도 보는데 파도가 바위를 부딪치는
    소리가 요란하고 슬픈 소리가 난다.

16) 水가 사주에 있어야 나무가 자란다.
    水가 있어야 土가 잘 뭉친다.
    水가 없는 土는 먼지가 많아 쓸모없는 土라 쓸모없는
    사람과 같다.
    水가 없으면 金을 씻을 수 없어 광택이 없다.
    操今(조금, 마른 金)은 모래에 비유하므로 모래와
    같아 깨진다.
    火는 水를 봐야 陰陽의 배합이 되어 조후가 되므로
    생명이 큰다.
    1 - 6水로 水가 가장 먼저 생겼다.
    닭이 먼저냐 계란이 먼저냐 하는 것도 계란이 물이라
    서 계란이 먼저다.

17) 壬水는 木을 키워야 가치가 있고, 생명을 키우는 물은
    자비와 사랑을 갖고 있다.
    氷 : 얼음 빙. 冷 : 찰 냉 . 彡 : 흐르는 물.

18) 물은 윤하라서 아래로 흘러야 생명이 살 수 있다.
    壬庚은 水路라서 물이 마르지 않는다.
    戊壬戊이면, 물이 산에 가로막혀 갈 길을 못 가므로
    운이 없다.
    물이 얼어 있으면, 사회에 유익한 일을 안 하고 산다.

9. 壬水 氣象論(총론)

19) 壬水 일주가 乙
　　　　　亥이면, 조각배가 물위에 떠있는 형상
이고, 甲
　　　子이면, 큰 배가 물위에 떠 있는 형상이다.
만약 이런 구조에서 戊土가 壬水를 제방으로 막았다면
갇혀있는 물에서 조각배가 고기잡는 배라서 浮木이라
할망정 바쁘게 산다.
또, 戊土가 없이 甲 乙木을 보면, 傷官格이라 쓸모없
는 木이다.

20) 戊土가 壬水를 봤는데, 壬水가 너무 허약하면, 흐르지
못해서 정신적인 고통을 당하여 허송세월 보낸다.
이런 사주는 무위도식하는 사람이 많다.

21) 壬水가 戊土를 보고 甲을 보면, 농사짓는 물이라서
좋은 물이다.

22) 壬水가 酉를 만나면, 壬水는 申金(偏人)에 長生하고
酉金(正印)에 沐浴하는데, 沐浴에서는 물이 없어서 씻
어줄 수 없어 바람난다.
그래서, 壬水가 正印운인 酉金에서 망한 경우가 많다.
酉金이 오면, 酉金에 물이 없어 싫어한다.

23) 年, 月에 壬 壬이 있으면,
　　○ 戊 甲 癸
　　○ 申 寅 卯
年은 조상궁으로 보이지 않는 전생이고,
月은 부모궁으로 보이는 전생이다.
그래서, 壬일주가 年月에 壬壬이면 조상이 풍파를
많이 겪었거나 외국을 많이 들날날락 했거나 조상이
가정이 어려워 장가를 여러번갔다.
이 사주에서 年支 卯木에 乙木 正官이 들어 있어서 일
찍 연애한다.
月柱 甲寅 偏官은 空亡을 맞아서 정상적인 남편이 아
닌데, 다행히 寅申冲이 되어 공망이 없어졌으나 남편

9. 壬水 氣象論(총론)

구실을 제대로 못한다.

24) 만약, 壬水가 대운에서 지지에 亥子丑이 오면, 반드시 파도를 건너라는 운명이므로 외국간다. 運에서 나타났다는 것은 그 운을 반드시 거치고 가라는 것이다.

25) 壬水가 3월 辰土를 보면 돌맹이가 없는 물 창고를 가지고 있어 물이 마르지 않으므로 玉水로 본다. 겨울에는 날이 차서 별로지만 여름에는 辰중 乙木이 들어있어 먹을 복이 있다.

26) 水는 木이 너무 많으면 收縮(수축)이 된다. 수축이 되면 가는 길을 제대로 못가므로 수확이 없다. 이런 사주는 하고자 하는데도 결과가 좋지 않다.

27) 水 일주가 火가 많으면 火多水渴인데, 목(입안)이 말라서 뭔가 일이 잘 안풀리는 경우가 많다. 기와집은 많이 짓는데 되는 것은 하나도 없다.

28) 水는 土가 많으면 水塞(수색 : 물이 막힘)이 되어 물이 흐르지 못하고, 막혀버려 천하게 산다.

29) 金이 너무 많아서 金多水冷(금다수냉)하면 濁水가 되어 생명이 오지 않으므로 부모 두고 떠나버리므로 고아가 많고, 부모덕이 없다.

30) 土가 수색이 되면 남편복이 없다.

31) 水가 火가 너무 많으면 화다수갈되어 돈복이 없어 돈만 만지면 사고나고, 水多木滯가 되면 자식들이 엄마 젓꼭지를 너무 빨아 엄마가 골병든다.

32) 壬水 일주가 時支에 亥子丑이 있는 경우가 있고,

9. 壬水 氣象論(총론)

申子辰水局이 있다면 申子辰이 더 많은 물이다.
申子辰은 大海이고, 亥子丑은 겨울 물이다.
水 일주에 申子辰이 있으면, 많이 돌아다니므로
役馬殺이라 활동 범위가 넓다.

33) 水火는 형체가 없기 때문에 작용이 일어나도 그
    작용이 끝나면 없어져 버린다.

34) 壬水 일주가 木을 용신으로 쓸 경우에 水生木하므로
    음식점, 호텔업, 써비스업, 교사, 연구직도 좋다.

35) 壬水가 干上에 甲이나 乙木을 보고, 地支에
    寅卯木을 보면, 木을 키우므로 신약해도 반드시
    영화가 따른다.
    木만 살아 있으면 壬水의 역할을 다 한 것이다.
    그래서, 壬 일주가 甲이나 乙을 보고 地支에 寅木이나
    卯木를 보면, 한 때 영화가 있다.

36) 亥子丑月 壬水가 干上에 甲, 戊가 있으면 甲木이
    제방을 못하게 하므로 水가 파도치는 물과 같아서
    돈이 없다.
    겨울에 火가 없는 물은 돈이 생산되지 않는 물과
    같아 고통이 그치지 않는다.

37) 태양은 가을, 겨울에도 반드시 필요하다.
    나무가 얼어죽지 않아야 이듬해 기를 수 있기 때문이
    다.

39) 사주가 편고된 자가 상대방에 필요한 글자가 있으면
    궁합이 좋다.
    반대 용신을 가진 사람이 70-80%다.
    상대방이 조후를 해주면 매력적인 사람이다.
    용신이 똑 같은 사람들은 매력적이진 않아도 의견이
    잘 맞다.
    특히, 壬水 일주는 조후가 가장 으뜸인데, 생명을

9. 壬水 氣象論(총론)

키울 조건이 되어야 하기 때문에 의식주에 이상이 없다.

40) 壬水는 하늘에서는 별이나 비로 보고, 땅에서는 호수라고 하는 것은 주위 배경 때문에 말한다.
겨울에 어는 물이라도 끓이면 어는 물이 아니다.

41) 水는 겨울이라도 火가 있으면 좋은데, 寅木하나만 있어도 봄이 오면 잘 자라므로 寅木을 좋아한다.
巳午火를 좋아하는데, 亥子水가 오면, 沖이 되어 못써먹는다.
壬水가 干上에 甲이 나타나면 제습하는 戊己土를 극하여 제습을 방해하므로 나쁘고,
地支에 寅木이 있으면 午火나 戌土가 와도 寅午戌 火局이 되어 따뜻해져서 좋다.
그러나, 甲이 나타났더라도 甲壬丙戊로 官印相生이 되면 괜찮다.

42) 壬水는 땅의 물이라 신왕하여 흐르면 좋고,
癸水는 하늘의 물이라서 너무 왕하면 안 좋다.

43) 壬水가 가을에 戊土를 보아 제방을 잘 하면 이듬해 봄에 농사지을 수 있게 저수지를 만들어 좋은데, 만약, 戊土가 없으면 가두어 주지 못해 유랑하는 사람이나 창녀가 많고, 동가식서가숙한다.
또, 가을에 戊土는 없고, 己土가 나타나면 제방도 못하고, 구정물로 만드므로 건달 만나서 여자는 본 남편과 해로하지 못한다.
기둥서방이거나 건달 남편이다.
가정 지키기가 어렵다.

44) 여름철에 壬水는 天地가 조열해서 쓰임새가 좋은 계절이라 환대받을 조건을 갖고 태어났다.
물이 필요하기 때문에 어디를 가나 인기가 좋다.
또, 조후를 시키므로 사람이 선하다.

9. 壬水 氣象論(총론)

이런 사람이 火가 많으면, 남한테 말려서 나쁘다.

45) 여름에 壬水가 丙甲戊를 쓸 수는 있는데,
    조후가 안되면 庚金을 먼저 쓸 수 있다.
    조후가 우선이기 때문이다.

46) 여름에 壬水가 신약한데, 癸水를 보아 신약을
    면하면 인덕이 있다. 천혜의 혜택이다.

47) 여름에 태어난 壬水가 身弱한데 甲乙木이 나타나면,
    부지런히 일을 해도 조후가 부족해서 열매가 없다.
    이런 사주는 일 福은 많은데, 가난한 사람이다.
    쓸데없는 일을 하다가 세월 보낸다.
    결국, 현실감각이 어둡기 때문이다.

48) 가을 壬水가 母旺身旺하면, 戊丙은 貴格이고,
    甲丙이면 富格이다.

49) 가을에 壬水는 신약해도 干上에 庚辛金을 보지
    말아라.
    왜냐하면, 가을철은 수확하는 계절이라서 火가
    많아야 하는데, 가을에 우박이나 서리가 내리면
    곡식을 망쳐 버린다.
    이런 구조는 결과가 허망한 사람이다.
    사주는 원국이 90%를 지배한다.
    쭉정이 농사를 지었는데 운이 남방으로 가봐야
    무엇에 쓰겠는가.

50) 壬水는 냉한 기운을 타고났으므로 얼어버리면 생명이
    살 수 없어 반드시 丙 丁火를 보아 물이 얼지 않고
    흘러야 생명을 기를 수 있다.
    그래서, 壬水는 큰물이라서 무거워서 아래로
    흘러가기를 좋아한다.
    ① 壬水는 생명을 길러야 가치가 있다.

9. 壬水 氣象論(총론)

그런데, 壬水는 丙火를 봐야 木을 기를 수 있다.
② 날이 너무 추우면, 戊土로 제방을 해야 무법자가 안 된다.
그래서, 木의 뿌리를 내릴 수 있는 辰 未土가 있으면 부자이고, 戌 丑土가 있으면 나무가 뿌리를 못 박으므로 열매가 없어 돈이 없다.

51) 壬水는 ① 농사를 짓기 위해 물을 저장한다.
② 농사를 짓기 위한 水路로 쓴다.
③ 壬水가 생명을 기르면 사랑과 자비가 있다.
생명을 기르느냐 못키우느냐에 따라 성격이 많이 다르다.
④ 조후로 쓴다.
⑤ 成物을 씻어주는 역할을 한다 : 洗光.

52) 壬水가 가장 싫어하는 것은,
① 丁火가 와서 合하는 것 : 合을 하면 능력을 발휘하지 못하기 때문이다.
겨울에도 合을 하면 따뜻해져 좋긴 해도 능력을 제대로 발휘하지는 못한다.
② 壬水는 己土가 와서 濁壬시키는 것을 싫어한다.
己土는 제방을 못 쌓는다.
壬水가 己土를 보면, 호수가에 있는 뚝방이고, 己土가 壬水를 보면 물밑에 가라앉은 土다.
③ 壬水가 농사를 짓고 있는데 아무리 가물어도 癸水가 나타나면 조후는 시켜주나 쭉정이 농사를 지으므로 수확이 없다. 또, 게으르다.
④ 壬水가 庚辛이 나타나 길신이면 구름으로 작용하여 좋고, 흉신이면 생명을 자르므로 흉하다.

53) 辰土는 어떤 五行이든지 수용하므로 좋다.
辰土는 木 火 金 水 모두 좋아하므로 사랑받는다.
辰土속에는 乙木 곡식이 있고, 辰酉, 申辰合을 하여 木을 못자르게 하므로 좋다.

9. 壬水 氣象論(총론)

54) 壬水는 火가 너무 많으면 火多水渴로 마른다.
    壬水는 비, 서리, 눈, 얼음으로 본다.
    그래서, 壬水는 위장을 잘 한다.

55) 壬水가 戊土를 보지 못하면 흐르는 물이라서 파도와 같다.
    壬水가 너무 많으면 무법자와 같다.
    물이 범람하면 위험하다.

56) 壬 壬 壬이면, 파도와 같다.
    요동을 치므로 파란을 예고한다.

57) 壬水 옆에 癸水가 있으면 비가 내려 생명을 키울 수 없게 나쁜 친구가 따라 다닌 격이다.
    여름에는 좋은 일도 해 주지만 나쁜 일도 한다.

58) 壬水에 丁火가 干上에 있거나, 地支에 暗藏해 있어도 사주 어디에 있든지 情을 그리워한다.
    그래서, 丁壬合은 꼭 자식을 낳는다.
    또, 丁火가 여러개 있으면 숫자만큼 바람을 피운다.
    대운은 시간약속이다.
    丁壬合이 年 月에 일찍 뜨면 일찍부터 연애를 하여 말썽을 피우는 수가 있다.

59) 사주에 壬水가 戊土가 나타나 제방을 해주면 법을 준수하고 산다. 절대로 나쁜 일 안한다.
    水는 官이 없이 너무 왕하면 성질이 거칠다.
    壬 일주가 己土를 보면 己土濁壬이 되어 가끔 성격이 이상해진다. 자기 멋대로다.

60) 水旺하고 戊土를 보지 못하면 大 홍수라서 남에게 피해를 준다.

61) 만약에 壬水가 土라는 제방이 없으면 물이 흘러가 버리므로 나무를 키울 수 없다 : 水多木浮.

9. 壬水 氣象論(총론)

62) 水가 왕하면, 정력이 좋아 색을 좋아한다.
    水는 어둡고 깜깜한 밤을 좋아하므로 비밀스런 직업을
    갖는 수가 많다.

```
        丙 壬 癸 ○
        午 戌 卯 ○
```
    木용신 水길신.
    癸水가 있어 열매가 없다. 그래서 밀수한다.

63) 壬水가 만약에 丙火만 있고, 戊土가 없으면 제방이
    없어 甲木을 키울 씨앗을 뿌릴 땅이 없어서 유랑자가
    많다.
    丙火를 보아 사람은 똑똑해도 동가식서가숙한다.
    아는 것은 박사인데 마누라를 안착을 못시키므로 물이
    머물러 있지를 못하기 때문에 삶의 굴곡이 많고,
    자식과 마누라가 자기를 버리므로 노후가 허망하다.

64) 壬水가 戊土만 있고, 丙火가 없으면 나무를 못
    키우므로 결실이 없어 노동의 댓가를 받고 살아야
    하므로 부자가 아니다.
    태양이 없는 농토는 가치가 없다.

65) 노동의 댓가를 받더라도 官이 있어 官印相生하면 큰
    기업이나 국가기관에서 월급을 받으므로 노후는
    보장이 되나 財官이 없으면 노후가 처량하다.

66) 壬水가 戊 丙 甲중에서 하나만 있어도 길신이 되면,
    천한 생활을 안한다.
    甲을 보면, 먹을 양식이 있다.
    壬水가 己土를 보면, 甲을 못 들어오게 하므로
    아들을 보기 어렵거나 딸만 두기 쉽다.
    그래서, 싫어한다.

67) 壬水가 庚辛金을 만나고 木이 나타나 용신이면,
    木을 자르므로 폐농이다.

9. 壬水 氣象論(총론)

68) 壬水는 辛金을 가장 싫어한다.
　　이유는 丙火가 뜨면 辛金이 合을 시켜 태양을 못
　　오게 하기 때문이다.
　　그래서, 正印이 와도 물질이 없다.

69) 正印이 나쁜 구조가 많은데, 봄에 癸水가 庚辛金을
　　보면 나무뿌리를 다 잘라버려 印綬가 필요없다.
　　오히려 흉신이다.

70) 만약, 丁壬合이 되어있는 상태에서 壬水는 뿌리가 튼튼
　　한데 丁火의 뿌리가 약하면, 壬水가 많아 火가 위축되어
　　남자는 여자를 좋아하지만 여자가 오므라들어 복상사
　　한다.
　　腹上死는 丁壬合, 丙辛合에서만 있다.
　　복상사는 불이 合해서 일어난 현상이다.

71) 사주에 金水가 너무 많으면, 근심걱정을 달고 산다.
　　金이 오면, 木이 못 들어오게 하기 때문이다.

72) 吉한 水는 생명을 살리므로 甘露水라 하고, 폐수가 되면
　　생명을 죽인다.

73) 陽인 壬水가 陰인 丁火와 合을 하면, 이성문제 또는 물
　　질에 근심이 많다.
　　그렇지 않으면, 부끄러움이 따른다.
　　陰이 陽을 合하면 그 반대다.

74) 壬水가 甲을 보지 못하고 乙木과 丙火를 보면,
　　화초를 보아 한때 명망을 얻는데, 노후가 약하다.
　　꽃은 한번 피면 10일을 못간다.
　　그래서, 예술가들이 가정이 나쁘다.
　　乙木은 화초와 같기 때문에 옆으로 가기를 좋아한다.
　　바로 가면 즐거움이 없고, 옆으로 가야 즐거움이 있다.

75) 壬 壬이면, 홍수의 물과 같다.

9. 壬水 氣象論(총론)

홍수가 되면 財를 너무 탐하므로 재물손해를 보고,
남녀 모두 바람둥이가 많다.
또, 사기꾼이 많다.

76) 壬水가 같이 있으면 격이 혼탁해서 격이 떨어진다.
壬水의 흐름은 原流相生과 逆流相生이 있다.

77) 여름 壬水는 날씨가 차므로 戊土가 제한제습하므로
먹고사는 것은 좋아 富로 보고, 丙火까지 보면 貴도
있다.
그런데, 겨울에 壬水가 丙火만 보고 戊土가 없으면
사람은 똑똑해도 돈이 없다.
또, 丙 戊가 없으면 천격이다.

78) 壬水는 성격이 강해서 너무 왕하면 무법자, 방랑기질,
유랑하는 기질이 있다.

79) 壬水가 庚 壬 癸 己가 있어 왕하고 흉신이면 삶이 답답
하다.
또, 흉신이 되면 官災생긴다.
壬水가 흉신인 사람은 물질 때문에 간옥에 들락날락
한다.
丙火가 흉신이면 정신적인 문제를 일으킨다.
종교상대, 언론상대 사기를 쳐서 말썽을 일으킨다.

80) 壬水가 乙卯를 보면, 壬 乙
                        ○ 卯이면, 壬水를 濕木이
빨아 먹어 잘 자라므로 양기와 정력이 쎄다.
그래서, 바람을 피우든지 그렇지 않으면 배우자가
건강이 나빠 골골골한다.

81) 壬水는 甲木과 丙火를 보면, 나무를 키워 조후가 되면
귀국이다.
여자 사주에 水旺하고 조후가 안되면, 불을 찾아가야
하므로 음란하다.

9. 壬水 氣象論(총론)

열이 많은 젊은 사람을 좋아한다.
연애에 미쳐버리면 줏대가 없어진다.
이런 여자들은 집에 가만히 있지를 못하고 반드시
밖으로 나돈다.
어떤 구실을 붙여서라도 집을 나온다.

82) 壬水가 戊土가 나타나면 貴로 본다.
    壬水가 甲을 보면, 농사를 지으므로 富로 보고,
    壬水가 丙火를 보면, 지식으로 본다.
    이 세가지 요소가 잘 이루어지면 좋다.

83) 壬水는 신약만 면하면, 흘러가야 생명을 기르기
    때문에 활동력이 강하고, 부지런하다.
    壬水가 木을 보면, 새벽잠이 없이 부지런하다.

```
        甲 壬 丙 戊
        辰 子 申 ○
```

申子辰水局이라 나무가 뿌리를 못내리고, 木剋土하여
둑이 무너지는 것과 같아 운이 없어 떠돌이다.
일정한 직업이 없다.
印星은 문서, 학문, 직업인데, 흉신이 되면, 아는 것은
많아도 건달이 된다.

84) 겨울에 壬水가 왕하면, 반드시 도둑의 기질을 가졌다.
    내가 火를 봐야 살기 때문에 사기꾼이거나 또는 여자를
    잘못건드려 망신당한다.

85) 壬子일주로 태어나면, 子중 癸水 劫財가 있어 안과 밖이
    서로 다른 생각을 갖고 있으므로 변화가 많이 일어난다
    : 파도처럼 움직인다.

86) 물은 順流와 逆流가 있는데, 順流는 寅卯辰 巳午未로
    가는 것을 말하고,
    逆流는 寅 丑子亥 戌酉申으로 거꾸로 가는 것을 말한다.

9. 壬水 氣象論(총론)

87) 여자 사주가 순류로 가야 좋은데, 역류로 가면 힘들게
    살아도 댓가가 없다.
    일을 해도 수확이 없다.

88) 사주에 水火의 근원을 잘 봐야 하는데,
    여자가 陰인 金水의 기운을 강하게 가지면 활동하기를
    싫어하고, 火의 기운을 왕하게 가지면 활동적이다.
    그래서, 가을, 겨울 글자가 없으면, 부지런히 움직이고
    살아야 한다.

89) 봄, 여름, 가을, 겨울 어느 계절에도 水가 왕하면
    남녀를 막론하고 행실이 나빠 가정궁이 나쁘다.

90) 壬일주가 子중 癸水가 있어 水가 왕하면, 꾸정물이라
    하는데, 火가 없어 얼어 있으면 생명을 못키우므로
    폐수와 같다.

91) 亥중에는 甲木이 들어 있어 亥水는 생명이 살아 숨 쉬는
    물이라서 얼지않는 물인데 子水가 왕하면 폐수에 비유한
    다.

92) 亥水는 淨水라서 맑은 물이므로 溫水로 본다.
    온수의 역할을 해서 木을 만나면 생명을 잘 보존하므로
    기름과 같다.
    亥水는 어디에 있어도 필요한 글자다.

93) 丙 丁은 태양의 기운으로 陽氣라 하고, 壬 癸는 냉수라
    서 淫氣라 한다.
    丙火와 癸水는 생명을 키우고, 丁火와 壬水는 생명을
    잉태시킨다.

94) 여자 사주에 가을, 겨울에 태어나 水가 왕하면, 부모의
    사랑이 없이 자라난 사람이다.
    부모가 버린 자식이다.
    천대받고 자라서 사랑을 못받아 사랑 못받는 직업을

9. 壬水 氣象論(총론)

가진다.
불(陽氣)을 찾아 헤메는데 티켓다방 생활한다.

95) 壬水가 酉月에 태어나면, 沐浴地라서 대운에서 만나면 반드시 삶의 변화가 온다.
문서 변화나 남편이 죽는 수도 있다.

96) 丁壬合木이 되면 애기가 잘 생긴다.
봄, 여름에 태어나면 애를 낳는 경우가 많고,
가을, 겨울에는 유산을 시키는 경우가 많다.
겨울생이 丁壬合이 되면, 財인 불을 끄므로 사기꾼이 많다.
이런 사주를 잡싹이라 하는데, 잡싹은 베어내야 한다.
그래서, 가을, 겨울에는 잡싹이라 버려버린다.

97) 壬水는 찬물이기 때문에 따뜻한 丁火를 좋아하는데,
잡싹이 되면 낳아서 버려버린다.

98) 壬水는 봄과 여름에는 나무를 키우는 임무이고,
가을과 겨울에는 戊土가 나타나 다음해 농사에 대비해서 저장하는 물이다.
壬水는 더울 때는 조후를 잘 시키기 때문에 사랑을 받는데, 癸水가 나타나면 쭉정이 농사다.

99) 여름에는 壬水가 뜨거워져 뜨거운 壬水로 보석을 씻으면 보석이 곰보된다.

100) 癸水는 냉기, 습기이고 증발되므로, 陰이지만 지구 위에서 활동하고, 壬水는 陽水지만 땅에서 활동한다.
壬水는 陰水이지만 상향본능을 가졌고,
癸水는 陽水이지만 하향본능을 가졌다.

101) 壬水가 庚金을 보면, 돌 축대로 보므로 물이 잘 흘러가고, 癸水를 또 보면 구름으로 본다.

9. 壬水 氣象論(총론)

102) 壬水가 甲을 보면, 생명을 키우므로 金水가 나타나면 안되고, 壬水가 戊土를 보면, 법을 잘 지키고, 壬水가 또 壬水를 보면, 파도를 의미하므로, 이런 사주는 이민을 많이 간다.
壬水가 癸水를 보면, 壬水의 본분이 망각된다.

103) 子午卯酉는 沐浴地인데,
壬水는 酉가 목욕,
丙火는 卯가 목욕,
庚金은 午가 목욕,
甲木은 子가 목욕이다 : 바람둥이다.
가정이 파탄난다.

104) 어떤 일주든지 壬水가 용신인데, 丁壬合木이 되면, 허욕이 많아 사기꾼이 많다.
丁壬이 合은 안되고 멀리 떨어져 있으면, 도둑놈 심보를 갖고 있다.

105) 壬水가 正官인 己土를 보면 己土濁壬이 되어 내 신세를 망친다.
그래서, 壬水는 戊土 偏官을 봐아 틸선을 안한다.

106) 壬 일주가　戊 壬 己
　　　　　　〇 〇 〇이면, 첫 번째 남자는 꾸정물을 일으키므로 버리고, 두 번째 남자와 산다.

또,　己 壬 戊
　　〇 〇 〇이면, 첫 남자는 좋은데, 늦게 만난 남자가 내 신세 망친다.

107) 壬 일주가 戊土도 없고, 火도 없으면 자기를 다스려줄 힘도, 학문도 없어 신왕하면 나쁘다.
신약하면 범람을 안하는데, 신왕해 지면 범람해 버린다.
자기를 자제할 능력이 없어진다.

9. 壬水 氣象論(총론)

108) 壬水가 寅卯辰 巳午未이면, 설기를 많이 당해 허약해져 잔병이 올 수 있으나 귀여움은 받을 수 있다.
壬水가 金水가 너무 없으면 질병이 올 수도 있다.

109) 壬水가 酉月에 丁火를 보면, 壬水가 약하지 않고, 丁火를 보지못하면 부지런한 사람이다.
8월달인데도 벌써 겨울을 대비해서 난로를 준비하는 사람이라 부지런하고 有備無患의 정신을 가진 사람이다.

110) 壬水는, 甲木을 보면 생명을 키우는 물이므로 바쁘고 분주하고, 열매가 있어 富다.
乙木을 보면, 화초라서 가정을 지키기가 어렵다.

丙 丁을 보면, 조후의 짝인데, 丁火는 丁壬合이 되어 잡길로 가고,

戊土를 보면, 제방을 하여 정숙하여 貴다: 법, 조직, 국가.

己土를 보면 말썽꾸러기다 : 꾸정물을 일으키므로.

庚을 보면, 깨끗한 水路로 본다.

辛을 보면, 좋긴 좋은데, 丙火가 오면 合해서 못오게 하므로 싫어한다.

壬水를 또 보면, 파도다.

癸水를 보면, 꾸정물이 된다.
陽은 陽을 좋아하는데, 단 庚金만은 陰인 丁火를 좋아한다.

壬水 氣象論 (寅卯辰月)

1) 봄에 壬水로 태어나면 적기에 태어나서 신왕하고
   나무를 안 다치면 局이 좋다.
   이 때 나무뿌리를 안 자르고 나무를 잘 키울 수 있으면
   소년시절에 자라면서부터 아주 영리해서 인기가 좋고,
   또, 생명을 살리는 이상주의자로 남한테 인기가 좋다.
   그런데, 사주 구성이 나빠 나무를 키울 수 없거나
   나무가 다치면 오만방자한 못된 성격을 가졌다.
   만약, 卯月에 壬水가 木을 못 키우면 상관격이라 성질이
   아주 더럽다.

2) 壬水가 봄에 乙木을 보면, 꽃이 일찍 피어 향기가 진동
   하므로 색난이 많다.
   여자들한테 인기가 좋아 신약하면, 줏대가 없이 연애만
   한다.

3) 壬水는 봄에는 나무를 키워야 하기 때문에 丙火가 나타나
   야 좋다.
   단, 여름으로 가면 땅이 말라가므로 지지에 辰土가 있어
   야 좋다.

4) 봄에 壬水가 너무 왕하면, 냉기가 너무 많아 解冬이 안되
   어 봄이 늦게 오므로 戊土가 와서 제습해 줘야 한다.
   그렇지 않으면 수확이 없다.

5) 壬水가 戊丙甲이 있어 쓸 수 있으면 대부대귀하다.
   이 세 글자중 한글자만 있어도 천격은 면한다.
   만약에 물이 많은데 戊土를 보지 못하면 안정이 안되어
   왔다갔다 바쁘기는 바쁜데 사는 것은 가난하다.
   地支에 불이 없으면 빚지고 산다.

6) 만약에 正月달에 태어난 壬水가 지지에 寅午戌이 되면, 나무가 타고 없어 결국 재산이 하나도 없다.
   재산을 탕진하여 빚만 남는다.
   또, 재산 탕진으로 인한 충격으로 인해서 건강이 나빠진다.
   그래서, 地支에 申이나 辰이 있어 습기가 있으면, 재산을 보호할 수 있다.
   이렇게 火局이 되어 타버리면, 부부궁이 나빠 이혼하는 경우가 많다.

7) 봄에 壬水가 丁火를 만나 合이 되면, 나무를 안 키우고 연애만하므로 오나가나 구설만 따른다.
   또, 게으르다.
   그런데, 丁壬合이 되어있는 사람들은 봄에 새로운 생명을 기르므로 출중한 미모를 가져 색난에 빠져 신세 망치는 수가 있다.
   이런 사람들이 배 다른 자식을 많이 둔다.
   合은 사주에 陰陽이 맞은 것이므로 合이 있으면 예쁘다.

8) 天干合이 있고, 조화가 잘되어 있으면 잘생기고,
   地支合은 속마음이 독하지 못하고 착하다.
   合은 길흉에 따라서 신상에 변화가 많은데, 보통 合은 제 갈 길로 못가므로 좋은 것보다 나쁜 경우가 많다.

9) 壬水가 봄, 여름으로 갈 때 신약하면 잔병이 많이 따른다.
   寅卯辰에 태어난 壬水 여자가 신약하면 몸매는 예쁜데 출산시에 어렵다.
   또, 너무 신약사주가 자식을 두기 위해 몸을 돌보지 않으면 불구자된다.

10) 壬水가 가을, 겨울생은 신왕하므로 인기는 없어도 장수한다.
    그런데, 봄, 여름생은 인기는 있는데 몸이 약하다.

壬水 氣象論 (寅卯辰月)

11) 壬水가 乙木을 보면, 화초를 보아 예쁘고, 癸水가 乙木을 봐도 예쁘다.
    조후만 잘 되면 예술성이 발달했다.

12) 壬水는 어느 계절이라도 癸水가 옆에 있는 것을 싫어한다.
    하늘에서 비가 내려 인덕이 없고, 주위환경이 나빠서 물질운이 없다.

13) 여름에 壬水가 癸水를 보면 날이 더우므로 응급처치에 불과하다.

14) 봄에 태어난 壬水가 乙木, 丙火, 己土를 보면,
    己土가 구정물을 일으켜 濁水로 나무를 키우므로
    사람이 천하다.

15) 봄에 태어난 壬水는 甲 丙이 있으면 태양이 떠서 甲을 키우고 있어 좋은데, 辛金이 나타나면 丙辛合이 되어 나쁘다.
    무슨 일을 하려고 하면 안되고, 말썽이 생겨 남까지 망친다.
    태양을 가렸다는 것은 밝음을 가렸다는 뜻으로, 삶 자체를 컴컴한 길로 가므로 사기꾼이 많다.
    음흉하고 거짓말 잘한다.
    남의 눈을 속이는 자가 많다.

16) 壬水가 寅卯辰生이 辛金이 뿌리를 가지고 있으면,
    태양이 올 때 合을 시켜 거짓말을 잘하고, 남을 골탕 먹이는 수가 있다.

17) 壬水가 봄에 庚金을 만나면, 金은 肅殺氣(숙살기)를 가져서 자라나는 나무를 자르기 때문에 성격이 더럽다.
    木을 자르는 구조라면 성질이 사납다.
    그러나, 간벌하는 구조는 관대하고 포용력이 있다.

壬水 氣象論 (寅卯辰月)

18) 壬水가 봄에 庚金을 만나면, 성질이 사나와서 주위로 부터 소외를 받아 다정한 친구가 없다.
그래서, 자기를 위장하려고 큰소리 잘치는 협잡꾼이 많다.

19) 正月에 壬水는 적기에 막중한 임무를 가지고 태어나 즐겁게 사는 자가 많다.

20) 天干에 甲 丙 乙木이 있고,
丙火가 年月에 일찍 뜨면, 일찍 영화가 있다.
우선 나무를 키우고 열매가 달려야 자손에 영화가 있다.

21) 사주가 신약한데 寅午戌火局이 되면, 처자가 뿔뿔이 흩어진다. 세상과 인연이 없어 道를 닦는다.
또, 年月에서 寅午戌火局이 된 사람은 망한 집안의 자손이라서 형제가 없어 외롭게 산다.

22) 壬水가 寅月에 태어나 천간에 甲 丙이 나타났는데,
地支에 辰戌沖이 되어 흔들어 놓으면, 말년에 재산이 없다.
沖중에 辰戌沖이 되어 木의 뿌리를 못박게 하는 것이 가장 나쁘다.
또, 木이 착근을 했는데, 巳酉丑합이 있거나 申金이 있어 나무뿌리를 자르면 나쁘다.
나무가 커도 별 볼일 없다.
地支에 돌맹이가 없어야 질 좋은 나무다.
木의 뿌리를 자르면 순리가 아니다.
그래서, 순리가 아니면 공부할 때 제대로 못 가고 거꾸로 간다.

3) 봄에 생명이 자라는데 반대기운을 많이 가지고 나오면 사람이 삐딱하다.

24) 壬水가 地支에 巳酉丑이 있는데, 午 未가 있어 金을

壬水 氣象論 (寅卯辰月)

녹이면 金이 녹아 수분작용을 해주면 괜찮다.

25) 壬水가 봄에 태어나 丑戌未刑이 있으면 나쁜데,
흉신이 되면 도둑놈, 깡패, 官災가 많다.
三刑이 길신이면, 생명을 다루는 직업에 종사하고,
三刑은 생명과 관계되어 있어 잘못하면 깡패와 같이
관재가 많다.

26) 寅月에는 寅중에 丙戌가 들어있어 조후가 되므로 불이
많이 난다.
2월달이 되면 땅에서 습기가 많이 올라와 습하다.
그래서, 2월이 正月보다 더 춥다.
이럴 때 壬水가 많아 신왕하면 습해지므로 꼭 丙火가
나타나야 좋고, 辰土가 나타나 木을 상하지 않게
해줘야 좋다.
도화 중에서 卯桃花가 陽氣덩어리라서 桃花가 가장
강하다.
午火도 도화인데, 午火는 40대라서 卯木보다 덜 강하다.

27) 3월에 甲 丙이 나타났는데, 地支에 戌土가 나타나
辰戌沖이 되면, 쓸모가 없어 교통사고, 질병이 난다.
필요한 글자가 沖하여 맥을 못쓰면 힘이 없어 사주가
흐물흐물하다.

28) 壬水가 土가 많으면 木이 나타나 土를 눌러줘야 壬水가
자유스러운데, 木이 없으면 土에 壬水가 빨려들어가면
질병자다.

29) 壬水가 地支에 寅卯辰이나 亥卯未木局이 되어 木으로
따라가면 좋은데, 만약에 木을 따라가지 않으면
壬水의 힘이 木에 빨려 허망한 경우가 많아 소득이
없다.

30) 봄에 庚金이 나타나 木을 자르면, 火가 金을 녹여주면
좋고,

壬水 氣象論 (寅卯辰月)

土가 많이 나타나면, 木이 나타나 없애줘야 壬水가 안전하다.

31) 봄에 태어난 壬水가 年月에 庚辛金이 나타나 나무를 자르면, 조상궁에서 생명을 자르는 기운만 내려주어 멸문집안 출신이다.
한 때 잘 살았다 해도 음덕이 없어 결국 망한다.

32) 丁火는 壬水와 合해서 안쓰지만 庚辛金이 있을 때는 丁火도 약신으로 쓴다.
그러나 丙火를 약신으로 쓰면 大局인데, 丁火를 쓰면 貴局이 안 나온다.
木이 자랄 때는 丙火가 나타나야 좋다.

33) 만약, 봄에 甲庚이 나타나면 丁火가 약신작용을 하므로 좋은데, 壬水가 올 때 合을 하므로 金을 보고도 못 녹이므로 가슴을 녹이며 사는 사람이라 애로가 많다.

34) 壬水가 土月에 태어나 土勢가 왕하면 木을 먼저 쓴다.
그런 후에 丙이 나타나 나무를 키워주면 부귀하다.

35) 壬水가 辰月에 土가 또 나타나면, 土가 십중팔구 흉하다.

36) 3월달에 乙 丙이면, 예술감각이 발달했다.
食傷이 허약하면, 머리 쓰는 것을 싫어한다.
이런 사람들은 감각이 발달하여 몸으로 하는 기술직업이 좋다.

37) 3월(辰月)에 壬水가 지지에 卯木이 나타나 있고, 天干에 甲 丙이 나타나면, 너무 멋을 내므로 허영이 과하여 초년에 색난으로 인한 풍파가 많다.
사람은 향기가 너무 많으면 불행하다.
너무 잘생긴 기생은 너무 피곤하다.
어떤 사람은 30대에 정력이 고갈된다.

38) 3월에 申子辰水局이 되어 潤下가 되면,
봄 潤下는 실시된 윤하라서 힘이 없어 좋지 못하다.
그러나, 가을 潤下는 힘이 있어 좋다.

39) 만약, 申子辰水局이 있고, 甲 丙이 있어 나무를
키울 수 있으면 부자는 되는데 가정이 어려움이 많고,
戊土가 있어 제방이 튼튼해야 대부대귀한데,
그런데, 戊土로 제방을 하는 구조에서 地支가 沖하여
제방을 흔들어 놓으면 무너진 제방이라서 중년에 파탄이
난다.

40) 天干에 甲 丙이 있거나 乙 丙이 있어도 地支에 丑戌未三
刑이 있으면, 뭔가 가정이 불안하고, 숨은 근심이 떠나
지 않거나 숨은 질병이 따른다.
三刑이 있어 길신이면, 권력을 갖고, 흉신이면, 감옥가
거나 질병자다.
또, 寅巳申三刑은 사람과의 송사가 많아 감옥가거나
다치거나 질병이 많다.

41) 辰月에 壬水는 甲이 있어도 丁火를 봐도 나쁘다.
丁壬合해서 연애를 하느라고 나무를 안 키우기 때문이
다.
예를 들어, 壬 甲 丁이면, 合을 안하고 폼을 잡고 있다
가 운에서 丁火년이나 壬水년이 오면 合해버려 나쁘다.

壬水 氣象論 (巳午未月)

1) 여름에는 木火의 陽氣가 너무 왕할 때이기 때문에
   壬水로 태어나면 임무가 많아서 태어날 때부터 바쁘다.
   그래서, 가는 곳마다 인기가 있고 귀여움 받는다.

2) 여름에 壬水가 조후가 잘되면 積德之家이다.
   부모가 잘 살았다.
   여름에 물이 풍족하다는 것은 인기가 다방면에 있다.
   그래서, 여름에 壬水로 태어나면 辰土를 달고 다니면
   辰중에 乙木이 있어 A급이고, 丑土를 달고 다니면 丑중
   에는 辛金이 있어 나무를 못키우므로 B급이다.
   만약, 辰土가 있고 신약하지 않으면 1급 대우받고
   산다.

3) 여름에 壬水가 조후가 되어있고, 干上에 甲과 丙까지
   있다면 대들보 감이다.
   그러나, 丁火를 보면 地熱로 나무를 키우면 관상용밖에
   안된다.
   사람이 貴局이면, 얼굴이 우유빛이 돈다.

4) 여름에는 壬水가 신왕함을 요구하고,
   地支에 申子辰水局을 가지고 있어 물이 마르지 않으면
   적덕지가이다.

5) 여름에 天干에 庚辛이 나타나 壬水를 도와주면,
   그 사람은 조후가 되었으므로 반드시 적덕지가이다.
   後代에 장관감을 생산한다.
   봉사하려고 태어났으므로 의사, 과학자이다.
   덕적지가(積德之家)가 되면 자기 쉴 시간이 없다.
   임무가 많기 때문에 자기 돌 볼 시간이 없다.

壬水 氣象論 (巳午未月)

6) 만약, 金水가 튼튼한데 木이 나타나 있을 때 조후를
   한다고 金이 木을 자르면서 조후를 하는 구조이면,
   좋은 일 한다고 생명을 자르므로 허울좋은 사람이다.
   壬 甲 庚이면 나쁘고, 甲 壬 庚이면 좋다.

7) 여름에 戊己土가 干上에 나타나면,
   조후하는 水를 土克水하기 때문에 금물이다.
   장마가 졌을 때는 戊己土가 좋으나, 戊己土가 나타나
   土克水가 심하면 밑바닥에서 노동일 한다.
   그래서, 물이 약하면 제 갈 길 못가므로 파란을 안고
   살거나 건강이 나쁘다.

8) 만약, 甲丙이 간상에 떴는데 키울 수 없으면 중도에
   좌절한다.
   그래서, 甲丙이 나타났을 때는 庚辛金이 나쁘다.
   또, 여름에 癸水가 나타나 조후를 하면, 癸水는 하늘의
   비라서 인기는 좋으나 곡식이 안 여물어 수확이 없는
   쭉정이 농사다.

9) 여름에 丙과 甲이 나타났는데 지지에 寅午戌火局이 되면,
   곡식창고를 태웠는데, 時에 寅木이 있으면,
   山野가 불바다가 되어 풀 한포기 없이 다 태워버리면,
   말년에 곡식을 다 태웠으므로 먹을 게 없어 빚더미다.
   결국 못 갚는다.

10) 여름에 壬水가 너무 태왕하면 여름 장마라서 土가 나타
    나 눌러줘야 한다.
    여름에 물이 범람하면 火가 돈인데 돈을 벌어도 겁탈
    해서 번다.
    그래서, 물이 많은데 土가 없으면 물이 방향감각을 잃어
    깡패다. 좌충우돌한다.
    이런 사람은 패륜아가 많다.
    아버지인 火(財)가 돈이기 때문이다.
    이런 남자는 여자와 가정이 안된다.

11) 만약에 壬水가 왕해도 己土가 있어 己土濁壬이 되면,
    파도와 같아 파도에 己土 흙이 쓸려가므로 구정물이
    되어 피부와 피가 나쁘고 정신이 맑지 않아 갈 길 못간
    다.
    己土濁壬이 되면, 己土가 官(혈통)인데 조상의 맑은
    물을 흐렸기 때문에 조상에게 부끄러움이 생긴다.

12) 甲己合이 되면 조상재물을 팔아먹는 사람인데,
    壬 己 甲, 壬 甲 己이면, 농사지어 결국 다 썩혀
    못 쓴다.

13) 壬水에 己土가 나타나 뚝을 막았다면 재주는 좋으나
    뚝을 제대로 못 막았으므로 말은 잘하는데 실행은 못한
    다. 벼슬은 없다.

14) 壬일주가 지지에 巳酉丑이 되고 戊土를 보지 못하면,
    나무가 와도 水旺木浮가 되어 삶에 풍파가 많고,
    떠돌이로 사는 자가 많다.

15) 午月에 壬水는 쓰임새가 많아 임무가 막중한데,
    壬水의 뿌리가 없으면 흔들리므로 지조가 없다.

16) 壬水가 아무리 왕해도 丙 甲을 보면, 예쁘고, 자선심이
    많으며, 안 배워도 아는 것이 많고, 丙火가 조상궁에
    있으면 조상이 똑똑했다.

17) 여름에 壬水는 제 계절에 태어나 조후가 잘 되면, 현실
    감각이 발달하여 돈이 있다.

18) 壬일주가 지지에 寅午戌火局이 되고 干上에 丙丁火가
    왕하게 나타나면, 아무리 1년 내 내 일해도 가을에 거둘
    것이 없다.
    또, 火多水渴되어 요절한다.
    불이 너무 많은 사주를 가진 사람이 태어나면, 그 소년
    이 크면서 집안이 망해버린다.

壬水 氣象論 (巳午未月)

이런 구조가 되면, 일찍 집을 나와야 한다.
집에 머물러 있으면 집안이 망해버린다.

19) 壬 일주가 地支에 寅午戌火局을 이루면 씨 종자가
    달라서 혈통이 다르다 : 처녀가 애를 낳아 버렸거나
    양자를 가서 성을 모르는 경우 등.

20) 보편적으로 火가 많은 사람들은 가정이 잘 안된다.
    물질운이 안 따라서 가정을 지키기 어렵기 때문이다.
    그런데, 정신세계로 가더라도 丙丁火가 많으면 세상에
    나오고 싶어서 계속 머무를 수 없다.
    金水가 많아야 오래 머문다.

```
庚 壬 庚 甲
戌 寅 午 午
```
寅午戌火局이 되어 곡식(생명)을 다 태워버렸다.

21) 壬水가 乙卯를 보면 바람꾼이 많다.
    오나가나 향기가 많기 때문이다.
    乙卯는 花草인데 화초는 향기가 진동하기 때문이다.

22) 未月에 태어나면 날씨가 차지기 시작하는 계절이라서
    土月은 어느 달이든지 木이 와서 土를 눌러줘야 좋다.
23) 壬水는 甲木도 쓰지만 乙木도 쓴다.
    그런데, 乙木은 화초이기 때문에 있으나마나 한다.

24) 여름에 壬水가 庚辛金이 나타나 木을 자르면 조후는
    되어 좋으나 생명을 자르므로 자손이 안된다.
    金은 地支에 있어야 한다.

25) 여름에 壬水가 亥卯未木局이 되어 천간에 庚申金이
    있어 조후가 잘되어 씨앗을 잘 키우고 있으면 굉장히
    부지런하고 성실해서 자손한테 재물을 물려주는데,
    만약, 壬水가 신약하면, 욕심이 너무 많아 자기도
    망하고 남까지 피해를 준다.

壬水 氣象論 (巳午未月)

26) 天干에 甲 丙이 나타났는데, 地支에 丑戌未나
    寅巳申三刑이 등장하면 가정이 불안하다.
    刑이 되어 있으면, 가정에 숨은 근심이 있다.
    刑은 길신이면, 권위가 되고, 흉하면 官災가 된다.

27) 丑戌未三刑은 관재구설이다.
    戌未刑은 未중 乙木을 깨는 것이다.
    未土는 未중 乙木을 보관하는 것이 임무다.
    그런데, 戌土가 戌未刑이 되면, 未중 乙木이 깨져
    말썽이 생기거나 함정에 빠진다.
    寅巳申三刑은 寅木이 沖을 하는데, 寅木은 활동하는
    木으로 보기 때문에 신체손상, 사고로 본다.

28) 사주를 볼 때 시대의 흐름이나 환경을 잘 봐야 한다.

29) 壬水가 土月에 태어나 土가 길신이면, 土는 官으로
    국가기관과 관련되어 있다.

    　　　　癸 壬 辛 甲　남자 사주.
    　　　　卯 子 未 子
    생명을 다 잘라버려 부모 재산을 다 갖다 버리고 말썽만
    피운다.
    놀고먹는 사람이다.

    　　　　庚 壬 辛 甲
    　　　　子 寅 未 申
    　61 51 41 31 21 11 1
    　　戊 丁 丙 乙 甲 癸 壬
    　　寅 丑 子 亥 戌 酉 申
    甲木을 잘라버렸지만 寅木을 키우고 있어 貴를 만들어
    준다.
    金水운으로 대운이 잘 갔다.
    지방시장 출마했다가 丙戌년에 낙선한 사람의 사주다.

壬水 氣象論 (申酉戌月)

1) 壬水는 나무를 키울 때라야 인기가 가장 좋다.
   가을에 丙火가 申金에 病地, 酉金에 死地, 戌土에 墓에
   入庫하므로 壬水는 할 일이 없어 인기가 없다.
   그러나, 나무가 나타나 있고, 태양이 떠 있으면, 壬水가
   아직 할 일이 있다.
   그래서, 가을에는 사주에 불이 많은 만큼 壬水가 할 일이
   있다.
   가을에 壬水는 丙火가 많아야 값이 나간다.

2) 가을에 壬 甲 丙, 甲 壬 丙이고, 丙 甲이 살아 있으면
   가을에 농사가 풍작이라서 부자다.
   地支에 辰土나, 未土, 寅木을 갖고 있으면 봄이 오면
   싹이 터서 자라므로 부자다.
   地支에 火가 많은 사람은 부자집에서 태어났다.

3) 만약에 天干에 壬水가 火를 보지 못하고, 庚辛金이
   많이 나타났다는 것은 서리가 내려 곡식이 흉작이다.

4) 壬 庚 辛이면, 火가 없고 印星이 仇神이라 가난한
   집안 출신이라 고아처럼 자랐다.
   또, 干上에 庚辛金이 지지에 뿌리인 申酉金까지 있고,
   물이 많거나 三合이 되어 있으면 떠돌이 팔자다.
   남들이 싫어하는 일하고 산다.
   그래서, 비록 자기 집에서 살고 있다 하더라도 마음이
   떠돌이다.
   印星이 仇神이라 떠돌아다니는 일자리다.

5) 壬水가 가을에 丁壬合이 되면 연애만 하는데, 찬물인
   壬水가 따뜻한 財인 丁火를 한번 끌어안으면 놓아주지를
   않는다.

壬水 氣象論 (申酉戌月)

만약에 여자가 이런 남자를 만나면 자기몸이 차가워
지므로 죽을 지경이다. 애를 먹는다.
그러나, 丁壬合木이 되면 악하지는 않다.
또, 壬水가 丁壬合이 되면 큰 발전은 없지만, 따뜻한
물이 되어 편하게는 산다.

6) 가을에 壬水가 丙丁火가 없으면 물이 차서 냉대를 받고,
   또, 물이 많으면 戊土가 제방을 해줘야 좋은데,
   그런데, 戊土도 없고 丙火도 없으면 잡격이라 노동의
   댓가 받고 산다.

7) 天干에 壬水가 甲丙이 있어 나무를 키운다 하더라도
   地支에 辰戌沖이면 나쁘고,
   또, 天干에 좋은 글자가 있어 조후가 되었다 해도 地支에
   조후가 안되어 냉골이면, 집에 들어가면 연탄한 장 없어
   난방을 못하거나 전기가 안 들어와 집안이 차므로 마누라
   가 집에 붙어있지 않다.
   가족들이 정 없이 뿔뿔이 흩어진다.

8) 壬水가 가을에 물이 왕한데 己土가 나타나 둑을 막으려고
   하면, 己土가 제방을 못하므로 빛 좋은 개살구다.
   여자는 남편이 건달이고, 남자는 직장이 좋지 못하며, 오
   래 다니지도 못한다.
   官이 조직인데 己土濁壬이 되면 구정물에 내 몸이 들어가
   있어 그 조직에서 말썽을 피우거나 쫓겨 나오게 된다.

9) 壬 甲 己이면, 가을에 농사를 다 지어 놓았는데,
   甲己合되어 다 지은 농사가 썩어 폐농이다.

10) 天干에 金水가 많으면 하늘에 구름이 끼어 농사를
    못 지었는데, 地支가 寅午戌火局이면, 하늘에는 구름이
    끼어 농사를 못지었는데, 地支에 있는 火가 돈이므로
    농사지어 놓은 창고에서 곡식을 빼먹고 사는 사람이다.

壬水 氣象論 (申酉戌月)

예를 들어, 天干에 癸 壬 庚 辛
　　　　　　地支에 寅 午 戌 ○이면, 불이 돈이다.
가을, 겨울 추울 때는 불이 돈이다.

11) 가을, 겨울에는 火가 넉넉해야 사랑받고 살고,
봄, 여름에는 水가 넉넉해야 사랑받고 산다.
또, 가을에 金水가 많고 지지가 寅午戌火局이 되면
부인이 활동해서 먹고살거나 그렇지 않으면 벌어놓은
돈 빼먹고 산다.
天干에 金水가 많은 사람은 구름끼고 비가 와서 활동을
잘 못할 구조가 되어있어 한가롭게 사는 사람이다.
보편적으로 여자가 이런 구조이면, 좋은 직업을 못 갖는
다. 한가로운 직업이다.

12) 壬水는 가을에 癸水를 가장 싫어한다.
水는 가을, 겨울로 갈수록 왕하면 왕할수록 눈물의 고통
이다.
마음의 고통이 많다.
癸水가 있어 물이 너무 많아지면 내가 쓰임새가 없어지
기 때문이다.
또, 水가 많으면 폭도짓을 한다.

13) 사주에 甲木이 나타났다해도 寅申沖이 되거나,
乙木이 나타났다해도 卯酉沖이 되면, 곡식이 다
잘려서 밥은 먹는데 불안한 밥을 먹으며 살아야 한다.

14) 가을에 壬水는 癸水를 가장 싫어한다.
가을에 水는 왕하면 왕할수록 마음의 고통이 심하다.
눈물의 고통이 많다.
癸水 비까지 내려 왕하면 인륜의 도리를 벗어났으므로
나를 찾는 사람이 없어 남들이 싫어하는 일만
하게된다.

15) 가을에 壬水가 水가 많은데 庚金이 나타나면 세상을
어둡게 만들므로 도덕과 학문이 바로 서지 않았기

壬水 氣象論 (申酉戌月)

때문에 어디 가서 남을 왕따시키거나 깡패가 되거나
해결사, 도둑질 해놓고 자기 잘못을 모른다.
이런 때는 官인 戊土가 나타나 눌러줘야 좋다.

16) 申月 壬水가 戊 丙을 보고 地支에 불을 보면
    귀격이다.
    또, 甲 丙 戊이면, 부자다.
    壬水에 甲 = 食傷으로 곡식이다.
           丙 = 財로 돈이다. 영민하고 지식이고,
                능력이 있어 똑똑하다.
           戊 = 官으로 벼슬이다.

17) 壬水가 地支에 申子辰水局이 되었는데 己土가 나타나면,
    己土濁壬이라 구정물이나 똥물과 같아서 써 먹을 수 없
    는 물이다.
    물은 파도를 치면서 흘러가기 때문에 물이 많으면 풍파
    가 많다.
    꿈만 가지고 산다.

18) 己土는 옆에 甲이 나타나면 甲己合되어 甲木을 썩히는데
    생명을 썩혀버리므로 가족들을 잃고 한탄하는 경우가 있
    다.

19) 壬水가 申에 長生하고 편인인데도 도움을 받을 수 있는
    데, 酉는 정인인데도 沐浴宮이고 물이 없어 오히려 壬水
    의 도움을 받으려하므로 신약하면 망해버린다.
    戌은 冠帶다.

20) 사주에 壬水가 어느 계절이라도 辰土를 달고 다니면
    항상 희망을 갖고 산다.
    辰중 乙木이 용신인데 그 용신을 키우면 기획, 디자인,
    악세사리 등 관련업에 일가견을 갖는다.
    乙木은 화초이기 때문에 예술성이다.

21) 壬水가 酉月에 태어났는데, 丁火를 갖고 있으면

壬水 氣象論 (亥子丑月)

저축심이나 예비관념이 발달한다.
丙火가 酉月에 오면 死하기 때문에 태양이 죽으면
곧바로 촛불을 켜는 것과 같다.
또, 丁火가 酉金에 장생하기 때문이다.

22) 壬水가 酉月에 지지에 巳酉丑金局이 있으면 꼭 戊土를
봐야 한다.
壬水가 태왕하여 세상을 어지럽힌 사람이라서 戊土로
자제시키지 못하면 남한테 소외당한다.
그래서, 가을에 壬水가 너무 왕하면 고독지상이라서
외롭게 산다.
춥고 배고픈 삶이다 : 노숙자 또는 거지다.

23) 水는 火가 없으면 생명을 키울 수 없기 때문에

나쁜데, 조후를 시킬 수 없기 때문이다.

壬水 氣象論 (亥子丑月)

1) 겨울 壬水는 날이 차므로 모든 만물이 얼어있어서
   자랄 수 없어서 외롭다.
   봄을 기다려야 하므로 자기를 찾아오는 사람이 없기
   때문이다.
   또, 부모 글자인 庚辛金이 壬水한테 도움이 되지 않기
   때문에 사주에 火가 약하면 부모의 사랑을 못받고
   자랐다.

2) 겨울에 태어난 壬水가 庚辛金이 안 나타나고 火를
   많이 가지고 태어나면 부모의 사랑을 받았고,
   火도 없고, 庚辛金이 있으면 부모의 사랑을 못 받았다.
   또, 壬癸까지 나타나면 버림받은 사람이다.
   자랄 때 환경이 나빠 구박덩어리라 배고프게 자랐다.
   그래서, 情이 그립기 때문에 겨울에 壬水는 마누라인
   丁火를 보면 丁壬合으로 끌어 않고 놓아주지를 않는다.
   마누라를 좋아한다.
   자기 친부모는 몰라보고 처갓집을 더 좋아한다.

3) 겨울에 壬水가 濕土인 辰土, 申金, 水를 깔고 앉아
   있고 火가 약하면, 질병이 많고, 부부궁합이 나쁘다.
   겨울에는 水보다 濕土인 辰土가 火氣를 흡수하므로
   가장 나쁘고,
   그 다음이 申金이 金生水하므로 나쁘고, 마지막으로 水가
   나쁘다.
   子대운, 辰대운, 申대운이 와서 申子辰水局으로 三合이
   될 때 이혼한다.

4) 남자 사주에 마누라가 나쁘면 돈이 없다.
   또, 여자가 남편복이 없어도 돈복이 없다.

5) 겨울에는 어떤 일주라도 火가 없으면 돈이 없다.

壬水 氣象論 (亥子丑月)

그래서, 겨울에 濕土와 金, 水가 있으면 나쁘고,
火가 와야 좋다.

6) 겨울에 壬水가 甲 丙을 가지고 있어 木을 키우고
   있으면, 大局이고, 戊土까지 있으면 더 좋다.
   그러나, 좋은 글자가 있어도 지지에 冲을 맞으면 못써
   먹는다.
   여기서, 壬水가 戊土를 보면, 벼슬이고,
   　　　　　　　甲을 보면, 곡식이며,
   　　　　　　　丙을 보면, 똑똑하고 영리하다.
   이런 글자가 2개 있으면 대국이고, 한 글자만 있어도
   賤格은 면한다.

7) 壬일주가 겨울에 寅卯辰을 갖고 있어 상하지 않으면,
   봄이 오면 꽃피고 열매를 맺으므로 먹을 게 있다.
   그런데, 이런 글자가 없으면, 가을이 와도 농사지은 게
   없어 남의 일 거들어 주고 먹고사는 사람이다.
   그래서, 겨울에는 육친상 財를 돈으로 보지마라.
   조후하는 火가 돈의 척도다.

8) 만약 甲일주가 正財인 己
   　　　　　　　　　丑土를 아무리 많이 갖고 있어도
   아무 소용이 없다.
   이런 財는 아무 쓸모가 없다.
   火가 있어야 돈이다.
   火가 없으면 오히려 나무뿌리를 못박게 하므로 망쪼다.

9) 돈이 얼마나 있느냐는 용신의 有無力여부를 보고 판단
   하는데, 용신이 유력하면 돈이 많고, 용신이 무력하면
   돈이 적다.

10) 겨울에는 어떤 일주라도 火가 없으면 불안한데,
    특히, 水 일주가 火가 없으면 나쁘다.
    여자 사주에 水 일주가 火가 없으면 남편이 들어올 수
    없어 남편의 사랑을 받을 수 없고,

壬水 氣象論 (亥子丑月)

또, 土가 있어도 火가 없으면, 남편인 土가 힘이 없어
능력이 없으므로 남편에 대한 불만속에 살거나 중년에
이혼한다.

11) 겨울에 甲丙이 나타났는데, 甲木이 戊土를 치면
    제습을 방해하므로 도둑맞은 것과 같아 빈 껍데기라
    나쁘다.

12) 여자가 壬일주로 태어나면, 甲乙木이 자식이고,
    남자가 壬일주로 태어나면, 戊己土가 자식인데,
    火를 보지 못하면, 장애인 자식을 둔다.

13) 겨울에 金과 木이 상쟁이 되어 있다면, 金은 巳에서
    長生, 午에서 沐浴, 未에서 冠帶, 申에서 祿을 한다.
    예를 들어, 午火가 있으면 년봉 9천만원, 戌土가
    있으면 7천만원, 未土가 있으면 6천만원짜리다.
    또, 火가 많으면 더 좋고, 濕土가 있으면 삭감된다.
    겨울에 습토가 있으면 돈 복이 없다.

14) 겨울에 水 일주가 火가 많으면, 적덕을 많이 하고,
    자선사업을 많이 한다.
    丁火는 情의 산물이고, 丁火는 마음의 불, 심장이다.

15) 겨울에 水가 많으면, 戊土로 제방을 하고,
    丙火가 있어서 戊土를 든든하게 해주면 좋다.

16) 겨울 壬水가 火가 돈인데, 火가 없으면 적덕이 없는
    집안이다.
    그러나, 만약에 甲이 나타나 있다면, 마지막 찌꺼기가
    남아있다.
    그래서, 甲이 있어도 불을 보지 못하면 거지가 된다.

17) 겨울에 戊土가 나타나면 좋은데 己土가 나타나면,
    己土濁壬이 되어 못써 먹고,
    또, 얼어있어도 못써먹는다.

壬水 氣象論 (亥子丑月)

그래서, 戊土가 나타나면 물이 법망 밖으로 흘러가는
것을 막아주므로 나쁜짓을 안한다.
자기는 고생스러워도 분수껏 산다.
그 대신 큰 돈은 없으나 벼슬이 높아 번 돈이다.
만약, 財인 火가 있어 官인 戊土를 生했다면 더 좋다.

18) 만약에 겨울에 壬水가 甲丙이 없고, 戊土도 없으면,
유랑하는 사람이라 남의 신세지고 산다.
노숙자가 되거나 오나가나 환영받지 못한다.

19) 겨울에 壬水가 戊己土가 너무 많아 水가 흐르지 못하면
물이 흙속에 빨려들어가 내 형체가 없어진 것과 같아
자기 의지대로 못산다.
하수인으로 산다.

20) 亥月에 壬水로 태어나면, 亥중에 甲木 싹이 자라면서
물을 빨아먹으므로 물이 탁한 것을 싫어하고,
또, 亥중에 甲木이 자라므로 물이 어는 것도 싫어한다.

21) 壬水가 地支에 水가 왕하면, 바다나 호수의 큰 물과 같
기 때문에 나무를 키우는 것이 아니고, 지구의 온난을
조절하는 조후하는 물로 보고, 水의 뿌리가 약하면 나무
를 기르는 물이다.

22) 겨울에 壬水가 地支에 木局이 되면 자라지 못할 씨앗이
자라므로 허황된 사람이라서 金을 봐서 木을 속아내야
하는데 金이 나타나지 못하면 일생 바람잡다
끝난다. 봄, 여름에 木局이면, 욕심이 많은 사람이다.

23) 겨울이라도 壬水가 地支에 巳酉丑金局을 가지면,
金이 물을 더 生하므로 고통이 심하다.
만약, 水가 많아 病이 되었는데 藥인 土가 있으면,
부르는 게 값이다.
그래서, 겨울에는 戊土가 藥이다.
亥子月에 戊土가 뿌리가 튼튼하면 돈 있는 사람이다.

10. 癸水 氣象論(총론)

1) 癸水가 甲木이 나타나 키울 때라야 가장 보람있는 인연을 만나서 좋아한다.
   그러나, 나무를 키울 수 있는 조건이 되었느냐 안 되었느냐를 봐야 한다.

2) 가을, 겨울에는 癸水가 甲木을 봐도 甲木이 안 크므로 오히려 물이 나무한테 피해를 주므로 사랑 주고 욕 먹는다.
   그러나, 火가 있으면 나무가 자란다.

3) 봄, 여름에 癸水가 왕하면, 장마비가 되어 쭉정이 농사를 지으므로 노후가 허망하다.
   그래서, 甲과 丙을 같이 봐야 좋다.
   봄, 여름에 甲木을 키우고 丙火를 보면, 가는 곳마다 환대를 받는다.

4) 癸水가 乙木을 보면 乙木이 화초이므로 꽃피는 열매라서 향기가 많다.
   또, 나무는 무조건 火를 봐야한다.
   봄, 여름에는 향기가 많아 향기가 멀리 가고, 벌 나비가 와서 인기가 좋은데, 가을, 겨울은 단풍에 비유하므로 벌 나비가 없어 인기가 없다.
   다만, 청초하기 때문에 고결하다.
   이런 사주는 일류 기생이라 야합을 잘 한다.
   그러나, 고독하다.
   癸水가 신약하면 줏대가 없어 정조관념이 약하다.

5) 癸水는 乙木을 보면 열심히 물을 줘도 거목이 아니므로 결과가 없어 말년이 허망한데, 乙木은 꽃피는 나무라서 丙火를 좋아하는데 癸水가 태양을 가리므로 癸水를 싫어한다.

10. 癸水 氣象論(총론)

乙木은 癸水 엄마를 싫어하고, 丙 일주도 乙木 엄마를
싫어한다.
癸水는 乙木을 보면, 소식없이 자식이 떠나 버린다.

6) 癸水가 丙火를 보면, 엄청 좋아한다.
癸水는 습기나 안개이므로 旺하면 안개가 많이 낀 사주라
서 丙火가 뜨면, 앞이 잘 보여 좋아한다.
그러나, 丙火가 뿌리가 약하다거나 剋을 받으면, 水剋火
하려 하므로 丙火가 도망갈 생각만 한다.
그래서, 癸 일주 남자는 부인이 도망을 잘 간다.

癸 일주가 丙火를 보면, 미인을 얻는다.
癸 일주는 丙火를 굉장히 좋아하지만 癸 일주가 月上에
丙火를 보면, 80%가 이혼하고,
時에 丙火가 있으면 밖에 미인이 있기 때문에 반드시
바람을 피운다. .

7) 癸水가 丙火를 보면, 슬픔과 아픔을 많이 갖고 살아간다.
水剋火 당해서 그렇기 때문에 한쪽이 참고 넘어가야 한
다.
그러나, 그 중간에 甲乙木이 끼면 덜 하다.

8) 癸水는 낮에 태어나면 좋은데, 밤에 태어나면 흉하다.
癸水의 뜻은 어둡다, 깜깜하다, 비밀이 많다, 밤, 뒷거
래, 암달러상, 숨은 근심을 뜻한다.

9) 癸水는 밤 안개로 丁火를 보면, 丁火가 등대불과 같다.
丁火가 가는 방향을 제시해 주므로 丁火를 좋아한다.
丁癸沖이 있는 사주는 丁火가 꺼지므로 만약 癸水가
왕하고 丁火가 약하면 癸水가 가는 곳마다 통곡소리가
나고, 희망이 좌절이라 슬픔이 많다.
그래서, 丁火는 심장이라서 情과 감성의 본질이다.

10) 남자 癸 일주가 丁火를 끄는 구조이면, 나는 여자를
좋아하는데 여자는 자기가 꺼질까봐 도망간다.

10. 癸水 氣象論(총론)

그래서, 좌절하여 나중에는 財(여자)를 저주하는
쪽으로 간다. ⇒ 깡패가 되거나 잔혹해진다.
그래서, 丁癸冲이 있는 사람이 잔혹하다.
여자가 도망가므로 독신자들이 많다.
陰陽교류가 되어야 세상살이가 좋은데, 陰陽이 깨지면
제멋대로 산다.
비정상적인 사고방식이라 이상한 짓 한다.
여자를 갈망해도 오지않으므로 정상적인 가정을 가질
수 없다.

11) 癸水가 戊土를 보아 戊癸合火가 되면, 여름에는 날이
더운데 戊土가 와서 火가 되므로 귀찮은 남자가 따라
다닌 격이라 깡패같은 남자 만나고,
겨울에는 오히려 자기를 따뜻하게 해 주므로 연애하고
싶어한다.
癸水 일주가 戊癸合火가 되면 화학작용을 해서 생긴
카바이트 불과 같다.

12) 癸水가 己土를 보면, 官인 己土가 제대로 제복을
해주지 못하므로 情없는 남편을 만나 산다.
正官인 戊土를 기다린다.
항상 戊土를 보면 戊癸合火하여 도망갈 생각만 한다.
그래서, 癸水가 己土를 보면 情없이 살므로 불만속에서
살거나 만족없이 산다.
그래서, 끌어안고 자지않고 돌아누워서 잔다
남자는 情이 없어서 자식 때문에 산다.

13) 癸 일주가 여름에 干上에 金이 많이 나타나 장마비가
되면, 평생 엄마를 원망하고 산다.
부모가 나를 낳아서 태어났음을 원망한다.
癸水에 庚辛金은 구름이라서 비가 그치질 않기
때문이다.

10. 癸水 氣象論(총론)

14) 癸水가 겨울에 庚辛金이 나타나 印星이 仇神이면,
    나를 반기는 자가 없어서 노숙자나 동가식 서가숙
    하므로 쓸모없는 사람이다.
    여름에는 그래도 한 때 조후용으로 쓰므로 좋은데,
    가을, 겨울에는 아무 쓸모가 없다.
    財는 가장 먼 곳이라서 먼 곳으로 외국으로 이민을
    가 버린다.
    財가 그리운 사람은 외국을 가려한다.
    그러나, 官은 가장 꼭대기다.

15) 印綬가 흉신인 사람은 부모가 나를 괴롭히기 때문에
    집을 나가 버린다.
    이런 사람은 엄마의 정 없이 크라는 운명이므로 쉽게
    엄마를 잃어버려 어머니의 사랑을 받지 못한다.
    印綬가 흉신인 사람은, 나쁜 집에 산다, 어머니의
    사랑이 없다, 클 때 잠자리라 불편하다, 고통스럽게
    산다, 눈치밥 먹고산다, 공부도 눈치보고 공부한다.
    그래서, 부모 그리면서 자란다.

16) 겨울 癸水가 比劫이 많거나 印綬인 庚辛金이 나타나면
    비가 계속 내리므로 좋은 직업을 못 갖는다.
    굳은 일, 남들이 하지 않는 일 한다.
    印星이 흉신인 사람은 문서 때문에 바가지 쓰는 경우가
    많아 총대멘다.
    또는, 에메하게 바가지 쓴다.

17) 癸水가 신왕하면, 환경이 나빠서 정신적으로 불안하게
    산다.

18) 봄, 여름에 壬癸 일주는 괜찮은데,
    가을, 겨울에 壬癸水는 내 것 주고 뺨 맞는 격이다.

19) 癸 일주는 壬水를 좋아하지 않는다.
    여름에 신약할 때는 쓰는데, 가을, 겨울은 壬水를 쓰지
    않는다.

10. 癸水 氣象論(총론)

왜냐하면, 壬水는 물이 너무 많아서 세상을 어지럽히기 때문이다.
그래서, 壬水가 겨울에 왕한 사람은 국제결혼을 많이 한다.

20) 가을, 겨울 癸水가 또 癸水를 보면, 비가 비를 또 보므로 나쁜 친구가 들끓는다.
가을, 겨울은 밤이므로 밤비는 슬픈 일만 생긴다.
돈도 안 벌린다.
그래서, 너무 슬프면 세상을 하직하고 싶어한다.
희망이 없기 때문이다.

21) 봄에 癸水는 만물을 키우는 비라서 안개나 습기라도 자비의 비다.
단, 신왕하면 가는 길을 제대로 가는데, 신약하면, 줏대가 없어 가정이 안된다.
여름 癸水는 인정이 많아 활명수다.
가을에는 가을을 제촉하기 때문에 외로운 나그네가 처, 자식을 생각하며 타향에서 눈물을 흘리는 사람이다.

22) 겨울 癸水는 눈보라로 생명을 죽이는 비라서 염라대왕이 보낸 死神과 같다.
슬픈 일을 일으킨 물이라서 가는 곳마다 슬픈 일만 생긴다.

23) 癸 일주는 어두운 밤에 내리는 비와 같아서 앞이 깜깜하기 때문에 방향을 몰라서 불을 반긴다.
그래서, 癸 일주가 火가 없으면 사랑, 환경, 돈에 눈물을 많이 흘리며 산다.
조상의 業이 두텁다거나 전생의 業이 많아서 火를 못 가지고 태어났다.
죄많고, 비밀많은 자기 인생을 한탄하면서 살아가야 하므로 절대 잘 살지 못한다.
그래서, 癸 일주가 깜깜하고 어둡기 때문에 丁火를 좋아하는데 丁火는 도망가려 하고, 丙火도 좋아하는데 떠나

10. 癸水 氣象論(총론)

려 한다.
이런 남자는 여자에 의지하기 때문에 이런 사주들이 여자가 떠나는 순간부터 희망이 없어 죽음보다 싫은 세상이다. 여자가 계속 도망가면 자살해 버린다.

24) 癸水가 일점 火氣가 없으면 濁水이기 때문에 천한 직업, 노동자, 술집, 깡패, 밀수 아니면 독신이거나 종교인으로 수도하는 사람이다.

25) 여자 水일주는 土가 夫星이다.
土가 남편인데 火가 없으면 남편이 얼어 쓸모없으므로 남에게 큰소리 못치는 남편이라 명함을 못 내민다.
그래서, 자기가 노력해서 살아야 한다.

26) 癸水 일주에 癸壬丁, 癸丁壬이면 水生木되어 丁火가 친구인 壬水의 부인이나 애인이므로, 친구 애인이나 친구 부인과 연애하려 하므로 바람피려고 여행 자주 간다.

27) 사주에 食傷은 性이고 자식인데 여자는 애를 낳고 싶어하므로 결혼을 하려하고, 남자는 성생활하려고 한다.

28) 癸水가 여름에 조후용신이 잘되면 자비로 남을 잘 보살펴 주므로 남은 좋아해도 자기는 실속이 없다.
대학교수나 연구직에 많은데 퇴직 후에는 돈이 없다.

29) 겨울 癸水가 왕하고, 火가 없어 조후가 부족하면 천한 일을 하고 살고, 습하면 질병이 많다.
癸酉, 癸亥대운이 오면 슬픈 일이 생긴다.
癸水가 왕한 사람은 남이 싫어하는 직업이나 죽음과 관련된 일을 한다.

30) 癸水가 丙火를 보면 앞이 어둡다.
土勢가 없으면 癸水가 丙火를 水剋火해서 시력이 일찍 간다.

10. 癸水 氣象論(총론)

癸水가 왕하고 丙火가 약하면 조심성이 많다.

31) 癸水가 왕하고, 丁火가 약하면 심장이 터져 죽는다.
    혈압으로 죽는다.

32) 癸水가 丙火를 극하면, 돈을 벌어도 욕먹으면서 번다.
    그러나, 木이 있으면 괜찮다.

33) 地支에 冲이 많으면 권태가 많아 여자를 자주 바꾼다.
    그래서 여자 눈에 피눈물을 흘리게 한다.
    장남이 이런 경우라면 재산을 일찍 물려주면 안 된다.

34) 癸水 일주가 丙火를 보아 丙火가 길신이면 예쁘다.
    눈이 예쁘다.
    癸水 일주가 丙火를 보면, 화려한 것을 좋아한다.
    癸 일주가 丙火를 보아 丙火가 길신이면, 여자가 참 예쁘고, 옷 잘입고 멋을 부린다.

35) 癸 일주가 사주의 丙火가 어디에 있어도 폼 재고 잘나 보이는 경우가 많고,
    丙 일주가 사주에 있는데 癸水의 헨이 심하고,
    丙火가 살아있어 뿌리가 튼튼하면 예쁘게 보이려고 수술을 많이 한다.

36) 癸水 일주가 왕한데 丙火가 약하면, 여자를 억압한다.

37) 癸 일주 남자가 丁火를 보면 여자가 냉정한 사람이다.
    水헨火 당하므로 강해야 하고 독해야 살 수 있기 때문이다.

38) 癸 일주가 丁火를 봤는데 지지에 巳午未火局이 되어 火多水渴이 되면, 질병이 생기거나 고질병 또는 단명하다. ⇒ 癸水의 형체가 변해서 자기의 본 모습이 아니기 때문이다.

10. 癸水 氣象論(총론)

39) 癸水가 庚辛金을 몰고와 비를 내리게 하면, 주위 환경이 나쁘고 金이 흉신이 되면 처자가 모두 떠난다.

40) 癸 일주는 傷官格이 되면 자식 낳은 후 남편이 찬밥 신세 된다. ⇒ 癸 일주의 나무를 키우는 목적인데 자식을 낳은 후에는 官인 土가 필요없기 때문이다. 그래서, 癸일주 여자는 사주 구조에 따라 남자가 건달이 된다. ⇒ 이런 구조는 자식 빽 믿고 남편을 극한다.

41) 癸일주가 火가 없을 때는 물질이 없기 때문에 자기 전생에 빚을 많이 져서 이승에서 그 빚을 갚으려고 나왔다.

42) 겨울에 癸水로 태어나면 북풍한설이다. 아무리 일을 해도 자기를 알아주지 않으므로 고독하고, 천하므로 수도해야 한다.

43) 癸水일주가 신왕하면, 丁火를 안 봐야 하는데, 만약, 丁火를 보면, 丁火가 偏財로 아버지이므로 내가 크면서 水剋火로 아버지를 쫓는 격이다. 아버지가 능력이 없어 집안이 깨진다. 결국 자기 삶이 고달파진다. 밑바닥신세로 살아야 한다.

44) 癸水일주가 年月에 丁壬合이 되면 劫財인 壬水가 합이 되므로 水가 왕할 때 합이 되면 이런 여자는 조부가 바람을 많이 피웠거나 내가 劫財 그늘에서 살아야 하므로 소실팔자다. 그래서, 劫財가 사랑하는 돈이므로 劫財의 그늘에서 눈치 밥 먹어야 하는데, 丁壬合은 잡싹이라서 자기가 기르지 않고 버린 경우가 많다.

45) 癸水가 왕해서 흉신이면, 물가에 가는 것을 싫어한다. 辛金은 씻는 것을 좋아하므로 목욕탕 잘 간다.

10. 癸水 氣象論(총론)

46) 癸 일주가 庚辛金을 보고 火가 없어 金水雙淸이 되면
    공부를 많이 한 학자인데 가난한 선비다.
    너무 맑은 물에서는 고기가 못산다.

47) 癸 일주가 陽水인 壬水가 왕하면, 陽水의 본질에 눌려서
    붙어있는 경우가 되므로 후실이나 첩실이 많다.
    그런데, 후실사주가 되면, 반드시 뗌을 하고 넘어가야
    한다.

48) 癸 일주가 태왕하면 火(財)를 반기기 때문에 火가 없으
    면 없을수록 빨리 돈을 벌려고 한다.
    그래서, 성질이 급해서 돈 욕심을 부린다.
    또, 남녀 다 같이 돈 욕심도 많지만 바람기가 많다.
    남자는 火가 財이기 때문에 바람기가 당연하고,
    여자는 陽기운을 좋아하기 때문에 남자를 좋아한다.

49) 남자 癸일주는 여자를 좋아하기 때문에 이런 남자는
    여자가 써비스 잘해주면 후하게 해준다.

50) 癸 일주는 土가 없으면, 자기를 자제시키는 힘이 없어
    냉정하다.
    癸水는 土가 있어야 자기를 자제시킬 수 있어 남의 이목
    을 보면서 살아간다.
    土는 法과 官이기 때문에 질서를 존중하면서 살아간다.

51) 癸 일주가 土가 없고 水旺者는 무법자가 많은데,
    냉골이라 돈이 따르지 않으니 편법으로 산다.
    그래서, 편법으로 사는 사람은 머리가 좋다.
    ⇒ 깡패, 해결사 등.

52) 겨울에 壬癸水는 눈보라이므로 火氣가 없으면, 무의탁이
    거나 조상과 가문은 엉망이다.

53) 水旺하고 조후가 안되면, 이기적인 사람이 많다.
    자기 뜻대로 안되므로 불평불만이 많다.

10. 癸水 氣象論(총론)

조후가 잘된 사람은 불평없이 사는데, 조후가 안되면
자기 뜻대로 일이 안되므로 불평불만이 많다.
조후가 안되면 애로가 많다.

54) 겨울에 癸일주가 壬癸水가 많으면, 妾이나 후실로 살고,
  남자는 처자와 재물에 풍파가 많고 독신이 많다.

55) 水 일주가 태왕하면 파도치는 물과 같아 주위에 피해를
  입히고, 천한 직업을 갖고 산다.

56) 癸일주가 여자가 여름에 태어나 신약하면,
  남편과 자식궁에 고난이 많고 정상가정이 어렵다.
  火가 왕하고 水가 고갈되면 성장시부터 질병이 많다.

57) 여름에 癸水가 己土가 나타나면, 善을 행하되 공덕이
  없다. 왜냐하면, 甲木이 나타나면 合해서 못쓰게 하기
  때문이다.

58) 여름에 癸水가 지지에 火가 너무 많은데 丁火가 나타나
  면 고질병이 생기거나 단명할 수 있다.
  水가 넉넉하고 신왕재왕하면, 癸水라도 대부대귀 할 수
  있다.

59) 가을에 癸水는 생명을 길러도 벌 나비가 없어서 향기가
  없어 인덕이 없고 일을 고생스럽게 해도 아무 실속이 없
  다.

60) 癸水는 어느 계절에 태어나도 生命水 역할을 하며 맑은
  것을 근본으로 하니 戊己土가 왕한 것을 싫어한다.
  물을 흐리게 하기 때문이다.

61) 癸水는 생명을 키우는 것을 본분으로 하므로 물이 어는
  것을 싫어하고, 신약도 싫어하고, 土가 왕해서 탁해지는
  것도 싫어한다.
  여름에 土가 왕해서 신약하면, 水가 탁해지니까 귀격이

10. 癸水 氣象論(총론)

안된다.

62) 癸水가 사주에 丙 甲이 없으면, 땅에 아무것도 심고 가꾼 것이 없어 할 일이 없어 무위도식하는 사람이라 노후에 허망하다. 甲 丙이 있으면 공짜 돈이 생긴다.

63) 겨울에 癸水가 왕하면, 비정상적으로 사는 사람이 많고, 겨울에 水가 왕하면 왕 할수록 돈이 없고, 火가 왕하면 돈이 있다.

64) 가을 겨울에 癸水가 庚辛金이 나타나면 조후가 안되어 싫어한다.
癸水는 己(甲己合)土, 辛(丙辛合)金, 壬(丁壬合)水를 싫어한다.
오직, 甲 丙만 좋아한다.

65) 겨울 癸水가 조후가 안되면 먹고살기 바빠서 자식, 가정, 부모가 안되고 가족이 뿔뿔이 흩어진다.

66) 癸水가 나무를 키우는 작용을 할 때는 인자한 자비의 심성을 갖는다.
그러나, 농사를 짓지 않는 가을이나 겨울에는 쓸데없는 물일 때는 혹독한 성질을 갖기 때문에 말썽을 피운다.

67) 丙火는 陽중의 陽이라서 남자를 뜻하고,
癸水는 陰중의 陰이라서 여자를 뜻한다.
그래서, 癸水와 丙火를 서로 剋을 안 받고 잘 어울리면 좋은데 극을 받으면 허사가 된다.

68) 甲 乙 丙 丁 戊 己 庚 辛 壬 癸 중에서 丙火를 가장 사랑하는 글자가 癸水인데, 丙火는 癸水를 가장 싫어한다.
癸水가 태양을 가리기 때문에 싫어한다.
그래서, 부부사이가 좋을 수 없다.

10. 癸水 氣象論(총론)

69) 癸水가 왕하고 丙火가 허약해서 水剋火되면 여자 힘으로 남자가 편하게 산다.

70) 여자 癸水 일주는 丙火가 나타나면, 돈을 좋아하는데 그런데, 水剋火하므로 돈을 벌어도 지니기가 어렵다.

71) 남자 癸 일주가 丁火를 보면 바람둥이가 많고, 여자 癸水가 丁火를 보면, 돈에 욕심을 많이 부리고 돈벌러 많이 돌아다니고 돈 사고를 많이 친다.

72) 癸水는 비, 안개, 이슬, 습기, 활명수를 뜻하고 눈에 보이는 물은 위에서 내려오고, 눈에 보이지 않는 물은 아래에서 위로 올라간다.
癸水는 열에 의해서 올라가기 때문이다.

73) 겨울 癸水가 木이 왕하면 水生木하므로 재주는 많은데 돈이 없다. ⇒ 불이 없어 열매가 없다.
이런 때는 金이 나타나 木을 쳐주면 조금 낫다.
그래서, 겨울에 水가 나무가 왕하면, 머리가 잘 돌아간다.

74) 사주에 키울 수 없는 木이 많으면 욕심이 많다.

癸水 氣象論 (寅卯辰月)

1) 봄 癸水는 나무를 기를 임무를 가지고 태어났기 때문에 어디가도 인기가 좋다.
   이 시기는 물이 워낙 약하기 때문에 너무 신약하면, 환대는 받는데 질서가 없다.

2) 봄비는 왕하면 꽃이 피지 못하게 하므로 洛花가 되어 열매가 없어서 결과가 허망하다.
   그래서, 癸水가 나무를 키우면 자비를 베풀고 善을 베푸는 이상주의자가 된다.
   이런 사주가 從兒가 되면 귀격이다.
   이 때 癸水가 튼튼해야 木을 잘 키울 수 있다.

3) 癸水가 태약하여 從兒格이 되면 母子有情이 되어 귀격이다. 잘 산다.
   그러나, 너무 태약한데 變格도 안되고 從도 하지 못하면 줏대가 없다.

4) 봄에는 아직 火氣가 未盡하고 날이 차기 때문에 항상 丙火를 선용한다.
   2월 중반기까지인 立春, 憂愁, 驚蟄까지다.
   春分이 되면 丙火가 떠있어서 따뜻해진다.

5) 癸水가 甲乙木을 키울 수 있으면 귀격이다.
   소년 登科한다.

6) 만약, 癸水가 木이 月令에 없고 時에 있으면 늦게 발복한다.
   木이 어디에 있느냐에 따라서 발복시기가 결정된다.
   또, 甲木이 잘 자라면 집안도 부자이고, 대부대귀한다.

癸水 氣象論 (寅卯辰月)

7) 癸 甲 丙이면, 대부대귀격이다.
   癸 乙 丙이면, 예술로 발전한다.
   그러나, 乙木은 대들보가 아니므로 바짝 명성이 났다가 시든다.
   이 때 甲乙木을 庚辛金이 자르면, 많이 배워도 조건(환경)이 나빠서 써 먹을 수 없다.
   이 때 甲이나 乙木이 간상에 나타났다해도 庚辛金이 나타나 木을 자르는 구조라면 자식의 고통이 수반된다.
   여자는 食傷이 克을 받기 때문에 자식에 고통이 있고, 남자가 이런 구조라면, 생명을 다 자르기 때문에 喪妻하거나 이혼한다.

8) 癸 일주가 地支에 巳酉丑이나 申酉金 뿌리가 木根을 자르고 있으면, 반드시 신체에 흠이 있다.
   그렇지 않으면 살다가 이상스럽게 다쳐서 수술하는 수가 있다.
   뿌리가 잘린 나무는 절대로 열매가 많지않다.
   또, 생명을 자르면, 다른 사람들한테 미운털 박힌 사람이다. 木(생명)은 자비와 사랑덩어리다.
   이런 구조에서는 午火나 未土가 있어 金을 녹여 나무 뿌리를 자르지 못하게 하거나 辰土가 와서 辰酉, 辰申合을 시켜 木을 못 자르게 해야 한다.
   그래서, 辰土가 가장 좋고, 그 다음에 亥水, 그 다음에는 午火가 있어야 좋다.

9) 辰土가 있으면, 金木사이를 和戰시켜 木을 다치지 않게 하므로 좋다.
   또, 辰土는 沃土라서 돌 자갈이 없어서 뿌리내림이 좋기 때문에 소화를 잘 시킨다.

10) 土가 흉신인 사람은 약발이 잘 안 받는다.
    그러나, 辰土는 약발을 잘 받는다.
    그래서, 名醫는 환자를 잘 만나야 한다.
    辰土는 위장으로 말하면 A급이다.

癸水 氣象論 (寅卯辰月)

11) 봄(寅卯辰月)에 癸 일주가 甲乙木을 키우는데,
이 때 만약 卯月이나 辰月이 되어 丙火가 없으면,
나무는 있는데 태양이 없어 씨앗은 있는데 안 크는
격이라 부지런히 일을 해도 성과가 없다.
태양은 떴는데 씨앗이 없는 것과 같다.

12) 봄에 癸水가 甲 丙이 하나도 없고, 庚辛金만 많이
나타나면 봄비가 내려 金生水하여 金水雙淸으로 물은
맑은데, 물이 너무 맑아 고기가 못사는 격이라 돈복이
없는 학자다.
그래서, 이런 구조가 되면, 똑똑하고 이론은 좋은데
결과가 없어서 결국은 고독하고 외롭다.
말년에 소외당한다.
이런 사주들은 처음은 좋아 보여도 나중에는 향기가
없어 되돌아와버린다.
그래서, 말속에 생명력을 가지고 있어야 좋다.
자기 편한 것을 좋아하고 자기 끼리끼리 모이는 것을
좋아하고, 이상주의적인 성격이나 허황된 사람이다.

13) 봄에 癸 일주가   癸 丁
                    寅 午 戌이면, 火多水竭되어 水를
말려버리므로 사기꾼의 눈으로 바라본다.
火가 너무 많으면 조산한다. 행불된다.

14) 癸 일주가 봄에는 설기가 많아서 힘이 역부족이라서
木을 키울 수 없기 때문에 地支에 申이나 酉金이 있어
金生水해주면 물이 마르지 않으므로 좋은데, 이때, 다만
木 옆에 金이 나타나 뿌리를 자르면 가치가 없다.

15) 봄에 癸水가 木이 너무 많이 나타나 病이 되면, 金을 약
신으로 쓴다.
간벌한다.
만약, 간벌하는 구조라면, 생명이 희생이 따르므로 구설
이 수반한다.
이런 사주들이 武官이 많다.

癸水 氣象論 (寅卯辰月)

16) 癸 일주가 천간에 庚辛金이 나타나면,
    예를 들어, 丙 癸 庚 辛이면, 木 대운에 庚辛金이
    木을 잘라 버리므로 기회를 상실한다.
    그래서, 신약하면 지지에 辛金 辰土가 앉아 있으면
    좋다.

17) 癸水가 辰土 하나만 가져도 辰중 乙木과 癸水가 있어
    木을 쓸 수 있으면 동네부자는 된다.
    그런데, 天干에 甲 丙이 나타나 있어 희신이 되면,
    큰 단체에서도 명성도 있고, 부자소리 듣는다.

18) 癸 일주가 甲이 나타나 있고 키울 수 있으면 부지런
    하여 부자인데,
    이 때 丙火가 없으면, 사람이 똑똑하지 못하여 속상하는
    일이 많다.
    丙火는 영민하다, 영특하다는 뜻이다.
    그러나, 癸 일주가 乙木을 보면 농땡이가 많다.

19) 나무를 기를 때는 丙火라야 좋은데, 때에 따라서 乙木을
    보면, 丙火를 꽃봉오리로도 보므로 아름다운 나무다.

20) 癸水는 나무를 키워도 丙火를 보지 못하면 명성이 없다.
    같은 돈을 벌어도 생명을 키우면서 돈을 벌어야 영광이
    크다.
    생명이 없으면 향기가 없는 즐거움이다.

21) 癸水는 丙 戊
             辰 寅이면, 寅木의 착근이 튼튼하고, 寅중에
    甲 丙 戊가 있어 나무를 잘 키우면 귀격이다.

22) 癸 일주가 天干에 丙火가 있는데, 辛金이 있어 合을
    해 버리면 나쁘고, 己土가 나타나면 甲이 올 때 合을
    시켜 생명을 못 키우기 때문에 나쁘고, 戊土가 나타나면
    戊癸合을 하기 때문에 싫어한다.

癸水 氣象論 (寅卯辰月)

23) 癸 일주가 丁火가 나타나 火氣가 너무 왕하면,
    화다수갈이 되기 때문에 경계의 눈으로 쳐다본다.

24) 癸水는 陰중 陰이고, 丙火는 陽중 陽이기 때문에
    癸水와 丙火는 상대성인데, 癸水는 丙火를 좋아하나
    丙火는 癸水를 싫어한다.

25) 癸 일주 남자가 丙火를 보면, 중년에 여자가 이혼하려
    한다.
    남자는 癸水가 되고 여자가 丙火가 붙어 있는 것은 돈
    때문에 붙어있다.

26) 癸水는 死神의 뜻을 가지고 있기 때문에 봄, 여름은
    나무를 키우므로 대우를 받는데, 가을, 겨울은 생명을
    못 키우므로 외롭다.
    이런 여자가 본 부인이 되면, 가정을 존속시키지 못하므
    로 불행하나, 애인이면 좋다.

27) 癸水가 丙火를 유인하기 위해서는 甲乙木이 나타나 있어
    야 한다.
    그래서, 癸 일주가 木을 키우는 사람은 丙火가 오기만
    하면 대풍을 만들려고 항상 기회를 보기 때문에 굉장히
    부지런한다.

28) 癸 일주가 地支에 寅午戌火局이 되면, 어릴 때 열병을
    앓아 고생을 하거나 火傷을 입는 경우가 많다.
    癸水는 地支가 火局이 되면, 뿌리를 박을 수 없다.

29)   癸 甲 乙
        寅 午 戌 이면, 나무뿌리가 다 타버려 머리는 있으나
    마나 하므로 허망하다.
    그래서, 이런 불을 끌 수 있는 辰土나 丑土가 소방관과
    같다.

30) 만약에 癸水가 辰土를 쓰면, 香氣 土이기 때문에 귀여움

癸水 氣象論 (寅卯辰月)

을 받는데, 丑土는 냄새나는 오물 土다.
그런데, 오물 土인 丑土에서 甲이 솟아나는데, 木이 干上에 나타났는데 丑土에 뿌리를 두면 냄새가 나므로 욕얻어 먹고산다.

31) 癸 乙 丙인데, 지지에 丑土에 뿌리를 박고 있으면, 丑중에 辛金이 있어 욕먹고 산다.
또, 丑土가 있으면, 봄에 寅木이 자라나는데 丑중에 辛金이 나무뿌리를 자르므로 나쁘다.

32) 癸水는 2월(卯月)에 長生한다.
人氣(향기)는 돈이고 몸 값이다.
여자가 辰土를 보고 卯木을 보면 桃花이고, 양기덩어리이고, 卯木은 여자의 자궁인데 자궁에 淫氣가 꽉 들어차 있어 색골이다.
귀하면 재벌을 상대로 돈을 벌고, 賤하면 창녀촌에 간다.

33) 時에 癸水가 흉신이라 자식을 낳아도 불구자가 된다.

남자 사주.　丙 癸 辛 ○
　　　　　　 辰 卯 卯 ○

丙辛합이 있는데, 평소에는 합이 안되지만 辛年이 오면 丙辛합이 성립한다.
여자의 신세를 망치고, 여자의 껍질을 벗겨버린다.
癸 일주가 여자를 망가트린다. 사기꾼 사주다.
癸 일주는 丙辛합이 되면 망한다.

34) 癸 일주가 丙辛합이 되면, 엉거주춤하게 산다.
되는 것도 없고 안 되는 것도 없다.
그런데, 丙辛합하여 水가 용신이 되면 좋다.

35) 癸水가 2월(卯月) 3월(辰月)에 亥卯未木局이 되었는데,

癸水 氣象論 (巳午未月)

　　癸 乙 甲
　　未 卯 亥 이면, 火가 없는 從兒라서 태양이 안 떠서
　말년에 허망하다.
　　이런 때는 庚辛金이 속아내야 좋은데 속아내지 못하면
　평생 운이 없다.

36) 癸 일주가 天干에 甲 乙木이 너무 많이 나타나면,
　　꽃 필 생각을 하지 않으므로 열매가 없어 허망한 인생을
　　살다가 간다.
　　木旺火滯다. ⇒ 열매가 없어 허망한 열매가 된다.
　　그래서, 癸水는 木을 키우되 地支가 왕해야 한다.

癸水 氣象論 (巳午未月)

1) 여름에는 만물이 꽃피고 열매를 맺고 팽창과 확산을 하므로 木火의 기세가 강하다.
   그래서, 여름 水는 귀염받게 태어났다.
   다만, 날이 너무 더워서 증발이 잘 되기 때문에 地支에 辰, 丑土나 申金이 있어 뿌리가 돼 주어야 좋다.
   만약, 뿌리가 없으면 줏대가 없다.
   比劫이 많은 것과 뿌리가 있는 것은 굉장히 다르다.
   뿌리가 있는 것은 안 흔들리고,
   比劫이 많으면 사람 때문에 항상 끌려 다닌다.

2) 만약, 癸水가 여름에 뿌리가 튼튼하고 癸 甲 丙이면 A급이고, 癸 乙 丙이면 B급이며, 조후만 잘 되어도 좋다.

3) 癸水가 甲(나무)을 키우지 않은 구조는 장마비다.

4) 만약, 여자가 癸水의 劫財인 壬水를 용신으로 쓰는 자는

   예를 들어,
   여자가　○ 癸 丙 壬
   　　　　○ 卯 午 辰이면,
   4남매를 두고 집을 튀어 나와서 가정 가진 남자와 동거한다.
   壬寅 대운에 나무가 있을 때는 향기가 있어 좋았는데, 金運이 와서 향기가 끊어지니까 집을 나왔다.
   劫財를 용신으로 쓰는 여자는 두번 결혼한다.
   남자가 劫財용신 자는 남창이나 여자 뜯어먹고 산다.

5) 癸 일주도 좋은 것이 있다.
   　　庚 癸 甲
   　　申 未 午이면, 덕적집안이다. 자손이 번창한다.

癸水 氣象論 (巳午未月)

6) 만약, 壬辰 일주가 癸水를 보면,

      戊 壬 癸 庚
      申 辰 卯 戌 이면, 편하게 살려고 한다.
또, 癸 일주가 壬水 劫財를 보면 홍수다.
癸水는 작은 물이고, 壬水는 큰 물이다.
여름에 장마구조가 되면 독신녀가 많거나 이혼한다.
남자도 독신남이다.

7) 여름에 癸水가 가장 싫어하는 것은 지지에 巳午未나
寅午戌이고, 또 天干에 丁火가 나타나면 癸水가 증발
하므로 경계의 눈으로 본다.
火多水渴되어 水가 증발되면 고질병이 생기거나 건강이
나쁘거나 夭折한다.
水가 말라서 자기의 본질이 변했기 때문이다.

8) 여름에 태어난 癸巳 일주가 財官雙美格이 되면,
귀격이 많이 나온다.
癸巳 일주는 巳중에 丙火 財, 戊土 官, 庚金 印星을
갖고있다.

9)   ○ 戊 癸
      酉 丑 巳 이면, 癸水가 신약한데 戊癸合火가 되면,
싫어한다.
가장 나쁜 忌物이다.
癸水가 신왕한데 합하면 나쁘지 않는데, 신약한데 합하
면 나쁘다.
노력을 해도 희망이 좌절되어 상처만 받는다.

10) 여름 癸水는 水疱라서 바람이 조금만 불어도
깨져버린다.
그래서, 여름에 癸水로 태어나면, 동서남북에
돈(財)라서 분주하게 사는데 신왕하면 돈이 많고,
신약하면, 줏대가 없어 변화가 많아서 팔자가 힘하다.

癸水 氣象論 (巳午未月)

11) 여름에 癸水는 인기가 좋다.
그래서, 여름에 여자가 癸 일주로 태어나 신약하면,
돈만 주면 몸을 주고 집을 나가 버린다.
밖에서는 인기가 좋은데 집에서는 인기가 없다.

12) 여름에 癸水는 반드시 干上에 金이 나타나야 하는데,
그런데, 癸 辛이면, 辛金이 태양을 가리므로 辛金을
싫어한다.
또, 己土가 있으면 甲을 合을 해서 못 크게 하므로
나쁘고, 丁火도 땅의 지열이라서 火多水渴이 되면
싫어하고, 癸 庚이면, 적덕집안이다.
癸 壬 癸 이면, 여름에 천지가 돈인데, 나쁜 친구들이
내 한테 뜯어먹고 산다.

13) 여름 癸水가 신왕해서 조후를 잘 하면 음덕을 쌓는
집안이다.
적덕을 하면 孫子代에 잘 풀린다.

14) 여름은 癸水가 날이 너무 덥기 때문에 지지에 濕土인
辰土가 있으면 좋다.
辰중에는 癸水와 乙木이 있는 옥토이기 때문이다.
그런데, 같은 濕土라도 丑土를 가지고 있으면 丑중에
辛金 자갈이 있어 남이 농사짓고 난 후에 이삭줍는 것
밖에 안 된다.
그래서, 地支에 이런 濕土가 하나씩 있어야 불안을
면한다.
이 때 沖을 하면 안 좋다.
辰은 물 창고인데 沖하면 깨진다.

　　癸 乙 甲　　甲 壬
　　丑 未 ○　　午 子이면 안 좋다.
木이 나타나 있는데 沖하여 나무뿌리가 흔들리면,
사람은 잘 생겼는데 빈껍데기다.

15) 癸水가 甲 丙이 뜨면 대국이다.

癸水 氣象論 (巳午未月)

地支에 寅卯가 있으면, 싹을 키우는 조건이 됐을 때
보람이 있다.
그런데, 싹을 키울 수 없으면, 자랑만 하다 끝난다.
또, 寅卯辰이 있는데, 申酉金이 있어 나무뿌리를 자르면
값이 안 나간다. 인기가 없다.

16) 癸 庚 甲, 癸 甲 庚 이면, 金克木하므로 조후가 되어
벌었다 하더라도 향기(德)를 까먹고 돈을 벌었으므로
자식이 안 된다.
공무원이 이런 구조라면, 사람을 협박해서 돈을 빼먹는
다.
그래서, 이런 사람이 예를 들어, 癸 乙 辛이면, 부도 내
버린다.
이런 사람들이 사업하면 안 된다.

癸 丙 丁 인데 火가 더 있으면 火가 왕해 水가 火多水渴
되므로 남을 의심하고 산다.
남자 같으면 의처증이다.

17) 癸水가 地支에 巳酉丑이 있어 약한 癸水를 도와주면
좋은데, 干上에 戊己土가 나타나 癸水를 剋을 하면
게으르고 말만 앞서고 실행은 없다.
官이 너무 왕해서 흉신이 되면, 살아가면서 남에게
피해 주고 산다.

18) 癸水가 丁火가 흉신이면, 안질이 나쁘다.
火가 왕하면, 癸水가 濕氣로 변해서 앞이 깜깜하다.

19) 여름 午月에 癸水는 丁火가 祿을 했기 때문에 땅에
물이 끓는다고 보면 된다.

20) 여름에 癸水가 신약한데 酉金이 있어 도움을 받으려고
하면 예를 들어, 癸
　　　　　　　酉丑이면, 午火가 등장해서 火克金하
면 酉金이 깨져버린다.

癸水 氣象論 (巳午未月)

巳火는 여름에 午火를 가장 무서워한다.
왜냐하면 巳중 庚金이 녹기 때문이다.

21) 水를 용신으로 쓰는 사람이 酉대운에 午火가 있으면,
    酉金이 녹으므로 위험하다.
    그래서, 五月에 酉金이 봐서 좋아할 것이 못된다.
    오히려 癸水가 酉金을 씻어줘야 하므로 나쁘다.

22) 午月에 태어난 癸卯일주가 癸 ○
                              卯 午이면, 卯木이
    午火를 봐서 잘 자라므로 아름다운 꽃이다.
    향기가 진동한다.
    그래서, 여름에 癸卯일주가 桃花라서 색이 쎄다.
    잠자리 좋아한다. 이런 여자는 남자한테 헌신한다.
    그래서, 癸卯일주가 아름다운 꽃을 피우는데 그 자리인
    日支가 배우자 자리이므로 여자이면, 남자한테
    써비스가 만점이고, 남자도 마찬가지다.
    만약, 이런 일주의 여자가 배우자가 죽으면 재혼을 잘
    안 한다.

23) 여름에 癸水가 寅午戌火局이 있고, 干上에 丙 丁이
    나타났다면 불 속에 癸水가 소식없이 사라졌으므로
    스님이 되는 경우가 많다.
    만약, 그렇게 되지 않으면 고질병이 있어 命을 이어
    가기 어렵다.

24) 여름 癸水가 지지에 寅午戌火局이 되어도 庚金이나
    壬水가 있어 조후를 해주면 명장이다.
    적군속에 들어가 火를 누르므로 난세에 영웅이다.
    그래서, 어떤 어려운 상황속에서 이름난 정치인이 되어
    공적을 세우는 경우가 있다.
    그런데, 이런 사람들은 比劫을 동원해서 火를 제압
    했으므로 힘들게 살아도 얻는 게, 자기 이름 하나 밖에
    얻는 게 없다.

癸水 氣象論 (巳午未月)

25) 여름 癸水가 辰土가 있고 卯木이 있으면, 곡식이 단단하게 뿌리를 내렸으므로 좋다.

26) 未月에는 癸水가 土克水하므로 반드시 木이 나타나 木剋土해줘야 좋다.

27) 만약, 癸 일주가 地支에 亥卯未木局이 되면, 庚辛金이 나타나 간벌을 해줘야 좋다.
만약, 從兒가 되면, 좋은데 從兒도 안되고 신약하면, 줏대가 없어 천격이다.
그래서, 未月에 亥卯未木局이 된 사람이 庚金이 나무를 속아내지 못했다면 날이 덥기 때문에 불구자로 태어나거나 크다가 불구자가 된다.

28) 未月에 癸水가 신약하면 인기는 좋은데, 수확이 없다.
갈 곳은 많은데, 얻는 게 없어 실속이 없다.

29) 未月에 癸水가 乙 丙을 보아 乙木이 자라고 있다면, 뛰어난 예술가다.
土가 많으면 癸水가 剋을 많이 받아 질병이 많다.

30) 癸水가 봄, 여름에 태어나 木을 키울 수 있으면 결실이 좋아 부자가 되고, 辛金이 나타나면 丙火를 合해버리기 때문에 丁火가 제거해 주는 것이 좋다.

31) 癸水가 여름에 辰이나 丑이 있어 火氣를 감당할 수 있으면, 어진 배우자를 만난다.
地支는 배우자의 것이다.

32) 干上에 庚辛金이 나타나면, 木을 자르기 때문에 싫어하는데, 木이 없는 구조이고 조후를 잘 시켜주면 많은 사람들한테 德을 많이 배푸는데, 자기영화는 없다.
너무 바쁜 사람이다.

癸水 氣象論 (巳午未月)

```
壬 癸 辛
申 子 辰
```
이면, 장마비라서 木이 떠내려간다.
만약, 사주에 木이 나타나 있지 않았다 하더라도
水多木浮라서 자손이 귀하고, 자기 집에 곡식이
하나도 없어 떠돌아다니거나 남의 신세지고 산다.

33) 여름 癸水가 태약하면, 신장이나 방광이 나쁘다.

34) 만약, 水가 용신일 때는 밤에 하는 직업을 가지면 인기가 더 좋다.
    물장사나 술장사, 목욕탕, 장의사.

35) 여름 癸水가 木을 키우면, 교육사업하면 좋다.
    여름 癸水가 甲 丙이 正용신이다.
    그런데, 癸水가 흉신이 되면, 癸水일주는 나무를 키우는 것이 正용신이다.
    正용신을 가진 사람은 요직으로 간다.

36) 午月달에 癸丑일주가 참 좋다.
    여름에는 나무를 키우기 때문이다.
    여름 癸丑일주 여자는 미용사, 면도사, 바느질하거나 피복 손질하는 직업을 가진 사람이 많다.

37) 여름에 印綬가 길신인 사람은 집 장사하면 잘된다.

```
      丙 癸 戊 甲
      辰 亥 辰 寅
   甲 癸 壬 辛 庚 己
   戌 酉 申 未 午 巳
```

木을 키우고 있어 木이 포인트다.
木 약용신. 土병신. 火길신.
의사다.
초년이 좋다.
火가 길신이라 女難이 많았다.

癸水 氣象論 (巳午未月)

신약, 신왕은 따지지 말고 木을 잘 키울 수 있으냐
없느냐를 잘 봐야한다.
사주 8글자는 모두 내 한 몸이다.

癸水 氣象論 (申酉戌月)

1) 세상에 나무가 자라지 않는다면 아무 가치가 없다.
   木(생명)이 없는 세상은 가치가 없다.

2) 물의 임무는 나무를 키우는 것인데, 가을이 되면 火氣가 약해 나무를 키울 수 없으므로 천대받는 계절에 태어났다.
   천대받지 않으려면 火氣가 있고 地支에 濕土가 없어야 한다.

3) 가을에 癸水가 지지에 火氣가 허약하면, 쓸모가 없는 사람이라 한가롭게 사는 사람이다.
   적당히 노동의 댓가 받고 산다.

4) 가을에 癸水는 용신으로 쓸 수 없는 글자로 태어났다.
   그래서, 능력이 없는 사람이다.
   불을 보면 좋고, 불을 보지 못하면 천격이고, 나무를 키우고 있으면 귀격이다.
   癸 甲 丙이면 귀격이다.
   癸 丙 丁이면 세상을 보는 안목은 가졌는데 木이 없으면, 열매가 없어 농사를 짓지 않았으므로 큰 돈이 없다.

5) 가을 癸水가 가장 싫어하는 것이 比劫이다.
   또, 가을에 印星이 있다면, 구름으로 작용을 해서 비를 내리게 하므로 부모와 인연이 없어 집을 나와 버린다.

6) 火는 水를 보지 못하면, 말라서 燥하므로 生氣가 없고, 水가 火를 보지 못하면, 냉하여 마찬가지다.
   그 이유는 陰陽의 배합이 안되어 생명을 키울 수 없기 때문이다.
   그래서, 男女가 좋아하는 것도 陰陽의 이치다.

癸水 氣象論 (申酉戌月)

7) 癸水가 乙木을 봐도 귀격이다.
   丙火가 뜨면 비로 보지 않고 나무를 키우는 물로 본다.

8) 가을에 癸水가 甲 乙木을 다 갖고 丙火를 가지면, 곧 겨울이 오므로 영화가 짧다.
   그래서, 富도 짧다.
   榮華가 짧은 만큼 그 결실은 자식한테 간다.

9) 가을 癸水가 甲 乙木만 있고 丙火가 없으면, 水生木이 되어도 태양이 안 떠 쭉정이 나무다.
   아무 실속이 없다.
   그러나, 나무를 키운다고 돌아다니므로 일은 죽도록 해놓고 나중에 수확이 없어 가난하게 산다.

10) 癸水가 지지에 巳酉丑이라든지 金氣가 왕하면, 생명을 못기르므로 午火가 있어 金氣를 눌러주거나 辰土가 있어 申辰合, 辰酉金시켜야 좋다.
    그래서, 火의 인자가 필요하다.

11) 가을에 癸水가 火가 正用神인데,
    만약, 壬 癸水를 용신으로 쓰면, 운이 없다.
    반대용신은 귀격이 어렵다.

12) 가을에 癸水가 지지에 申子辰水局이 되어 몸이 차면,
    여자는 임신이 잘 안된다.
    金氣가 강해서 木(생명, 자식)이 뿌리를 못 내리기 때문이다.

13) 印綬가 태왕하여 病이 된 사람은 東家食 西家宿한다.
    가는 곳마다 자기를 반기지 않으므로 성격이 편굴해져 불평불만이다.
    사람이 소외를 받으면 염세적이고 성격이 고약하다.

14) 가을에 장마도 안 들어야 하고, 태양도 떠야 하므로
    癸水가 甲과 丙을 봐야 한다.

癸水 氣象論 (申酉戌月)

그래서, 가을에 甲 丙이 年月에 뜨고 뿌리가 튼튼하면
태어나면서부터 귀공자다.
귀염받고 자란다.
이런 사람은 평생 의식걱정없이 대우받고 산다.

15) 만약, 庚辛金만 있고, 木이 없으면, 耕作을 하지
않았으므로 농사지을 땅이 없거나, 농사를 짓지
않았으므로 게으르거나 의식구조가 반대로 간다.

16) 癸水가 지지에 寅卯辰이 있어 상하지 않았다면
운이 동남방으로 갈 때 영화가 있다.
木을 키운 사람은 신망이 두터운 사람이다.
또, 木을 키운 사람은 할 일이 있는 사람이라 나쁜 짓을
하지 않는다.
棟樑木은 세월이 갈수록 값이 나간다.

17) 가을에 癸水가 丙火가 正用神이고, 甲이 있어야 正道로
사는 사람이다.

18) 癸水가 甲 乙木이 있어도 丙火가 없으면, 태양이 뜨지
않아 열매가 여물지 않아서 쭉정이고, 자라다가 서리를
만나 말랐다.

19) 사주에 木火는 없는데 戊土만 있다면, 땅만 있고 아무쓸
모 없는 땅이라 노년에 고통스럽다.
젊어서 일을 하지 않는 사람이다.

20) 戊 癸 合化 火는 丁火불에 비유하는데, 불은 아니고 희
망사항이다.

만약, 이런 구조에서 丙 丁이 있거나 地支에 불을 가진
戌 未 午가 있으면, 火로 쓸 수 있다.
그래서, 丙 丁火가 없이 戊癸合火가 된 사람은 똑똑하긴
해도 임무를 맡겨도 수행하지 못한다.
이런 구조는 지식은 가졌지만 써 먹을 수 없는 무능한

癸水 氣象論 (申酉戌月)

지식인이다.

21) 癸水가 신왕하고 官이 있는데, 火를 보지 못한
土(官)는 힘이 없는 土라서 귀격이 아니다.
癸水가 왕해서 土가 와서 둑을 막았다 해도 火가
없으면 귀격이 안된다.
丙火가 뜨면 局이 크고, 丁火가 뜨면 局이 작다.

22) 癸水가 戊土가 나타나 제방을 했다면,
사람은 똑똑해도 생명을 키우지 않았으므로 큰 돈이
없는 학자다.
甲 乙木(생명)이 없으면, 일은 해도 향기가 없어
재물복이 없다.

23) 癸水가 戊癸합이 되었는데, 官인 土가 흉신이면,
직장 복이 없다. 직장에 들어가면 사고가 나버린다.
⇒ 자영업 한다.
그러나, 化格이나 從格이 되면 괜찮다.

24) 癸水 일주가 가을에 火가 많아 용신으로 잡히면,
火는 주작이므로 말을 잘하므로 말로 먹고사는
사람이다.

25) 癸水가 丁火를 보면, 水克火해서 丁火를 꺼버리는데,
甲 乙木을 보지 못하고 丁火를 본 癸水는 丁火를 꺼버리
므로 살다가 갑자기 요절하거나 단명하는 사람이 많다.

26) 命理의 이치는 命의 이치를 깨닫는 학문인데, 格局의 구
성을 봐서 청탁을 보고 성정을 살펴야 하는데, 그 사람
이 어떤 성격이냐, 어떤 성품을 가졌느냐를 빨리 파악하
는 것이 요체다.

27) 申月에 癸水 일주 여자는 木火가 休絶(휴절)되었기 때문
에 불을 보지 못했으므로 申중에 壬水 劫財가 들어있는
데 劫財가 왕해서 흉신이 되면 妾이 많다.

癸水 氣象論 (亥子丑月)

28) 癸 일주가 年月에 甲 丙이 있으면, 조상이 물려준 불로소득이다.
    이런 사람은 선견지명이 발달하고, 모범생이며, 부귀겸전하는 조건을 조상이 물려 준 좋은 팔자다.

29) 寅午戌火局에 壬癸로 태어나면, 불을 끄기 위한 예비 몸으로 태어났는데, 신왕하면 적덕지가이고, 신약하여 火多水渴이면 자기가 말라버려 죽는다.

30) 辰戌丑미 土局이면 木으로 재앙을 막는데, 신왕하면 積德之家다.
    巳酉丑金局이 왕하면 丙 丁火가 재앙을 막는 글자다.

31) 사주에 藥神이 들어있는 사람들은 약신이 늙음을 방지하는 기운인데, 病이 있는데 약신이 유력하면 젊게 산다.
    또, 조후가 잘 되어도 젊게 산다.
    그런데, 사주에 병신이 많으면, 일찍 겉늙어 버린다.
    약용신이 유력하면 늙지 않는다.
    약신이 유력하면 화장발도 잘 받는데,
    病神이 유력하면 화장발을 안 받는다.

32) 지지에 巳酉丑이 있어 木根을 자르면 가난한 가정에서 태어났거나 그렇지 않으면, 일찍 가출했거나 부모의

    사랑을 못 받고 자란 사람이다.

癸水 氣象論 (亥子丑月)

1) 癸水는 하늘에서 내리는 비다.
   겨울에는 눈이다.
   여름에 비는 만물을 기르는 활명수 역할을 하지만,
   겨울에 비는 만물을 얼어 죽이는 死神과 같아서 겨울에
   癸水는 냉혹하다.
   또, 겨울에 비는 땅에 떨어지면 얼어버리므로 냉혹하다.
   그래서, 火를 보지 못한 겨울비는 死神이다.
   생명을 죽이는 글자를 많이 가지면, 德을 베풀 수 없어
   자식농사는 廢農이다. 자식이 뿔뿔이 흩어져 버린다.

2) 여자가 겨울에 癸水일주라면 木이 자식인데 자식을
   키우기 어렵다.
   그래서, 자식들이 뿔뿔이 흩어진다.
   또, 겨울에 남자 癸일주가 火를 보지 못하면 고독하여
   독불장군이 되거나 가정이 깨지거나 살아도 나쁜소리
   듣고 산다.

3) 사주는 조후를 너무 잃어버리면, 德을 잃어버리는 것과
   똑 같다.
   德은 여러 사람과 더불어 사는 것을 말하는데,
   德은 仁 義 禮 知 信이 다 갖춰져 있는 것을 말한다.
   조후를 잃은 사주는 이름이 나더라도 惡名이 난다.

4) 겨울에 물은 甲 丙이 떠 있고, 지지에 寅午戌火局을
   이루어야 마음의 여유가 있다.
   그러나, 겨울에 불이 없어 조후가 안되면, 편고되어
   마음의 여유가 없다.
   그래서, 조후가 되어야 배양(생명을 기를 수 있는)의
   德을 갖춘다.

5) 겨울에 반대용신인 水를 쓰면 배역의 神을 쓰므로 삶을

癸水 氣象論 (亥子丑月)

　　반대로 산다.
　　4 : 4 이면 덜 나쁜데 너무 기울면 나쁘다.

6) 겨울에 癸水라도 지지에 寅卯辰 나무의 뿌리를 갖고
　　있으면, 봄이 되어 解冬이 되면, 꽃피고 열매맺으므로
　　그 때 영화가 있다.

7) 겨울에 지지에 午火나 未土, 戌土가 있어 조후가 되면,
　　귀공자다.
　　그런데, 丁 癸 丁이면, 癸水가 地熱인 丁火를 꺼
　　버리므로 있는 돈을 자기 손으로 버리는 사람이다.
　　그래서, 벌어놓은 돈을 까먹으면서 사는 사람, 부모
　　속을 썩이면서 사는 사람, 마누라를 가슴아프게 하면서
　　사는 사람이다.
　　그래서, 겨울 癸水 일주가 丁火를 보면, 마누라를 들
　　볶는다.

8) 겨울에 癸水가 중간에 甲 乙木이 없는데 丙火가 뿌리를
　　왕하게 갖고 태어나면, 木이 나타나면 순리로 살아가는
　　사람이기 때문에 애처가인데, 중간에 木이 없으면
　　水克火하므로 자기 스스로 가정을 깨는 사람이다.

9) 겨울에 癸水가 亥卯未木局이 되어 키우지 못할 나무를
　　키우려 하므로 사고방식이 망상이다.
　　이렇게 망상을 가지고 있으면, 부평초처럼 떠 있는
　　인생이라서 허송세월을 보내다 간다.

10) 겨울 癸水 일주는 濕土를 가장 싫어한다.
　　 겨울 癸丑일주는 아주 나쁘다.
　　 90% 이상이 이혼한다. 배우자를 철천지원수를 만난다.

11) 만약, 겨울 癸水가 火氣가 하나도 없으면,
　　 자기 엉덩이 하나 붙일 곳이 없는 사람이라서 남의
　　 눈치보고 산다. 그래서, 賤하게 산다.

癸水 氣象論 (亥子丑月)

12) 겨울 癸水가 불이 없으면 집이 얼음덩어리라서 밖으로
    나돌다가 밤 늦게 들어간다.

13) 겨울 癸水가 地支에 辰土가 있으면, 반드시 조후가
    되어 있어야 辰중 乙木을 키울 수 있다.

14) 겨울 癸水가 寅卯辰이 없는데, 운이 寅卯辰 巳午未로
    왔다면 봄이 와도 씨앗이 없어 거둘게 없으므로
    빈둥빈둥 대다가 남의 일을 해주고 얻어먹고 살므로
    돈 복이 없다.

15) 亥水는 甲 乙木의 뿌리가 아니다.
    亥중 甲木은 아랫 代이기 때문이다.
    또, 亥중 甲木을 뿌리로 두었다면 한세대 지난 부인을
    만나므로 년령차가 많이 나는 부인을 만난다.
    또, 여자는 월등히 나이가 많은 남자를 만나거나
    나이가 어린 남자를 만난다.

16) 보편적으로 地支에 辰 未가 있으면 젊은 여자를
    만나고, 地支에 丑 戌이 있으면 늙은 여자를 만난다.

17) 겨울 癸水가 남녀 모두 地支에 亥卯未가 되어 있으면,
    亥중 甲木, 卯중 乙木, 未중 乙木으로 支藏干에
    甲 乙木이 섞여있어서 배다른 자식을 둔다.
    요즘에 이런 사주는 연애를 해도 유산시켜버리므로
    맞지 않다.
    그래서, 통변은 시대에 맞추어서 말을 잘해야 한다.

18) 겨울 癸水가 丑戌刑이 있으면, 겨울에 戌중 丁火가 있어
    조후를 하고 있는데, 조후를 파괴하므로 돈이 안
    모인다.

19) 丑戌土가 많은 사주들은 돌, 자갈이 있어 木이 클 수
    없기 때문에 조후가 되어도 큰 돈이 없다.
    그러나, 辰土를 가지면, 운을 잘 만나면 돈이 엄청나게
    많다.

癸水 氣象論 (亥子丑月)

20) 木이 亥卯未木局이 되면, 庚金이 와서 솎아내야 하고,
    水가 많으면 戊土가 와서 제습해야 하고,
    地支에 불이 없으면, 火가 와서 조후를 해야 하는데
    地支에 불이 하나도 없는데 대운에서 오는 것은
    영원한 내 것이 아니므로 그 운이 가면 돈이 없어져
    버린다.
    그래서, 대운에서 운이 와서 돈을 벌면 관리를 확실히
    해야한다.

21) 겨울에 불을 많이 가지면, 매력적인 사람이다.
    매력적인 사람은 남들이 밥을 사주면서 자기옆에
    사람들이 모인다.

22) 겨울 癸일주가 金水가 많으면 悖倫之者(패륜지자)다.
    겨울 火는 양심이라서 火가 있으면, 賤하지 않은데
    불이 없으면 부모가 원수로 보인다.
    그래서, 悖倫(패륜)之者다.
    겨울 癸水가 庚辛金이 나타나면, 丙 丁火가 나타나
    金을 녹여야 하는데 金을 녹이지 못하면, 소모성
    사람이 되거나 悖倫之者라서 감옥살이 많이 한다.

23) 겨울에 癸 일주가 巳午를 좋아하지 않는데,
    그 이유는 亥子월에 태어나면 冲이 되면 조후가 깨지기
    때문이다.
    그래서, 차라리 戌土를 가장 좋아한다.
    未土도 좋아하지만 未土는 亥卯未合木局이 되어 버릴까
    봐 戌土보다 덜 좋아한다.

    辰土는 여름에 木(생명)을 지키는 화신이고, 未土는 火
    로부터 金을 보호하기 위해서 있다.
    戌土는 겨울을 지키는 화신이다.
    丑土는 봄에 木을 보호하기 위해서 있고, 土는 다음 계
    절을 조화시켜준다.

24) 겨울 癸水가 濕土인 辰土나 丑土를 중복해서 가지고

있으면 소아마비나 중병자가 된다.
그래서, 겨울은 물보다 濕土를 더 싫어한다.
왜냐하면 겨울에 濕土가 얼어버리면 계속해서 한기를
품어내기 때문이다.

25) 가을에 태어난 癸水 일주가 火가 많으면 종손이다.
火가 많아 귀공자다.

26) 여름에 水가 많아 조후를 잘 시켜주면, 사람이 많이
따른다.
그래서, 계절을 아름답게 하는 사람은 생명을 살리면
마음이 아름답다.

27) 天干에 甲 丙이나 乙 丙이 나타나도 나무의 뿌리가
상처를 받으면, 빛 좋은 개살구다.
木은 뿌리가 상처받는 것을 가장 싫어한다.

28) 子月은 날이 너무 차기 때문에 木보다 우선 마른 土가
필요하다. 그래서 戌土나 未土가 좋다.

29) 물은 아무리 맑아도 얼어있으면 쓸모가 없다.
물이 얼어버리면 생기가 없기 때문이다.

30) 겨울 사주에 丑土가 많으면, 丑중 癸水가 있어 濕하므로
생명을 기를 조건이 안 되어 가정이 적막하다.

31) 가을, 겨울에 壬癸가 많으면, 많을수록 고통이 많다.
겨울 癸水는 오히려 신약한 것이 더 좋다.
신약하면, 비록 줏대는 없어도 귀염받고 산다.

32) 癸水를 하늘의 비나 안개, 습기이고, 겨울에는
고드름, 눈이고, 불이 있으면 흐르는 물로 보는데,
봄이 되면, 나무를 키우는 자비로운 물로 본다.
겨울 물은 사용처가 없어 쓸모없는 물이라 못쓸 사람과
같아서 남한데 기대어 산다.

癸水 氣象論 (亥子丑月)

그래서, 癸水는 항상 봄, 여름에 태어나야 인기가 좋지만, 가을, 겨울에 태어나면 인기가 없다.

33) 癸일주는 食神의 고장(무덤)인 未土가 자기 무덤이다.
陰 일주는 財庫가 食神의 고장과 같다.
陰 일주는 食傷이 무덤에 들어가므로 자손이 귀하다.

34) 亥子丑은 검다, 어둡다의 뜻으로 먹이나 붓글씨 또는 장의사하면 성공한다.

35) 癸水가 子月이나 丑月에 태어나면, 집안이 기울 때 태어났거나 아니면 이미 망한 후에 태어났다.
그래서, 집안이 넉넉하지 않았음을 나타낸다.

36) 사주를 감명할 때는 왕약과 喜忌神을 먼저 보는데, 용신을 보지 않는 사람은 사주공부를 헛 공부 한 사람이다.

37) 겨울에 남자 癸 일주가 대운에서 癸水를 또 만나면, 아들이 이혼한다.

癸일주 남자 = 己는 아들, 戊는 딸인데,
이 때 대운에서 癸水가 오면 아들인 己土 입장에서 또, 다른 財(처)가 나타나기 때문이다.

癸일주 여자 = 甲은 아들이고, 乙은 딸이다.
대운에서 戊己土 官이 들어오면 偏官은 며느리이기 때문에 며느리궁이 나쁘다.

38) 겨울 癸水는 많이 있으면, 고통이 많으므로 슬픈 눈물을 많이 흘리며 살고, 남편이 안 들어오고, 힘든 일 하고 산다.
또, 말 못할 사연을 안고 산다.
그래서, 水 중에서 가장 나쁜 것이 癸水다.

癸水 氣象論 (亥子丑月)

39) 水는 검다, 어둡다, 보이지 않는다는 뜻이므로 비밀이 많다.
진실을 안 털어놓는다.

40) 겨울 癸水가 丑未沖이 있으면, 未중에 丁火가 튀어 나오므로 좋다.
그래서, 12월 癸水가 金水가 너무 많으면, 쾌락과 살인, 또는 법을 어기면서 사는 사람이 많다.
癸水가 濕土月에 태어났기 때문이다.
濕土月에 癸水가 태어나서 賤한 직업인 날품팔이 또는 노동자다.
몸이 천하기 때문이다.

41) 사주에 木이 있는 사람은 생명을 가지고 있기 때문에 향기가 있어 積德을 쌓고 죽는다.
또, 생명이 없으면 조후를 잘 시켜주면 된다.
조후는 자연과 더불어 살아가는 것을 말한다.
조후가 잘 되면 활인업하는 사람이 많다.